丁 洋

第一代阳光私募基金经理

旗下多支基金名列私募榜前茅，素以见解独到、行动果敢著称

运用反向投资理论和博弈心理学，在资本市场具有很高的知名度和影响力

中国著名战略投资顾问和投资银行专家

担任西北工业大学导师和北大、清华等多家总裁班客座教授

授课风格清新生动，深受学员好评

证监会主席周道炯华山论剑

全国人大私募基金立法小组

巴菲特、芒格、盖茨对话交流

与法国前总理德维尔潘相聚财富论坛

与中国首富王健林合影

与百富榜创始人胡润合影

与罗杰斯中国行对话交流

欧元之父诺贝尔奖得主蒙代尔

《论坛/Forum》

和讯私募尖峰论坛

北京世纪名家大讲堂

成都千人报告会

《深圳特区报》千人报告会

与左安龙对话中国股市大势

中国移动大讲堂

郑州商品交易所论坛

为贫困学生义卖,学生致以感谢信

【教授/Professor】

北京大学金融班授课

清华大学投资班授课

中央财大博士班授课

浙江大学总裁班授课

上海交大董秘班授课

西工大EMBA班授课

四川大学CFA授课

中南财大EMBA授课

【策划/Plan】

与圆通速递董事长喻渭蛟合影

深发展总裁理查德股东大会

大华股份董事长傅利泉讲解DVR工艺

与科大讯飞董事长刘庆峰合影

与唐人神董事长陶一山合影

与秀强股份董事长卢秀强合影

金证股份市值管理设计实施

组织"雄安之春"联合调研

操盘智慧

丁 洋 著

电子工业出版社·

Publishing House of Electronics Industry

北京·BEIJING

内 容 简 介

股民亏钱的主要原因是什么？下一波牛市的机会在哪里？投资的核心竞争力如何研判？2018 年私募冠军丁洋先生，经历了 20 年实战投资风风雨雨，总结出数套经典模型，科学解读了"见光死""利空出尽"等逆向投资形成机理，揭示出主力机构老谋深算的操盘智慧。本书第一章《投资哲学》，讲述市场波动本质的机构思维方法；第二章《博弈之道》，通过投资者常见误区进一步揭示机构反向投资逻辑；第三章《操盘精要》，是对最新投资盈利模型的归纳；第四章《基金报告》，展示 5 年以来的私募内部基金报告。

本书适合经历过牛熊市场但仍然亏钱的老股民阅读，也可以让新股民学习后起点更高。

图书在版编目（CIP）数据

操盘智慧 / 丁洋著．—北京：电子工业出版社，2019.4
ISBN 978-7-121-35950-7

Ⅰ．①操⋯ Ⅱ．①丁⋯ Ⅲ．①股票交易－基本知识 Ⅳ．① F830.91

中国版本图书馆 CIP 数据核字（2019）第 014609 号

策划编辑：吴　源
责任编辑：吴　源
特约编辑：陈　燕
印　　刷：北京虎彩文化传播有限公司
装　　订：北京虎彩文化传播有限公司
出版发行：电子工业出版社
　　　　　北京市海淀区万寿路 173 信箱　邮编：100036
开　　本：720×1 000　1/16　印张：25.25　字数：350 千字　彩插：2
版　　次：2019 年 4 月第 1 版
印　　次：2024 年 11 月第 13 次印刷
定　　价：100.00 元

凡所购买电子工业出版社图书有缺损问题，请向购买书店调换。若书店售缺，请与本社发行部联系，联系及邮购电话：（010）88254888，88258888。

质量投诉请发邮件至 zlts@phei.com.cn，盗版侵权举报请发邮件至 dbqq@phei.com.cn。

本书咨询联系方式：（010）88254440。

序
Preface

大趋势挣大钱

什么是大趋势？大趋势就是推动社会进步的长期动力。这句话也可以理解为时势造英雄。

中国百富榜每隔三五年就换一批富豪。中国改革开放 40 年的红利，分别经历了市场化、国际化、城市化三个时代。从 20 世纪 90 年代洗照片的商人，到房地产富豪群，再到 IT 领袖，无一不是产业趋势推起来的明星。首富涌现符合了社会发展的趋势。

如果股市形成如同美国长达数十年的慢牛，那么中国首富一定是巴菲特们，今后的百富榜将和资本市场息息相关。推动社会进步的力量，也会反映在资本市场当中。今后十年会进入资本化的十年。

最大的投资机会永远出现在经济社会发展的前沿趋势中。前沿变化最终导致经济领域大规模变革，推动生产力发展，最终带来整个经济成长和投资机会的涌现。因此识别大的投资机会，核心就是设法理解大趋势。

党的十九大以来，杜绝系统性金融风险，弘扬价值投资，使证券市场具有了慢牛基础。同时国家将投资教育列入中小学选修课程，在国际投资舞台上，中华民族必将诞生自己的巴菲特、索罗斯们，中国资本也将拥有与国际资本相抗衡的专业水准。

投资的核心竞争力是时机把握能力，要生存就得打破常规。股市中大部分人都亏钱的原因在于，人们长期受到的教育是错误的，人们的习惯性想法和本能最致命。趋利资本向理性专业的优秀机构集中，是证券市场社会分工的必然。

一个投资者要经过至少两轮牛熊市才能成熟。牛市成长起来的股民，如果不去读熊市历史，投资经历就不会完整，并且在出现熊市后因难以应对而难免失败。

学投资就要阅读大量实战书籍。将历史经验和自己的实际投资经验相互验证，相当于站在巨人肩膀上，少走弯路。经过长时间思索出来的结论，与过去投资大师总结出来的差不多，更多时候还不如他们的深刻透彻。通过阅读历史名人思想，可以升华自身认知。

巴菲特说，最好的投资，是为自己的学习进行投资，可惜他年轻的时候不懂。那么对于比巴菲特年轻的众多投资者而言，学习是改变投资命运的机会。有钱可以让人更加善良，这句话让人深思。拥有不同的财富，会在不同的角度思考人生意义。

《操盘智慧》创立了一种新的市场逻辑，它符合战胜市场的根本要求，是机构系统性投资思维的提炼，是逆向思维和投资时钟的结合体系。

刘纪鹏

2018 年 12 月

目　录
Contents

第一章 投 资 哲 学

证券投资是一门艺术，它超越了投资概念本身。

每年证券市场的税收和手续费大于上市公司的分红，所以总体上证券市场并没有给投资者创造财富。牛市中大多数人赚钱，熊市中大多数人赔钱。任何牛市本质上都是资金推动的结果。

证券市场从来遵循少数人正确的规律，多数人认同的观点往往就是错误的。尤其对于长线盘的项目研判上，盲点才是价值洼地的必要条件。证券走势预测上也存在着事后验证的事实，多数人看到的市场表象通常蕴藏了更大风险。

基本分析可以用来排除隐患，指导投机之中的相对投资。把投资理论转化为风险监控理论，它拥有投资行为的否定权而没有决定权。投资行为应是动态的，相机抉择非常关键。

成功的资金管理人要做到充分利用市场波动，辩证地处理好投资与投机的关系，在寻求资本长期稳定价值增长的前提下，跟随趋势，跟随热钱。热钱属于热点，可以是债市，可以是楼市，可以是股市，也可以是板块等。

在证券市场，热钱意味着市场波动的主导能量，其活跃度带来的利润超过市场平均利润的两倍以上。跟随热钱是赚取超越市场平均利润的制胜之道。

专业资产管理机构应以投资的知识框架作为风险控制的理论基础，以交易技术与经验作为风险投资的技术支持。

所以，股票操作是心理尺度的博弈，也是交易行为的艺术。这个阐述对于上亿投资规模的资产管理行为尤为重要。

资金生态决定投资风格

市场运行轨迹是资金生态决定的，由所有投资者尤其是大资金投资者决定。国家主力代表的超级资金，决定了行情演绎的方向。市场在成长和进化中，资金主力的来源和升级是决定因素。

党的十八大以来，我们把市场生态环境按照2015年股灾国家队主力进场先后，划分为两个时段。

股灾前市场运行轨迹由大量中小市值个股的主力决定，市场特征表现为齐涨齐跌。而权重股很难得到市场资金持续流入，表现出阶段性运行特征。震荡市往往权重市值搭台，中小市值唱戏。无增量资金，封闭系统运行，处于平衡状态。

国家队进入前，市场主力为实力庄家，资金规模数十亿元级别，能撬动百亿规模的股票。而权重股规模上千亿元，庄家无力撼动。所以市场强势股多元化，并集中于百亿元市值个股，非权重个股。

国家队进入后，资金规模达到万亿元级别，投资个股集中于权重股，行为主要是影响权重指数，平衡市场情绪。但长期驻留改变了市场生态环境，市场不再齐涨齐跌，而是极度分化。因而重塑了市场投资理念。

大浪淘沙，权重股和强势股高度重合。由于国家队的主动平抑作用及市场认知滞后性，市场传统经验的自然周期无法重启，逐渐演变行情结构，形成1和9的长期极端行情。

市场指数是个股的平均表现行为。强势股是主力行为，强于指数甚至引领指数。所以强势股补跌发生在指数见底时，补跌过程完成，市场也彻底见底，新一轮周期开始。

以救市名义入场的两金公司，未来只能在牛市中平稳出货。换言之，两金何时大规模减持，一定是站在国家层面，解读了市场能够承受之重，才允许战略撤退。

股市资金性质决定了市场生态格局，进而决定了市场投资风格。

风格转换是永恒规律

股市没有永恒的主题。

深发展、四川长虹在 1996 年带动了绩优股的指数行情。当市场形成"业绩决定一切"的思维定式之后，琼民源等题材股在 1998 年却掀起了重组行情。1999 年进入到巅峰之后，大牛市终结。

2001 年熊市阶段来临，国家解决国有股减持问题，大量的法人股未来会在市场兑现。当股民去挖掘民企的价值时，2003 年崛起的"五朵金花"行情告诉你，国企价值才是正道。

2005 年率先启动的是股改试点的股票，只要舍得对价，都是牛股。到 2007 年招行、万科相继完成股改，指数暴涨之后，行情进入终结。

2009 的"四万亿"行情率先启动的是太行水泥，这一年把 2005—2007 年大牛市中没涨过的股票都上涨了一遍。

2013—2015 年创业板崛起，绩优股受到冷落。两年后股灾发生，市梦率破灭，以茅台为代表的绩优股又主导市场，进入了"以肥为美"的时代，大象们被誉为"漂亮 50"。正如改编的《野百合也有春天》中的歌词，"就算你留恋开放在水中娇艳的创业板，别忘了寂寞山谷的角落里，蓝筹股也有春天。"

2015 年以后即使白马股主导大盘，但是市场也经历了雄安新区、供给侧改革、国企改革、共享经济、钢铁水泥、稀土有色、苹果链、人工智能等非业绩因素的超级热点题材。

一般而言，下一年的大牛股，不会再属于前一年的热点。而当年的大牛股，往往在前几年的重灾区中诞生。所以应该盲点介入，热点退出。

所谓的长线投资，绝不是在热点爆发之后再去买入，那只是套住你的理由。价值在基本面最灿烂的时候，走向湮灭。一旦进入"梦幻 50"行情，绩优股的命题也就终结了。

在一场场的轮回中，形成了我们的股市人生。

精确预测的局限性

投资中宁要模糊正确，也不要精确错误。人类情绪比天体运行轨迹测算要复杂得多，证券市场追求精确的计算结果无异于缘木求鱼。即使像加息、发行新股这样的精确参数信息，也总被市场反向利用。因为即使能够精确计算出筹码供应，也无法计算出市场另一半——资金供应。

2013 年 12 月，我们推出了《创业板重大行情启动报告》，也有高手预测出 2014 年 4 月行情启动。然而回过头来，2013 年 12 月见底，或 2014 年 4 月见底，对于一轮巨大牛市而言，又有什么差别呢？只要你当时买的是小股票而不是大股票，无论什么行业，一年都有 5 倍以上的涨幅。

运用哲学观点进行定性分析，是较为可靠的手段。定性分析虽然不够精美，但不会犯质的错误。越是想精确逼近理想的数学模型，出错可能性就越大。

老股民虽然经验丰富，然而仍然存在问题。大势上升期间获利率不佳，大势下跌中资产缩水较快。究其原因还是对股市运行规律缺乏深入认识，无法把握市场中方向性的机会，追涨杀跌，反复掉进技术陷阱之中。

精确预测得出的结果，只不过是把错误包装得精美一些，以一种貌似科学的理性面貌来迷惑人，这种误导就是伪科学，害人至深。

通过对投资机构的净值绩效比较，我们发现价值投资的基金业绩要好于量化交易的基金业绩。这些顶尖名校毕业的基金经理，投资精力都放在对产业和行业的研究上，对公司基本面下足功夫，而不是在技术分析方面努力钻研。不是这些高智商的精英不懂技术分析，而是他们明白战略方向的正确，要远远胜过一元半角的技术优化。

所以方向性的正确要远远大于精确的错误。牛市中只要持股就能翻倍，如果量化基金一年才做到 10%，这样的基金立刻没有人要。

投资盈利是一门综合知行能力的学问，如果认为随便买卖股票就可以赚钱，贸然入市一定会损失惨重。

相反理论精髓是预期差

市场遵循"大多数人是错误的"原理，七赔二平一赚就反映了这种现象。要在市场赚钱，就要学会逆向思维。

冷门股是黑马的源泉，中国股市历年大黑马都来自盲点。反过来每年券商的十大金股，几乎都是重灾区。

2017 年钢铁、煤炭、有色等资源类股票崛起，名义上是"供给侧改革"，实际上这是 10 年都没有炒过的行业。这类股票在成长性方面没有任何想象空间，是近年机构不愿去触碰的投资逻辑，是标准的冷门股。

2016 年最大的黑马属于上海凤凰。虽然生产自行车的公司都是垃圾股，但共享单车"忽如一夜春风来"，让中国重返自行车大国。由于上海凤凰还活着，因此上海凤凰分享了春天，创下历史新高。

2016 年以来，互联网概念的股票接连腰斩，就是对上轮创业牛市的价值循环。以乐视网为代表的创业板股票，就在互联网杀估值、挤泡沫过程中，走向了衰落，成为资本市场弃儿。

但是在 2012 年创业板启动之初，却是"史上最严厉的退市政策"，砸出的特大牛市，后来几乎每个创业板股票的涨幅都达到 10 倍。同样，当投资者还沉浸在"互联网＋"，找成长性逻辑时，杀估值、杀互联网就必然是主力的做空思路了。

价值本身就是一个动态的变量，怎么说都有道理，横看成岭侧成峰。只有大多数人不看好的地方，才存在价值洼地。只有楼市崩盘的时候，才有跳楼价，才有止损盘。

由于有预期差的存在，就有了价格波动空间，利润因此转换。

大资金必须要和市场不一样，才能完成建仓与出货。超级主力必然要在市场全面不看好之时，才能拿到筹码，在市场一致乐观时，完成出货。

每年市场都是颠覆上年的投资理念。所谓利空和利好，只是一次次利益兑现的筹码交换过程而已。

左侧交易与右侧交易

一个完善的交易系统，包括研究、决策和执行三个层面。逆市买入属于左侧交易，顺势买入属于右侧交易。

巴菲特崇尚的"人弃我取"理念，就是相反理论，属于左侧交易。一个大型机构，必然要与市场行为相反，才能完成筹码交换。

中小投资者惯用的"追涨杀跌"行为，就是右侧交易，等信号出现以后再进行买卖。

左侧和右侧的交易评价，不存在绝对的优劣，跟资金规模、投资风格、策略体系有关，运作得好都可以赚钱。

左侧交易通常属于大资金和相反理论的执行者，提前判断行业拐点和趋势拐点，在趋势终结的尾声，逆市交换筹码。

底部时间较长，大型机构采取时间换空间的方式建仓，蚕食耐不住寂寞的投资者。顶部时间虽短，但是人气旺盛，价格有极大弹性，短线客交换长线客的筹码。顶部换手充分，也是趋势终结的信号。

右侧交易的成功取决于确认技术。趋势形成以后，无论是基本面还是技术面都在不断强化。比如业绩持续增长、政策不断推动，比如均线形成多头排列、量价关系出现同步增长。

左侧交易需要耐得住寂寞，投资行为与天下为敌；需要不断巩固自己的信念；需要用行业研究的基本功来实现投资收益的最大化。左侧交易也常常犯下错误，因基本面尚未逆转，过早建仓，要忍受长时间亏损。

毛泽东《论持久战》中提出的"战略防御、战略相持、战略反攻"理念，有助于理解经典趋势理论。过早发动行情的主力，容易成为烈士。只有活着分享市场成果的主力，才是英雄。

在平衡市中，并无明显的左右侧交易价值。此时属于战略相持阶段，交易目的是用来摊低成本。因此无论左侧还是右侧，都需要确认技术体系的支撑。

供给侧改革

供给侧改革本质上说是供应端采取计划经济，需求端采取市场经济。楼市调控也可以理解为供给侧改革。土地处于垄断地位采用计划经济，需求端采用市场经济，这也是为什么楼市越调越涨的原因。

茅台也通过调控供给端，来影响市场价格。钢铁股更是借助供给侧改革，将库存变成了利润，走出翻番行情。

从更高的角度，我们看到的改革，最终都导致了价格上涨。

以往政府在对抗经济下滑时，采取的手段几乎都是刺激消费和需求端。所以对于大多数投资者而言，供给侧改革还是一个新生事物。

20 年前朱镕基总理也对纺织行业进行了"限产压锭"改革，压缩产能，使行业集中度提升，是政府在市场经济中第一次进行了供给侧的改革。不过当时改革是局部行业，中国大多数行业还未到达饱和。

2018 年中央经济工作会议定调 GDP 增长方式，由高速增长阶段变为高质量发展阶段。这是"量"到"质"的变化，是一次全面去产能的过程。中国不需要民营企业野蛮生长，也不需要低质量的产能来拉动经济。

针对过剩产能的改革，为超级企业崛起提供了机会。可以借助改革的尚方宝剑，完成清理门户的行业整合。

环保是一张好牌，是供给侧改革的有效核武器。环保使我们的生活质量得以提高，保质的前提下，反而通过压缩市场阵线，得以控制供求关系合理有序，不必再通过恶性竞争获得市场份额。

因此凡是在供给侧改革率先实施的领域，都出现了龙头溢价的现象。调产能就是去"量"保"质"。以往国企做法是通过政府的金融手段，比如低息银行贷款，相当于政府的补贴，获得竞争优势。

经过清洗后的市场秩序，细分行业龙头崛起。呈现出社会责任感的民企，在下一个阶段资本市场的民企复苏中率先突围，我们把此价值叫作企业的"社会价值"。在改革开放 40 周年阶段，具有特殊意义。

房地产不怕利空

2016 年三季度下达"房住不炒"命令后,30 个主要城市出台调控政策,为过热的行情降温。调控利空能遏制住地产牛市吗?

向来只有牛市才会出利空,而牛市从来不惧利空。

不动产高达 150 万亿元规模,房产税却始终不出来。在地产信息联网、官员财产公示等两个"非技术性"障碍没有解决之前,房产税在不断试水的呼声,只是在试探富人的反应。

真正影响房价的资金面不改变,所谓"利空消息"出台,只能是又一次的买入时机。限购解禁、人口红利等方面潜在利好,让房价依然有上涨空间。有人在 30 年前就预言过,"我们的未来,在希望的田野上。"未来商品房下乡(棚改)是支撑房地产市场发展的要素。

房地产商对社会最大的贡献,就是"城市让生活更美好"。一幢幢拔地而起的美丽家园,正是地产商精心设计,才造就了城市的美好。以万科为例,作为地产之王,基本面的变化在于商业模式转型。将来的地产龙头依托庞大的地产市值基础,开展品牌租赁、地产基金等业务,通过资本支持、团队管理等合作,与地方开发商分红,不再以拿地作为商业模式,转型轻资产寻求突破。这正是地产龙头的未来价值所在。

房地产十年牛市,使富豪榜云集地产商。这些首富名号,是荣誉也是包袱。财富和自由宛如鱼和熊掌,只能二者选一。王健林快刀处置万达资产,绝不计较一城一池之得失,当属顶级策划大师的气魄。

房产致富还带动了一批新富豪,千万身家离我们并不遥远,深圳比比皆是,一套房子就够了。不管有没有本事,只要你敢买房,就能发财。限购限贷以后,财富分配模式将会发生改变,创新才是带动社会进步的力量,能力会大于机会,这个时候冒出来的企业家才是真正的企业家。

由此你会更加佩服姚振华逆市建仓万科的高明。万科在深市地位犹如中石油,它的历史新高让我们知道什么才是资本市场的中国梦。

股市虚涨与楼市虚跌

在"房住不炒"顶层政策指导下，不少地方公布的地产指数出现了连续十几个月下跌，而老百姓真实的感受，却是身边的房价在疯涨。也真是为难了官员们含辛茹苦设计出的"虚跌"数据。

股市恰恰相反，在"杜绝系统性金融风险"的顶层政策指导下，指数稳步攀升，但是千余支股票创下 2638 点新低，形成"虚涨"行情。

涨跌虚化是为了给"上面"看，让政策执行者绞尽脑汁。例如设计出刻意压低新房价格、二手房不计入指数的政策，导致楼市出现"打新"奇观。原理与新股中签别无二致。

房价十年长牛，使得地产大佬长年盘踞富豪榜，也使房产投资者秒杀股市投资者，炒房者个个皆是"股神"。这些在"百富榜"中你来我往的常客们，是无房老百姓最容易仇恨的对象。房价虚跌最有可能挤压的利润将来自地产商，舆论目标能够轻易转向这些富豪，类似于股市中的庄家。由此肚肥腰圆的地产老板将进行瘦身。王健林不拘于一城一池，在党的十九大前迅速处置全国地产，由此可窥见政策方向。

国家通过棚改货币化，让城市中低层的老百姓拥有了房产，资金推动楼市再起一浪。当散户蜂拥而进的时候，房价离高位也就不远了。

我们也注意到银行也通过 MBS 把"优质"按揭房产，打包成理财产品卖给投资者。以后老百姓未必通过房产投资来满足"刚需"，而只需直接购买 MBS 理财产品。由于当前房租回报率赶不上存款利率，因此要么未来租金上升，要么投资客选择理财投资。

中国是房价新高，股市疲软。海外是房价疲软，股市新高。MBS 是美国 2008 年金融危机的诱因。

目前市场热钱从楼市转入股市的可能性几乎为零。不过从蓝筹股的估值而言，性价比要远远高于楼市。我们预言本届政府推动股市创出新高，这一波以蓝筹推动指数崛起的思路值得深思。

虚 实 之 争

2015 年股灾后，在汇金带动下，举牌成为多头时尚，前海人寿可谓是国家队外的最大主力。对万科的直接增持，在大蓝筹中率先创出新高，诠释了地产经济作为支柱产业的价值。

在资金泛滥的背景下，类似万科这样蓝筹股的股权价值凸显。在一级市场并购市盈率都达到 15 倍的情况下，二级市场的优质蓝筹不会在 10 倍以下长期停留。无论万科管理层是否有 MBO 低价建仓之目的，都要面临其他超级对手的偷袭，从而有丧失控制权的风险。

宝万股权争夺战中，我们见到了安邦的魅影。这家两年前横空出世的机构，以险资身份亮相，未见任何原始积累，便横扫全球资产。随后一批前海人寿等新主力身影加入多头阵营。

总理前不久再次强调，"以虚拟经济推动实体经济发展"，那么"市值管理"将是打通资本市场和实体经济的重要方式。它使股东利益与上市公司利益完美结合，并在多层次资本市场建设中，以直接融资的方式服务实体企业，使上市公司做大做强。

通过政府对虚实经济的政策态度，可以看出政府对虚实经济的取舍，也直接影响到市场牛熊。

虚实之争，资本大鳄吴小晖、肖建华身陷囹圄。姚振华不仅辞任董事长，而且连万科董事席位都无心谋取，和前一段时间高调股权之争判若两人。刘士余对野蛮人的定义，表明政府立场在资本和实业面前，选择了后者，脱虚就实将是一个长期的政策指向。

牛市时监管政策宽松，资金就陆续进入股市，牛市因此形成。熊市时政策监管严厉，资金就陆续撤离股市，熊市因此形成。由此我们对牛熊判断，可以从政策监管层解读到。

一切有为法，虚实皆幻相。

谁是野蛮人

2016 年末宝万股权争夺的硝烟升起，一方面显示市值管理的重要性，另一方面也显示了险资是超级主力。我们曾经指出，全流通后上市公司估值必然提升，大股票亦不会长时间徘徊在低估值区间。超级主力进场后，拥有资源却不作为的管理层，会面临出局的惩罚。

宝万之争，大股东前海人寿抢班夺权，管理层团队寸步不让。王石董事长保卫战硝烟弥散，资本市场成王败寇。但于情理之上，却是赢家即输，输家即赢。

王石世界逍遥之际，仍能遥控公司稳健发展，经营能力值得称道。但人终有谢幕的一天，未及肯德基 LOGO 中那老爷爷般永垂不朽。坊间对王石批判大多是看不惯其游山玩水却又侍奉高薪，犹如国企做派。

在宝万股权争夺战中，证监会将前海人寿定义为"野蛮人"，显示出政府在实体和资本两派势力中，选择了扶持实体企业打击野蛮资本的政治立场。结合"房住不炒"的表态，我们理解为管理层强调实体，去除金融的态度。因此后市脱虚就实，极可能出现金融银根收紧的大转弯。

证监会批判了前海人寿等"举牌狂人"后，私募改变战术，采取"化整为零"的战术，不直接持股 5%，诞生了更加凶猛的柘中股份"妖股"模式。在股市中，所有资本皆逐利而来。

万科董事会换届大会胜利召开，王石笑退江湖，野蛮人终究没有叩开董事会大门。恒大上缴 70 亿元学费，明白了党的指导方针是"脱虚就实"。自恃后台极硬的小吴同学，仅仅硬撑了几天的嘴仗，就配合调查了。

股东和经营层谁说了算，谁是真正的主人？在中国，政策说了算。中国做任何事，都要考虑政府的立场。

王石和姚振华的斗争结果表明，自古名利不可双全，王石要名不要钱，成王败寇，风风雨雨，都过了云烟。

资本经营合伙人

当前热门行业的高管都喜欢使用合伙人的称谓。合伙人将创业经营型股东和财务投资型股东有效统一起来，尤其是在当前轻资产公司盛行、商战快速多变的时代。

从社会的角度而言，大量过剩生产能力退出是无法避免的结果。因此通过并购重组手段，打破存量刚性，调整资本配置结构，促进产业整合、资本集中和产业升级，以资本效率为核心，在全社会范围内重建中国资本，这就是投行业务的使命。

华尔街在 1979 年从第一波士顿银行中诞生了投行职业。投行并购带动了市场筹资、项目中介等可观的收入。中国的上市公司并购团队是企业资本经营附加值最高的部门，也为金融才俊择业提供了广阔的舞台。

产业竞争的本质是资本实力的较量，竞争结果是一将功成万骨枯。改革资本分配方式，调整资本配置结构，全社会范围内进行产业整合，消除恶性竞争，促进资本集中，实现规模经济，造就民族产业巨头。

在企业经营层面上，要对消费者做好适销对路的商品。在资本经营层面上，同样要为投资者做好适销对路的产品。企业经营成败取决于技术、管理、营销、战略等竞争力。资本经营成败取决于资本实力、融资速度。

资本经营上的合作一定要争取基于价值观的合作。短期合作可以靠利益纽带；长期共事还得靠价值观和"态度"共识，靠灵魂深处的志同道合。

就创业型合伙人而言，读万卷书不如行万里路，行万里路不如阅人无数。深入企业的第一线去见识各种企业，领教各种复杂的管理问题和组织矛盾，与各种成功模式、性格特点和精神风貌的老板打交道，体会企业家的成功与失败，总结经验与教训，是创业走向成功的捷径。

上市公司作为细分行业的佼佼者，产业整合的思路，是企业做大做强的目标。因此，产融互动、一二级联动，以投行并购的身份参与上市公司价值管理，将是未来一段时间里优秀私募管理人的核心竞争力。

比特币郁金香

前不久有人请我讲比特币的"市值管理"。我认为比特币有市无值，不存在市值管理。内在价值为零，市场的意义就是洗钱。

金本位、美元本位，都是以国家信用作为背书的，因此最终的基本面由国家决定。只要各国政府不给与比特币的法定信用，不承认比特币的货币属性，那么比特币就是一个 BYTE 字符串而已。

发钞权是政府的基本权力，以比特币为代表的民间组织在挑战国家信用的战争中，终将不会赢得胜利。

比特币号称是币，但本质就是数字游戏。通过对数字公式的定义，来完成数字与人的关系匹配。

区块链技术在 TCP/IP 协议中处在最高应用层，和邮件是一个层级的技术。不少全球知名区块链底层项目代码是开源的，优秀的程序员改改就能拿来使用。

你可以设计比特币，我可以设计以太币，这样比特币终究会像郁金香一样大量替代繁殖，进而大幅贬值。当比特币的上涨不能支撑电费的成本之后，其二级市场的基本价值就会开始坍塌。

无公司无法人组织的比特币，生存方式就是靠 ICO（虚拟币众筹），把消费者变成投资者，是一场击鼓传花的数字游戏。依靠下家进场承接获得收益，本质上就是一场资本传销。

金融资本狂热阶段的表现是：脱离产业资本，独自疯狂，自成体系，自创价值，贫富差距拉大。自由是这个阶段的主题，监管放松，调节框架变得无能为力，被称为"镀金时代"。外表绚丽繁荣，内在经营却是如履薄冰。

向 20 000 美元冲锋的比特币，就是当年绽放的郁金香。诞生于我们这个时代的比特币，最终会像郁金香一样消失在历史长河中。

高手出自江湖

1928 年毛泽东在极其艰难的条件下，综合分析了国内外政经形势，创作了《红色政权为什么能够存在》一文，找到红色革命之路，从农村起家，发展壮大，领导全中国人民开创了伟大的事业。"八七会议"后毛泽东表示，我不愿跟你们去住高楼大厦，我要上山结交绿林朋友。

大隐隐于市，高手出于江湖。仁人志士都在革命的血与火的洗礼中成长起来。资本江湖，大佬也是腥风血雨中打拼出来的，高手从来不是培养出来的。

秋收起义后，毛泽东带领不足千人的队伍转战井冈山。很多人质疑革命能否成功，毛泽东说："星星之火，可以燎原。"

没有人生下来就会走路。成功人士都是在失败中成长起来的。所谓继承，只能是思想，而不是钱财。

成功的基因是什么？成功是我们对事业和生活的初心。

我经常看到比我更年长的前辈，分析公司到深夜，走访调研到全国。奋斗不只属于年轻人，所有有资本梦想的人，都应该保持入市初心，方得始终。在资本市场上，投资是一辈子的长征。

资本市场，能否换做《红色牛市为什么能够长期存在》的命题？红色牛市，能否像美国牛一样骄傲？中国梦与美国梦，是否都可以通过资本繁荣回报社会，推动人类进步？

金庸在最后一部作品《鹿鼎记》中塑造的主人公韦小宝，八面玲珑，运筹帷幄。红花会总舵主陈近南、神龙教洪教主、独臂神尼九难师太、少林寺澄观大师，都是韦小宝成长道路上的"合伙人"。说明最重要的不是你的技法和金钱，而是你的综合认知能力和驾驭资源的能力。而韦小宝最终臣服于君主之下，国家为大的命题，才是真正高手的社会意义。

高手—国家—社会，循环与皈依。

高手出自江湖，回归社会。成功莫忘初心，方得始终。

投行创造价值

在一个信息充分披露和严监管的时代，长期发现别人所不能发现的价值，单纯从行业研究角度而言，几乎是不可能做到的。因此机构的竞争，已经从"发现价值"阶段进化到"创造价值"阶段，这就是投行创造价值。

上市公司的内生增长是有限的，外延扩张是无限的。在当前中小创平均 40 倍市盈率的情况下，通过 10 倍市盈率收购项目，可以提升 EPS（资本回报率），是一件非常划算的事情。

因此无论产业扩张，还是跨业转型，从上市公司做大做强的自身需求而言都是非常强烈的。二级市场的投资者也希望通过上市公司价值裂变和价值重塑，分享市值成长的果实。

手中有大量并购资源储备的机构，能够创造上市公司的外延价值。通过产融互动、一二级联动，能更进一步参与上市公司的定向增发。与上市公司一道组建并购基金，在参与上市公司资本决策中，与企业一道发展，分享上市公司成长果实。

对于投资机构而言，在资本市场上的较量，已经从二级市场的竞争布局，提前到一级和一级半市场来拼抢地盘。这就更需要从产业和投行的角度，来判断商业大势。

越来越多的 PE 随着大小非的解禁，也参与到二级市场中。这些投行老手，投身二级市场的竞争，他们的基本面研究能力胜过券商研究员。行业洞察力是一级市场的核心能力，大型投资机构的投行并购部门会成为含金量最高的部门。

未来注册制，为真正有产业思维、有投行能力的私募机构提供了最大的舞台，这部分私募机构会率先奔向巴菲特。

同时，以上市公司为资本平台，进行产融结合、并购重组、产业整合的中小企业，会在细分领域中率先突围，实现资本市场的"中国梦"。

投 行 理 想

投行并购之所以吸引年轻人，是因为上市公司并购往往在股市掀起波澜，引发轰动，令万众瞩目。动辄过亿的并购手笔，金钱和荣耀加冕，成为风云一时的弄潮儿，对年轻人快速成功具有相当的刺激和吸引力。

投行是华尔街薪资收入最高的行业。合伙人级别的投行经理，30 岁可以达到数百万元年薪。目前国内上市公司并购业务部门的骨干人员，年薪50 万元都很难招到合适的人才。

2003 年很多国内券商为建立投行业务部门，用数百万元高薪四处挖"保荐人代表"。当时成功为券商推荐一个"保代"，就可以获得 100 万元的介绍费。很多初出江湖的一线高校学子，通过考试一举摆脱贫困，踏入中产行列。

投行人员可以吃掉一个个实力雄厚的"庞然大物"，令那些不可一世、心高气傲的企业大亨胆战心惊、俯首称臣。投行人员标榜自己"替天行道"，声称优化了投资结构和社会资源，履行了社会责任，提升了投行人员自我优越感。

投行人员形象光鲜，社会活动向贵族阶层看齐：穿定制名牌西服、驾驶特斯拉、住白金五星酒店、学会品红酒和购买艺术品、出入高端会所、出国度假……

投行并购的工作围绕上市公司同业扩张和跨业转型进行资本筹划。要了解上下游，深入企业，倾听内行观点，研判行业政策发展动态，收集并购资源，而主管这些业务的负责人多半都是企业董事长和重要政府官员。这构成了投行人员接触、沟通、谈判和日常交往的主要圈子，达成了 VIP 上流社会业务，成为金融中的贵族。

目前深圳的一些大型私募机构，都设立有并购事业部。起步较早的机构，遇到较小的同业竞争，可望成为下一代黄金私募诞生的摇篮。

并购梦中人

外行看热闹，内行看门道。投行并购看上去很美，但是其中的苦楚只有局中人才知道。

通过对价并购的企业，本质上就是买利润。对赌的三年，上市公司的利润似乎有了保障，但是否能长期保持成长呢？其实大多数上市公司自身都不能实现长期成长，更何况去要求别人实现呢？

创业者天生"反骨"，都是有个性的领袖。要求他们循规蹈矩，那就泯灭了其创造性。尤其是已经完成原始积累的创业者，不太可能为不属于自己的企业（已经丧失了股权）去革命。

当初收购的"性感"标的，往往都是轻资产。上市公司融合得好，就继续走下去。融合得不好，就是创业者背起家伙，另起炉灶的时候了。对赌业绩结束，飞鸟各投林。

并购所带来的上市公司价值，并非真正的内涵市值。上市公司的并购市值常态下是加法效应，不能用乘法效应。同时平庸的并购大量存在，在二级市场某些阶段，并购市值还会被剔除。在财务报表中，商誉减值就是具体表现。

所以收购企业不是关键，企业收购后的融合才是核心。融合包括战略目标、管理制度、激励分配、文化内涵等方面。投资者要包容所有特性的股票，企业家要包容所有个性的人。

今后平台型的上市公司会出现。大一些的如腾讯、阿里、丹纳赫都进入五百强，小一些的如讯飞、金证也在积极布局。这就是我们定义的公司价值成长四个阶段：卖产品、卖服务、卖平台、卖境界。

王菲在《梦中人》里唱道："梦中人，一分钟抱紧，接十分钟的吻。陌生人，怎样走进内心，制造这次兴奋。我仿似跟你热恋过，和你未似现在这样近，思想开始过分……"

我看这和当下很多上市公司"为了并购而并购"的盲目行为类似。

亏损企业的估值

滴滴在 2016 年亏损 100 亿元人民币，估值却高达 500 亿美元（3300 亿元人民币），这是怎么回事呢？

滴滴作为网约车，并非是共享汽车，本质上是"黑车合法化"。按照出行人数和增长率，市占率就是未来的 DCF，也就是当前企业的估值。

2016 年中国出租车市场日单总计 3800 万次，每单平均按 25 元计算，每年有 3467 亿元的规模，年增长 1.5%。专车市场每年 7.67 万亿元规模，年增长 5%。

滴滴网约车预计 2020 年市占率 50%，市场规模约 1700 亿元。滴滴专车 2020 年市占率 15%，市场规模约 1.15 万亿元。因此滴滴的年营收（提成 20%）约为 2600 亿元，利润约 500 亿元。

滴滴当前估值为 3300 亿元人民币，市盈率 2020 年为 6 倍，并不算高。因此滴滴用未来的市占率融资，并且收购了 Uber 的中国业务。

近年频频诞生的独角兽（估值超过 10 亿美元），像摩拜等公司用更短的时间崛起，已经在一级市场形成了泡沫，需要在二级市场用更长的时间来消化。

在二级市场追崇业绩之时，一级市场却能用想象力进行融资。在风投领域，PE、VC 崇尚对新生业态跑马圈地，通过产业资本迅速完成收购扩张，实现一家独大的垄断。

特斯拉在 2017 年市值超过了通用，成为全球第一大汽车商。而特斯拉年销售汽车 7.6 万辆，营收 70 亿美元，亏损 8 亿美元。通用年销售汽车 1000 万辆，营收 1660 亿美元，净利润 92 亿美元。

产业资本已经不可阻挡地在一级市场展开了竞争。公司利润不等于公司价值，市场规模和市占率成为资本关注的价值点，这对中国二级市场的价值指引将产生深远影响。对于上市公司而言，集约式粗放型的业绩管理模式已经承载不了上市公司更大的市值，全球化的布局才能产生伟大的公司。

能力的边界

人的能力就是一个圆圈，圈内是知道的领域，圈外是未知的领域。人的能力越大，知道得越多，圈外的未知领域就越多。

很多人随手交易，就往往敢进入自己未知的领域，这样会输多赢少。很多人在牛市中贸然加杠杆，本身膨胀的资产，加上杠杆资金，超出了能力的边界，最后在牛市回调中爆仓。

超过能力的边界进行投资，就是失败的开始。一个操作几百万元资产很好的投资人，如果操作几亿元资产的投资，极可能亏损得一塌糊涂。

已知是圈内，未知是圈外。知道得越多，圆圈越大，未知的就越多，所以高手总是谦逊的。

传统企业的跨业转型往往不成功，是因为老板的原始积累不能代表新兴技术，无法判断决策技术好坏，因此只要跟不上产业风口，就无法领导企业成功转型。

企业家的专业能力必须自己获得。真正的领袖，知道自己擅长什么，知道怎样发挥他人的优点，才能优化资源配置，做出正确决策，获得最优结果。

一个智者，会知道自己的能力边界在哪里。古人说："知之为知之，不知为不知，是知也。"意思就是，知道就说知道，不知道就说不知道，是真正的智慧。

知道自己所不知道的世界，才是智慧的体现。高手经常是有所不为，战略家往往懂得何时休息。

毛泽东《论持久战》中的"战略防御""战略相持""战略反攻"的理论体系，就是对自身能力判断的经典之作。

巴菲特是非常理性的人。对所处环境有着正确认识，对资源进行配置，对自己的能力进行准确的评估，作出最优化的判断和预测，是一种非常优秀的能力。当然，这也正是芒格所欣赏的。

每天多努力 1%

普通人一百米可以跑进 14 秒，二级运动员可以跑进 12 秒，进入 10 秒 5 就是世界级的运动员，世界纪录是飞人博尔特的 9 秒 58。

这个现象告诉我们，普通到优秀差 15%，普通到最好也就差 40%，但这个差距是天与地的差距。

以普通人作为 1，勤奋者每天多付出 1%，那么 365 天后（1.01 的 365 次方），勤奋者的成绩就是 37.3。懒惰者每天少付出 1%，那么 365 天后（0.99 的 365 次方），懒惰者的成就只有 0.03。两者相差 1000 倍。

我身边有个天赋极高的年轻人，发掘过不少黑马，但没有一个能坚持下来。每次开始都是信心满满，但新鲜劲儿一过，他就觉得"不过如此"，很快便心生倦怠，又去换股。他的投资理念更新速度太快，这些年投资成绩一直原地打转，没有任何突破。

每个人都认为自己比别人更聪明，要在股市中去赚别人的钱。但是大多数人的实际情况却是亏损的。这说明在股市中的投资者，可能高估了自己的能力。

高手的差距并不在起跑线上，而在于漫长的积累过程中。世界首富巴菲特这一生就做了一件事——投资股票。扎根在微不足道的行业里，精益求精也会成功。成功考验的不仅仅是耐力，更是心性。

金证公司的座右铭是"着眼未来要有大战略，根植服务肯做小事情"；苹果的乔布斯连做一个 PPT 都是尽善尽美。

投身股市也是创业，在初期就应严于律己，勤奋学习，持之以恒。基本面比别人多跑上市公司，技术面比别人多做复盘功课，专业投资所付出的精力，决定了你未来的成功。

刚刚进入股市的小散，站在你面前的每个老股民，都是仰望的高山。但随着时间延续，你将一个一个地超越他们，就像长跑比赛那样，20 年后的你就会成为现在的我。

成功从承认失败开始

股市有一种神奇的魔法，就是永远能够重新开始。但关键是你要承认自己的错误。

投资出现连续亏损，说明你对市场趋势、行业判断、买卖位置的认知有误。必须要承认有状态不好的时候，有时一年半载都找不回感觉。

最怕的结果就是屡战屡败，然后屡败屡战。本钱是有限的，每一次损耗都要经过更大的盈利才能挽回。亏损50%，需要盈利100%才能赚回来。不止损的根本原因是不承认错误，内心存在侥幸。

连续亏损时不收手，核心原因就是不敢直面自己的错误，希望以更大的"赌"来掩盖已经发生的错误。这是股市最可怕的事情。

交易要遵守游戏规则，核心是自我管理和自我控制。控制你的预期系统，管理你对未知事物的兴奋程度。当你不会思考、不能思考、不愿思考时，这时你是一个病人，需要远离诱惑休息一下。

要使失败转化为成功，首先要承认失败，找出失败的原因，调整好心态，才能继续战斗。只有承认错误，才能斩断亏损。这时候应当进入模拟盘，只有重新拥有胜率的时候，才能重新入场。

失败尽管带来痛苦，但可以磨炼意志，激发斗志，因此可以说挫折和失败是造就人才的一种特殊环境。中国女排在里约奥运会上小组连败，但正视困难、摆正位置后，连克强敌，最终获得奥运冠军，令人荡气回肠。

希拉里竞选总统失利后说："尽管人生中总有失败，但为了理想，为了自己认为正确的事业而奋斗绝对值得。"

投资不是不能失败，败给市场并不丢人，真正的失败是败给了自己。市场没有过失，过失只在于自己的认知。

老师总是在告诫，人生要少走弯路。其实人生无所谓弯路，你不走过来怎么知道是弯路呢？每一条路都要用你自己的脚步去丈量。

只有承认失败，才能斩断亏损，从头开始。

时间是最宝贵的财富

"龟兔赛跑"故事的结果，是乌龟获得了胜利。

在我看来，任何龟兔赛跑的结果，都注定了乌龟是赢家。因为乌龟的寿命足够长，只要活着，就一定能跑赢兔子。

巴菲特之所以成为投资冠军，最重要的原因是他长寿。一个人的投资生涯数十年，跟巴菲特相比，我们都还很年轻。

这就是时间的玫瑰。在时间巨人面前，所有的投资都会成为历史，它是我们人生旅程中的一部分。时间会抚平所有的创伤，牛市会补平所有的窟窿，前提是你要活下去。

投资生涯和人生旅途都是一样的，站在这个角度而言，时间才是人生最宝贵的财富。只要你健康地活着，只要你还在股市中，终有一天主题会轮到你。

著名投行大师王明夫先生说："投资是人生最后的一份工作。"这告诉我们，人生的经验，需要通过工作本身来积累。风霜与挫折，都要在工作中历练，最后才能理解投资，圆融贯通。

更重要的是用上面的话来理解对待投资的态度。如果每一次的投资，都用你最后一次投资去看待，去珍惜，那么你的结果肯定是不一样的。如果你知道绝大多数的股票是为害你而来，一生让你大赚特赚的股票不会超过 10 支，那么绝大多数时候，你都会冷静思考，敬畏投资。

长寿对积累财富至关重要。你 20 岁开始投资，每年收益 10%，你 100 岁时的资本增值将超过 2000 倍。这还不算不断增加的新增资本，和 80 年的投资经验。如果能活到 200 岁，那么投入 1 万元将有 2800 亿元的财富。在长寿面前，一切策略都没有意义。

"泰坦尼克号"上活下来的人，不是谁游得更快，而是谁在水中坚持的时间更长。

但愿人长久，千里共婵娟。

围棋与投资

阿尔法狗三世，出世仅三天就横扫世界围棋一流高手。究竟是机器战胜了人类，还是人类征服了围棋？

围棋的本质是博弈。不仅仅是技能的博弈，更是人性的博弈。眼下围棋之道，几乎都是通篇从头杀到尾，大部分棋局都是中盘胜。要是回到 20 世纪 90 年代，这样的棋谱还以为是业余棋手下出来的。那时候的围棋，要记棋形，背定式。

下围棋最重要的不是技术，而是形势判断，看重大局观，不争一子一目得失。炒股同样要有全局观念，要审时度势，要看清基本面和趋势方向，把握大局。

棋谚云"一着不慎，满盘皆输"。炒股也是，一步错，步步错。一旦真的踏错了节奏，站错了队列，投资就会一败涂地。

围棋弃子的艺术，是舍和得之间的权衡，是局部和全局的配合，是实地和厚势的转化，是一门高深的艺术。如同股市中的止损，不会"弃子"的棋手很难成为高手。

围棋无所谓先手和后手，一味争先未必就能争胜。361 个落点中，你能先抢去多少？只要对手有更好的落子点，完全可以不应你所谓的先手。股市也没有完美的底部时机，只要方向正确，左侧右侧买入持有下去都是赢家。

尽管规则非常简单，但围棋却蕴含无尽玄机，变化莫测。即使是同一局面，高手们也常常会有不同的理解和判断，这正是围棋魅力所在。

唐代传下来的"围棋十诀"，运用在炒股中，也是非常经典的投资原理。

一、不得贪胜，二、入界宜缓，三、攻彼顾我，四、弃子先争，五、舍小救大，六、逢危需弃，七、慎勿轻速，八、动须相应，九、彼强自保，十、势孤取和。

不得贪胜：贪婪与恐惧是投资大忌。贪婪表现为牛市赚到蝇头小利时急于了结，熊市一忍再忍导致越亏越多。而恐惧则出现在反转之时，恐慌性买入和恐慌性割肉，都是大顶和大底形成之时。

入界宜缓：围棋不下随手棋，股市操作前也要做好基本面、政策面、技术面的研究，制订好周密的操作计划。时机未成熟时不可轻易冒险出击，没有把握宁可按兵不动。散户一听朋友股评推荐就毫不犹豫买入，一买就是满仓，生怕钱搁着会生锈。

攻彼顾我：围棋要时刻注意自己安全。炒股则别指望买入后立刻就涨，而是先观察这支股票有没有跌的可能，下跌空间和上涨空间的损益比有多大，判断清楚后再介入。

弃子先争：为了全局的主动，舍弃无效率的筹码，保存住有生力量，还可以投入下一场战斗。

舍小救大：仓位配置低的个股，即使十个涨停，对总体投资收益也没有多大贡献。而重仓股票一旦下跌，损失就会很大。精力要放在重仓股上。

逢危需弃：不少投资者一跌就贸然补仓去摊低成本。但是补仓方向错误，会越亏越多乃至全军覆没。围棋中被吃掉几个子和股票被套是常见现象，关键是要有迅速舍弃止损的决心，避免亏损越滚越大。

慎勿轻速：不怕踏空，只怕套牢。股市机会永远存在，不打无把握之仗。这是慎勿轻速的基础。

动须相应：机构投资不仅要把握时机，还需要有资金调度能力作为保障，同时市场热点和资金面也要配合，才能取得成功。

彼强自保：空头势力强大时，作为只有上涨才能赚钱的股票，股民最佳策略就是休息。切忌反复抄底，否则会使自己越来越被动，保存实力就是赚钱。战略上的退却，是为了更好地进攻。

势孤取和：当投资方向与趋势相反时，强攻就会沦落为庄股，只剩下自己一个人在玩。证券市场不仅仅是资金实力的较量，更是筹码交换和资金进出的利益行为。如果判断错误，就应鸣金收兵。

投资的涟漪

引力波的发现者毫无争议地获得了诺贝尔奖。

当我们采集到外星系传递来的涟漪时，会遐想还原宇宙某一时点的原貌，感知另外时空的状态。星系物质碰撞的结果，演变成引力波，传递给几生几世的后人。让我们遥想曾经的传奇。

宇宙诞生以来，人类五千年的历史就是弹指一挥间。大爆炸发生前的宇宙是什么样的？大爆炸的导火索是什么？无限膨胀的宇宙边际之外又是什么？宇宙有没有终点？终点之外又是什么？两千多年前屈原发出《天问》，而我们至今仍在仰望。

玄而又玄，众妙之门。恒星碰撞发出引力波，两人相遇也有引力波，缘分在引力波上传递，穿越时空，形成因果。发现引力波，是人与上个时空的缘分传递。

这一点点荡漾过来的引力波，让我们试图还原整个系统，猜想它是来自两颗恒星的交融。物质从未消失，在古老的时空中长期回荡。

亘古至今，宇宙大爆炸以引力波形式向外持续传播影响，星系融合形成的引力波也在持续发射，这意味着我们地球的生命形成也必定经受波动信息影响，当然也包括我们如今投资的股市。

在共同的股市中，引力波是资金和资金碰撞的结果，收益和亏损，在你我之间传递。

股市交战，宛如发射出的引力波。在一根根K线中，形成历史信息。金融世界的斗争，最终交还给世界，只留下K线的痕迹，形成古老的历史，让后人遐想。

曾经在这个世上的股市投资过，我们的投资故事就是穿越时空的涟漪。在后人的仰望中，我们如今画出自己的引力波，宛如我们绚丽的人生，不负此生的修行。

人生的波浪

直线是连接两点的最短距离，但这并不意味着直行是到达彼岸的最佳方式。河流遇到阻碍时就会改变前进的方向，尽管从空中看，河流的形状蜿蜒曲折，但这却是河流从上游到下游的最佳路径。

我们的投资也是一样，就好像是从起点到终点的行程，连接这两点的道路，是我们投资人生的波浪。

人生在波浪中穿行，起伏是我们的路径，但绝对不是起点到终点的直线，直线的人生并不精彩。

冰心在《谈生命》中，把生命比喻成河流。人生奔腾着、咆哮着、回旋着，她看见两岸的桃花，她越过河中的岩石，终于回归到了大海。

股市的波动，也是形形色色人生河流的汇集，在大大小小的资金作用下，构成了波浪的轮廓。波浪起伏的旋律，有高潮，有低谷，有惊涛骇浪的海啸，有波澜不惊的安详。当我们投身到大海中，也会激起一朵朵浪花，起伏的波浪，就是我们人生的合集。

我们在这头看到的浪之高点，却是那头看到的起点。成功的投资，就是随浪起舞。成功的人生，就是顺势而为。

波浪起伏，过眼云烟，一百年后，不见你我。这个世界，你是否真的来过？

股市的波浪，证明我有来过。我们一笔笔的交易，汇聚成投资的河流，是投资生命留下的画笔，也是波浪的痕迹。

陈慧娴在《人生何处不相逢》中唱道：随浪随风飘荡，随着一生里的浪，谁在黄金海岸，谁在烽烟彼岸……

90年代的陶金、安妮、周明、简直，当年叱咤风云，如今已成为过去。正是尘缘如梦，几番起伏总不平，到今朝都已成烟云。现在的我，还在市场修行。十年之后，也许不见你我，只留下本书在月光下蹉跎。

投资的轮回

阳光之下，没有新鲜事物。每年市场诞生的所谓"崭新题材"，只不过是一次次的轮回而已。

跌时重质，涨时重势。熊市阶段，由于业绩看得见摸得着，价值投资在此阶段胜出。即使价值蓝筹涨幅较小，但是更多的题材股在下跌，价值股也具有明星效应。

牛市来临，成长性更有想象空间，市盈率代替了市净率，成长性成为牛市主题。到了牛市后期，成长性都炒过一遍。再大的内生成长，都不如并购来得快。外面的世界更精彩，重组股的市梦率代替了市盈率，成为投资的主题。

最后连既无成长也无重组的股票，也因为具有"价廉物美"的并购可能性，也炒作一遍，市场的整个投资周期结束。熊市开始，万物打回原形。

从市净率，到市盈率，再到市梦率，投资周期时钟，宛如四季轮回，一年又一年，一轮又一轮。

在证券咨询行业里，也经历着会员、软件、培训等业态的轮回。

20 世纪 90 年代，行情电脑是奢侈品。每日传真、中文股票机、168 声讯热线，投资者都要缴纳价格不菲的会员费。1996 年以后，电脑开始普及，软件指标买卖信号更具操作性，各种软件风靡一时。2001 年熊市开始，软件也不灵了，技术培训成为散户接受的商业模式。

2004 年从台湾传来的商业股评模式，通过电视媒体的"喉舌"背书，再次进入"会员时代"。2006 年证监会开始严打，黑嘴又通过软件荐股，绕过资质监管，登陆媒体，进入"软件时代"。2008 年后科技公司也需拥有资质才能上媒体，由此培训公司开始盛行，进入"培训时代"。

如今量化投资受到热捧，市场再次回到"软件系统"的时代。

日月轮回依旧，花开花谢依然。

小我与大我

一个亿的小目标对基金经理来说，只需要一波牛市就够了。但是对于企业而言，一个亿的小目标确实不易实现。

对于很多富二代，数亿家产吃喝几辈子都花不完。但是在投资领域，一个窟窿就输精光。所以继承的能力才是真正的财富。

财富越多，身边的牛鬼蛇神就越多，总有一个陷阱是为你量身定做的，能抵御住诱惑才是成功的基础条件。一个人在投资上的成功，是精神、经历、能力、人脉都达到吻合的状态，这样才能圆满。真正的成功，不只是财富单纯增加，而是拥有管理财富的能力。

如果没有追求，股市的交易就是电子游戏，所以财富不可以永恒，真正的财富是能力。对于投资而言，核心竞争力就是投资能力。

但是一个人在投资上，不会永远"对"下去。解决投资瓶颈的方法就是团队。有些时候投资节奏踏不准，一两年都缓不过来，这时候团队成员就要顶上去。所以投资并不是一个人的事情。

投资必须有个性才能出成绩，但是个性又是团队的掣肘。投资讲究反向的成功，但是各个基金经理天天唱反调，那么投资就没法合作下去了。既然市场行为包容消化一切，那么公司为什么不能包容不同意见的人呢？

越是高手，越要谦虚。越是高手，越应胸怀宽广。无声无色，神物自毁。江湖中武功最厉害的高手，是扫地僧，大隐隐于市。高手在投资上秉持审慎原则。动不动就说翻番的人，只是没有见过世面的人。

越是顶部，越有诱惑。赚钱效应充斥整个市场，你周边的人争先恐后，逼迫你放弃原有的谨慎。而在底部之时人气涣散，每个人都恨不能空仓出局，才能荡尽绵绵心痛，找到解脱。所以局中之人，如何做到有我和无我？

长江后浪推前浪，世上更新替代是必然发生的事件。尊崇投资之道，做好自我，这是小我。造福社会，这是大我。

财富的传承

在股市的财富面前，你我都是代持人。

坊间有传说，百富榜是杀猪榜，投资冠军也是年年轮换。即使是巴菲特这样的常年冠军，他的财富依然也是捐给了社会。所以作为拥有过成绩的我们，也需要时时警惕，一切从零开始。

这就是国家的力量，不管是有意还是无意的安排，财富最终回归了民间。

雄安概念拔地而起，成为最近几年最大的题材。其本质是城市搬迁，也是一次财富转移。

深圳从无到有，崛起成为中国经济中心用了30年。高楼大厦就是林立的市值，百万富翁和千万富翁成为现实。

二百年前的"深圳"是山西平遥，当年全国一半的票号（现在的银行）都聚集在这里，俨然是中国的经济中心。最大的票号"日昇昌"寸土寸金，一个票号的小伙计，都是当地姑娘争先要嫁的好郎君。而如今落寞，"一城风絮，满腹相思都沉默，只有桂花暗香飘过"。

两千年前的"深圳"是在甘肃敦煌，是世界上第一个百万人口的大都市，车水马龙，人流如织。当时繁花似锦的亭台楼阁，如今只剩下一个个黄土堆在风中呜咽。

财不露白，高手不露相，露相表明我们依然身处尘世。

甄士隐在《好了歌注》中说："陋室空堂，当年笏满床；衰草枯杨，曾为歌舞场……说什么脂正浓，粉正香，如何两鬓又成霜……金满箱，银满箱，转眼乞丐人皆谤……乱哄哄，你方唱罢我登场。到头来，都是为他人做嫁衣裳！"这不正说的是股市吗？

什么财富可以永恒呢？只有人类社会的进步，才是财富真正的意义。侠之大者，为国为民。

所以投资最终的目的，是回归社会，回归生活。

终极的投资是慈善

投资需要信仰，真正的信仰是超越功利的。我们经常说莫忘初心，就是指如何坚持信仰。司马迁说，"高山仰止，景行行止，虽不能至，然心向往之。"世界上最著名的投资大师，最终的信仰就是回报社会。

巴菲特和盖茨都对自己毕生的财富进行了裸捐，投机家索罗斯也捐出了史上第二大善款。这对于在股市中追求财富的投资者来说，是非常令人诧异的。

首富们用裸捐方式来回报自己成长的社会。事业做到某种程度，都要回报社会。无论是李嘉诚还是巴菲特，对自己节约，对他人慷慨。

财富对于人生来说，是一个追求的过程，而不是追求的结果。完美的人生是自我价值的实现。

站在产业角度，企业家也通过努力，富裕一方土地。创造税收，创造就业。企业家和投资家为世界创造的最大价值，是推动社会进步，让人类生活更美好，这就是慈善。

当然这一切都需要在有了钱的情况下才能实现。股市对于一无所有的人来说，确实是一个创业的好机会。可以让初创者迅速完成原始积累，但是财富的守候却不仅仅是金钱叠加。

有钱可以让人更加善良，这句话让人深思。拥有不同的财富，会在不同的角度思考人生意义。

财富不可以永恒，金钱不会一辈子跟随你，并且生生世世传给你的子孙后代。财富真正的价值是你的能力和你对社会的贡献。

资本市场的资源配置功能，在上市公司优胜劣汰中，形成了长牛的基础。长牛也对投资者进行了回报，解决了养老资金出路的问题。能容纳下养老基金的股市，才是解决了真正长期投资的问题。

可以说终极的投资是慈善。投资与慈善无论对于个人还是对于国家，都是一样的。

第二章 博弈之道

中小投资者看大咖微博，读首席报告，听市场消息，基本上没赚过钱。媒体大咖不是成功人士吗？怎么成功人士也会错呢？

投资者信任舆论本身不是错误。但有没有想过，舆论本身也是在迎合投资者的思维呢？发行量、收视率，都是做给投资者看的，也必然是一种从众思维。

如果你承认"赚钱的人是少数"，那么"让大多数人赚钱"就是在违反规律。无论是股票交易软件，还是咨询机构会员制，只要是从众行为，都只是在为一些蝇头小利而忙碌，难以真正把握住市场机会。

所谓的"股吧人气""研究报告""底部特征"，都是观察散户从众思维的具体指标。作为大资金的操盘手，就像大兵团作战的总指挥一样，应该做到"胜兵先胜而后求战"。一定要抢在市场大多数人没有意识到之前进出。

软件指标也能够发现主力的蛛丝马迹，但这些秘密武器被广为使用的时候，主力机构就会放弃原有的套路，使原有的规律和格局发生变化。总体而言，这个世界是有钱人说了算，这个市场是有实力的机构说了算。

换言之，那些能够控制市场的力量要吸货时，必然要放出利空消息，让你交出筹码。而他要出货的时候，舆论必然是充满了美好的前景，引诱你去接盘。大盘在"全流通"推出时见底，在"增加老百姓财产收入"政策时见顶，这样的案例你是否记忆犹新？

你会承认，真正赚到大钱的，都是那些逆市场思维和敢于做市场冷门的交易者。所以，首先我们要学会的是逆向思维。

本章通过常见的舆论口号错误，揭示投资者思维误区，通过反向推理，找到博弈之道和成功之路。

害怕危机 VS 重大问题就是重大机会

在股市面前，一切问题都不是问题，没有问题才是最大的问题。重大问题总是和重大机会伴生在一起。

2017年10月2日，美国赌城发生史上最严重枪击案，美国股市随后连拉五阳，创出历史新高。

2016年6月28日，英国公投"意外"脱欧，全球股市出现剧烈动荡，但随后英国股市迅速收复失地，并创出新高。当年11月8日美国大选，特朗普"意外"上台，美国股市"挖坑"成功。

2008年美国次贷危机席卷全球，媒体报道仿佛世界末日，但"大危机"诞生"大机会"，使得2009年的春色更加宜人。

1996年"人民日报社论"、2006年"5·30"事件，都表明突发的政策利空，逆市操作是获利根本。

股市向来不怕利空，媒体铺天盖地的宣传，只会导致中小投资者纷纷跟风，而大资金却借此机会反向操作，获得暴利。

作为大资金的进出难度要比散户大得多。只有在人气低迷，市场普遍看空时才好进场；在人气旺盛，成交量放大时才能全身而退。

正是，熊市中暴露问题，牛市中解决问题。

机构与散户博弈就是"少数"与"多数"的较量。既然机构是投资的决定力量，那么机构就能够借用媒体的力量反向获利。

分析师在电视节目中经常说错，主要的原因，他是站在散户的立场上，揭穿机构的秘密——与机构为敌！当某人代表多数人利益的时候，他往往就成为市场的反向指标。

市场大底的形成历来如此，需要利空的配合。2005年的全流通，2008年的金融危机，甚至连2010年农行上市都炒了一把。未来大盘形成大底的利空是什么呢？可能正是当前闻之色变的"注册制"。

逆向投资的精髓是，知道市场舆论如何定位，然后反向操作。

总统选举 VS 黑马逆袭才有新意

特朗普在美国总统选举中上演黑马逆袭，一路不被看好，一路黑马到底，勇夺美国总统选秀大赛总冠军。击败巴菲特、布什家族、全美主流媒体、华尔街精英的所有预言。

美国大选特朗普与希拉里战斗白热化，无投票权的中国选民颇为担心，一旦川普上台，中国似乎就完蛋了。中国舆情也偏爱希拉里，但是特朗普能杀进决赛，不可能是一边倒的局面。

如果我有选票，我也会投给特朗普，全世界政权都出现强权倾向，黑马逆袭节目才有看点，为政治经济带来新意。

舆情不看好造就了美国股市的特朗普洗盘。惊恐的投资者认为特朗普上台后股市就完了，但是随后美国股市迅速创出历史新高。

2016年6月底英国脱欧就是一个生动例子，全球股市挖坑成功，英国股市创出年内新高，为股市带来一次绝好的逆向操作机会。不过本次洗盘级别较英国脱欧事件更弱，因为前车之鉴让投资者冷思考，动荡会出现递减效应。

特朗普当选美国总统，英国脱欧成功，意大利公投失败，表明精英们已经不能把握自由经济的政策方向，精英文化已经悄然逝去。

特朗普上台后划分阶级成分，拒绝穆斯林七国人口入境，退出TPP，打倒当权派，喊美国人民站起来，特朗普上台宣言是在说明美国要走社会主义道路吗？

总统选举也是美国好声音版本的政治选秀，特朗普上台带来的不确定因素，包括总统遇刺、言论危机、政治转向等，投资者应有所准备，以逆向思维投资体系应对未来的突发事件。

特朗普上台第一天，周立波就赶往美国，成为头条新闻，是否预示一贯唱反调的特朗普遇刺风险很大？假如特氏遇刺成为未来最大新闻，那么这又将是全球股市的一次反向投资机会。

积极财政 VS 财政政策不代表牛市

2018 年 8 月政治局会议，推出"积极财政政策和稳健货币政策"。当晚各大券商策略组与宏观组的评级，都是积极乐观看好反弹。但次日却遭到市场绝顶"闷杀"。

其基本错误在于，积极财政政策不会为股市带来增量资金。只有货币政策放水，才有形成行情的可能。

我国财政政策积极，与西方的积极有所不同。西方的积极财政是赤字财政，降低税负，为企业让出更多利润。

特朗普上台后，把财政政策的效能用到了极致，将大企业最高 35% 的所得税，直接降到了 21%。这相当于将蓝筹股的股东回报率直接提高了 14%，让全资本市场分享到了政府的普惠，股市理所当然地走出了"特牛"。我理解为美国股市充分反映了政府的执政水平。

而我国的积极财政政策，是一种变相的政府投资行为，是计划经济的表现。这次积极财政带来的是基建行业转暖，通过财政释放，扩大了基建行业投资。所以对股市而言，是一个局部效应，而不是整体效应。

我国财政政策在税收方面确实非常积极，2018 年财政税收再次"全面丰收"，各项指标增速远远超过 GDP。税收收多了，企业回报率就低了，股市自然牛不起来。虽然政府苦口婆心不断在《新闻联播》中说减负降税，但是我们依然要学会逆向思维，保持独立的分析体系。

本次最高指示中，货币政策未见松动，同时继续强调"去杠杆"。只要去杠杆，市场就没钱，大盘就不会好。

股市牛熊都是资金驱动的结果。一直以来，导致中国股市走牛的根本因素，是货币放水。牛市时鼓励各路资金入市，熊市时去杠杆强监管。

政策实施需要有广泛的适用性，并不只针对股市。所以股民要深刻理解政策本意，不要一听媒体说"积极"二字，就误以为牛市来了，匆匆入市，深套其中。

宏观资金 VS 供求关系无法精准衡量

每年都有不少经济学家预测 CPI、PPI，来判断加息、降准对宏观资金面的影响，进而测算大盘能涨多高，但最终没几次能算对。对股市产生最终影响的宏观资金面，不可能精准算清楚。

反过来每年市场的筹码供应也不可能算对。新股供应受政府调节，监管层也是随行就市。每年限售股解禁，大股东减持意愿也不知道。更重要的是，减持后，又可能会增持，供给变成了需求。

供求关系随市场变化而变化，是一个动态指标。你现在看多会成为需求方，但是你买入后就会成为供给方。你现在看空是供给方，但跌到你认可的价值区域你会买进，或者市场走好之后你也会买进。

通晓经济理论的经济学家，在市场巨人面前往往被自有知识的局限性所禁锢，即使成功也很难超越市场。深层次原因，是他们凭借雄厚的经济学理论和思想信念，潜意识里想引领市场，做小概率事件，而忽视或不能抓住市场系统性波动背后所潜藏的供求关系所带来的机遇，使得中短线首先失败，而长线的不确定性又令投资行为并不客观。

股市是一个超复杂非因果的时变巨系统。当多个前提和假设作为输入条件，不能准确界定，且子系统相互作用也不能确定时，通过精确计算就毫无价值了。

理性投资应该以定性为主，定量为辅，方向性重于波动性。巴菲特为什么喜欢业务简单的企业？因为业务一旦复杂，影响因素的复杂程度就呈几何级数增加，每个变量之间的相互作用关系只能估测，结果造成巨大的误差，从而导致定性错误。

只要你是投资者，如果空仓你早晚会买进股票，最终成为需求方；如果满仓你迟早会卖出股票，成为供给方。基本面信息的数学解读对股票操作并无应用价值。

所以，市场宏观资金面是动态变化的，无法准确预测清楚。

经济周期 VS 股市不是经济晴雨表

股市是经济的晴雨表，这句话常见于媒体评论，但从来没有让投资者赚过钱。通过判断宏观政策研究经济周期的分析师，对股市预测基本上没有对过。

中国股市牛短熊长，但是宏观经济却从来没有"亏损"过，呈现"慢牛"的走势图。GDP即使在2008年也有9.6%，和股市完全不相关联。

政策的出台并不是只为股市服务，更重要的是宏观经济大局。就像一个公司的总体任务指标，绝不会仅仅只考核投资收益一样。公司的任务由总经理完成，国家的经济政策任务由总理来具体落实。

股价波动不完全服从基本面。中国经济增长十几年里一直是世界第一，但是股市这几年的走势却排名世界倒数前几名。房地产行业自2002年就走出底部了，但是房地产的股票到2005年才见底。由此可见股市并不能作为经济的晴雨表。

20世纪90年代，是国际化的十年，主要是与国际接轨问题，具体体现在贸易经济。2000年以后，是城市化的十年，主要是城市改革发展问题，具体体现在房地产等资源经济。2010年以后，是资本化的十年，主要是投融资的企业发展问题，具体体现在资本经济。

每隔十年，政府面临的经济问题都不一样，但是解决问题的方法却大致雷同。经济碰到衰退就刺激，碰到过热就紧缩，这就形成了一个特殊现象：经济不好的时候，通过投放货币刺激经济，股市就先涨了起来；经济一旦好转，货币政策就开始收缩，股市进入下跌阶段。

衡量宏观货币政策的M2指标，对股市而言，更具有现实意义。

1998年亚洲金融危机，2008年全球金融危机，宏观分析师基本无法预测出来，自然对股票投资也没有可借鉴之处。而2015年的股市危机，跟经济周期根本没有什么关联，只是去杠杆的金融动作过于刚硬，导致了股市的大起大落。

经济下滑 VS 最不值得担心 GDP

每年那么多分析师替政府担心，经济下滑怎么办？这让投资者忧心忡忡。每年年初媒体和各大券商都要对 GDP 的速度预测一番，似乎水平的高低，就在那 0.1 的准确性上。我的方法是，政府公布目标是多少，我就信多少，根本不去研究。GDP 好的时候，也没见股市涨过。

GDP 即使在经济最差的 1990 年西方全面围剿时也有 4%，2008 年全球经济危机冲击下也有 9%。如今 GDP 好歹还有 6%，股市也没见过每年上涨 6%。GDP 涨的时候股市不涨，跌的时候自然不需要你操心。

周边国家那么点儿 GDP，就能够让股市走出新高，美国 QE 退出股市走出新高，日本 GDP 下滑也创出新高，我们的股市真是对不起 6 个多点的 GDP 啊。

历来行情的崛起，都来自场外资金的推动，而和 GDP 没有直接关系。房地产作为地方政府的摇钱树，可以看到政府 GDP 价值的创造过程。地产市场下行使得许多地方财政无计可施，恶化的金融环境即使牺牲几个地产土豪，也拯救不了地产财政。地产需要维稳，只能依靠中央的金融政策来实现。好在前几年的地产牛市，释放了很多利空，也储备了解禁所带来的利好。所以我们说，GDP 是最不需要老百姓担心的，政府比你更着急维护它。

当前除了二级市场外，几乎所有的物价都在上涨。企业不能赚钱的情况下，国家印刷钞票对抗经济衰退。而资本并没通过资本市场进入实体经济，这种结构调整短期内不会得到改善，资本市场总体还会维持台阶式震荡。

资本市场洗牌，将影响到未来大盘波动特性。未来 GDP 增速 6.5% 的预期也没什么不好，国企高管大幅降薪，相当于增厚公司利润，一批世界级的企业在改革中新生，国企蓝筹作为重点，有可能推动大盘走出一条温和的上升轨迹。

底部特征 VS 底部出现之后才是底

投资者都知道，最低的股价都是在技术形态最差的时候出现的。同时底部的基本特征是缩量，因此较少出现"底部放量"的技术特征。换句话说，如果能够判断个股处在"底部"，就无须用"放量"来加以描述。

在机构的眼里，个股的底部放量是一种"诱饵"形态，换句话说，最像底部的形态就不会是底部。

从板块角度来看，每年涨幅最大的行业，在启动之初也是风险最大的板块。比如 2001 年入世时的汽车板块，2003 年长江电力上市，2014 年创业板退市政策等。这类不弱于一波牛市行情的板块行情，都是在利空中完成的建仓。

同时每当上市公司高管出现问题，股价都毫无例外地出现下跌，但很多主力却开始吸货，造就一波行情。例如贵州茅台老总被抓、伊利股份董事长被抓后的行情等。

当所有的股票完成补跌之后，底部才会出现，新行情才会启动。补跌顾名思义就是市场强势股相对市场平均或弱势股的补偿偏离回归行为。补跌是周期律，是马太效应的纠偏，所谓物极必反，是市场回归平衡的标志，是新周期开启的标志。

过早介入市场，容易倒在黎明之前。这就是所谓的"领先两步是烈士，领先一步是英雄"的道理。马云的阿里不是第一批互联网电商，摩拜单车也不是第一批共享单车，在此之前的公司已经不见了踪影。一将功成万骨枯，成功企业往往不是第一个吃螃蟹的人。

换个角度讲，底部需要的勇气，是思维的艺术。趋势形成后，第一波炒预期，第二波炒数据，第三波炒兑现。所以如果第二波的数据都出现了，还不敢进场，那么投资注定是要失败的。

底部的确认技术，是普通散户所忽视的，这需要智慧和胆识相结合。

时间窗口 VS 预测对错不是最重要的

一波牛市开始时，有那么多聪明人预测对了，买到底了，可是他们能挣多少呢？行情启动后一个小小的洗盘就可以把他们吓跑，然后眼睁睁地看着行情绝尘而去，沉浸在牛市底部买进的美好回忆中。

一轮多头行情中，能预测到回档或者修正并不难，很多技术都可以做到。最难的是，即使你明知道接下来的回档，但依然坚持不为所动的忍耐。因为人性都是贪婪的，人都是"聪明"的、趋利避害的，所以，你本能的反应是——卖掉，规避接下来的回挡。可是只要一卖掉，你就失去了在多头市场里最重要的东西——筹码。

诚然，在市场中保持清醒和理智是非常重要的，但是过早的清醒和理智，将会因为市场的非理性和疯狂而付出代价。清醒和理智，同样要把握时机。

时间窗口判定正确，预测成功并不难，牛市中底部买入也不足为奇。最难的是，看对了，做对了，不动如山一路坚持到最后。因此时间窗口的级别判断是最重要的。

牛市的原则是市场股价重心的整体上移，当然那是所谓的一线蓝筹股股价上了台阶之后，二线股、三线股、亏损股股价都会上台阶，这是市场的规律，是资金逐利的体现。

如果市场确实和大部分人看的方向一致，那么这就不是证券市场了。市场永远都是极少部分人能看对，大部分人都看错的地方，特别是在市场看法一边倒的时候。不要说市场中一般的中小投资者，包括管理层也基本没有看对过市场。

预测的对错永远不是最重要的，确认技术才是最重要的。克服人性弱点，在趋势中一路坚持，才是最困难的。因为这样做，你是在挑战自己的本能和本性。在对抗市场情绪中，你制定投资原则和交易体系是最重要的，而不是随机交易。

牛市大底 VS 抄大底者不赚大钱

很多人期望在牛市中抄到大底，一劳永逸，坐享暴利。

牛市起点，由于大环境还处于空头氛围，只要身处股市，就还受到惯性思维压制，往往低吸高抛摊低成本，贪图蝇头小利。基本面决定的中长期趋势形成后，却因技术面的精准衡量错失机遇，得不偿失。

2014 年春季，国泰君安抛出"四百点论"的观点，判断二季度有 400 点升幅。但是二季度正处于下跌周期的尾声，大盘在 2000 点横盘到 8 月后才启动。很多投资者经历了 2 年的煎熬后，重拾信心却再遭一季闷杀，愤然退出市场。

2017 年春季行情于 4 月 11 日结束并进入调整，某市场影响甚大的著名多头博主猛烈唱多，号召价值投资，倡导蓝筹理念。一个月后因市场大幅调整，该博主删除微博，彻底投降后，此时大盘方进入新一轮上升周期，蓝筹正是这轮行情的主力军。

大行情往往要把多头彻底杀死才能启动，底部是一个筹码交换的过程，是试探出来的结果。多头声音彻底消亡，行情才有新的转机。俗话说，领先两步是烈士，领先一步才是英雄。

中国市值管理模式启动以来，金证股份是第一批尝鲜的上市公司。2013 年底启动市值管理方案后，在大势走牛红利、互联金融风口、公司业绩猛增、技术长期盘底的背景下，我身边大部分在 14 元以下买入金证股份的朋友，持有利润都没有超过 30%。反而是在 34 元以后开始介入的朋友，动辄都是一倍以上的利润。

趋势形成后，才是稳定的利润来源阶段，长期趋势由基本面决定。但是基本面难以精准衡量大底拐点，而技术面侧重中短期波动，因此无法确定十倍股票，导致技术派投资者无法长期持股。所以期待在牛市大底买入，持有翻十倍的个股模式不太现实。

基本面判定方向，技术面优化买卖位置，是基本守则。

获利回吐 VS 牛市不言顶

我们经常听电视股评说道：获利回吐，及时了结。这是因为分析师和投资者经历了漫长熊市煎熬，心理上不敢长期持股，短线思维深入人心。

牛市中最大的风险就是踏空，恐高症者不赚钱。恐高症者在替新股民操心风险问题，殊不知市场玩的就是心跳。

大多数情况下，牛股就是这样被错杀掉的，大牛市中最佳的方法就是顺势持股。

不少投资者认为市场涨幅已大，担心熊市重来，为了蝇头小利，就匆匆离开市场，以担心为由进行减仓。此类投资者包括不少私募在内，减仓之后，又会被迫在高位翻多。

2014 年后创业板一浪又一浪创出新高，整个市场运行良性，大盘和个股在没有出现加速的状态下，不可盲目判断顶部。即使进入冲刺阶段，利润也是惊人的。大盘在压抑 7 年之后，目前只是抬高物价的第一个阶段，仍会有新高不断出现。

经济在 2014 年政府全面放权之后焕发活力，这就是我们两年前提出的中国经济的巨大潜力。在创新与投资的推动下，政府仅仅用了两步棋，就让百姓看到了朝气蓬勃的局面。

在市场大幅上涨背后，我们没有看到政府传统的"恐高"声调，提示风险，反而看到了进一步扩大社保投资范围的措施。尤其是面对近 300 支股票的翻番行情，也没有过分解读市场操纵行为，这将对场外资金进一步产生暗示——政策面目前是安全的。

政府手中对拉动经济的王牌还有不少，比如简政放权，鼓励投资。在大众创业、万众创新的大背景下，也将激发投资的活性。创新所带来的投资理所当然会被资本市场所运用，股市率先响应了这种变化。

牛市看不清楚的时候就持股，因为筹码在牛市具有稀缺性，每支股票都有自己的春天。

维稳行情 VS 牛市无需维稳

当前政府监管方向是"强监管、发新股、要维稳"。

强监管意味着资金流出，同时高层对公募基金也限制净卖出的减仓，这就要给出制度红利来进行补贴。比如网下新股申购，相当于蓝筹股含权。公募基金净值和大盘指数都"显得"比较"好看"。

党的十九大开会节点恰好碰上6124十周年，市场担心情绪浓郁，稍有风吹草动，就有恐慌性抛盘涌出，造成市场剧烈波动。好在国家队通过指标股继续维稳，指数安全度过敏感时期。

所以国家只需要控制好50支股票就够了。指数作为考核管理层的指标，不产生大幅波动，不导致"系统性金融风险"，就算完成任务。

证监会搞整风清理运动，要查一批"忽悠式大案"，将对题材股走势带来压力，打击壳资源价值，降低并购重组的预期，今后将尽量不要再提"市值管理"。

证监会号召机构学习社保模式，号召投资者进行长线投资。看来长期性和稳定性是监管层认同的价值，这一方向以国企改革作为突破口，带来市场的稳定。可以看出对行情的认识，维稳是基础，价值投资是方向。

刘士余说新股不会因为行情不好停发。从2017年以来每天三支新股速度来看，监管层已经实际在推出"注册制"了，考虑到市场承受能力，再融资体量必然会压缩。

新股堰塞湖解决之后，好的公司不需要借壳和并购，直接IPO就可以了，这将使未来投资逻辑发生转移。主席还说新股发行，充实优质公司体量。不过优质到底是什么，值得研究。最终的问题，应该是要解决注册制的问题。这个和2003年五朵金花行情的背景一致。

维稳的结果，往往是熊市产物。牛市哪里还需要维稳呢？在打击8的股票，扶持2的股票的监管总思路下，指数行情还得依靠价值蓝筹来表现。

推荐好股 VS 股票本身没有好坏

我们经常被人要求推荐"好股"。我们强调，股票本身没有好坏。

市场上只有好公司，没有好股票。招商银行一直都是好公司，但是经常不是"好股票"。反过来很多绩差股，只要买的价格足够低，就能赚钱。

市场并非一个能精确衡量价值的"称重计"，难以判断某种特定的股票是"便宜"还是"昂贵"。要发现价值升得比通货膨胀还要快的艺术品，就像要找百岁老人那么难，大多数普通人很难做到。

零售行业现在沃尔玛是巨头，但是在 30 年前，根据现在的这些规律，并不能选出沃尔玛这支股票。一支本轮行情的领涨股，只有八分之一的概率在下一轮继续领涨。

2004 年春季是基金最为追捧"价值投资"理念的时期，各种景气类型的基金相继成立。事实上，这个时期所买入的大部分景气类股票，都遭到了严重套牢。

中国联通在 2004 年 2 月时股价 5 元，一年后跌去一半，其基本面并没有发生多大变化。再比如，2003 年 TCL 从 15 元涨到 28 元，除权后 4 元涨到 9 元，连翻一番的基本面起了多大的作用？一年后从 9 元跌到 2 元时，基本面又发生了什么变化？

对个股来说，股票无所谓好坏。在基本面上可能存在好的公司，但在二级市场却无法衡量股票价格的好坏。有时候市场会从股价倒推基本面的好坏。

既然股票的涨跌不是取决于基本面，那么跌出空间来的股票，就具备了较好的操作空间。从这层意义上说，前几年跌幅最大的行业，往往就是今年的最佳行业。

中国股市涨跌的本质是由于资金推动，而并非价值推动。

换言之，股票不存在好坏，投资的机会在于跌出来的机会。

投资茅台 VS 都认可的价值没有价值

茅台继续带动一线蓝筹股创出新高，股价直逼酒价。基本面通过"供给侧改革"，实行"限价"和"限购"，符合本轮价值投资所代表的业绩逻辑。以一万亿元市值衡量茅台价值，这是资本市场中国梦的体现吗？

茅台在禁酒令阶段，貌似失去了司机的市场。但在滴滴代驾出现后，白酒又重新渗透进入司机市场。茅台涨价很显然不是司机喝出来的，但是利空作为买入时机，禁酒令实施时买茅台却又成为经典案例。

如今市道茅台当家，价值投资扬眉吐气，茅台翻越股灾高点一倍有余。这5年无论茅台兴衰，都持股岿然不动的投资者，才是真正的价值投资，令人佩服。

在军方再度声明严格限酒的背景下，茅台仍然创出新高，"表明"本轮茅台的消费主力并非来自政府。贵州数以百计的小作坊酒品质与茅台无二，但生存非常艰难，茅台"只喝好的"这一品牌策略成功，就是在清理门户中，完成了产业统一。

茅台在市场价和出厂价之间有着巨大的护城河，数百元的经销商价差几乎都可以作为茅台的利润，提价空间让所有投资者都找不到做空理由，券商报告一再调高预期，建议买买买。

然而茅台代表的蓝筹梦，股价已经进入某级冲刺段。在业绩超出所有机构的预期下，营造出强烈的多头氛围，以巨大跳空缺口方式形成突破，对后市影响不利。

但从长远来看，中国股市第一品牌如果是一瓶酒，那将对不起我们其他民族产业。琴棋书画，都可以成为我们的超级IP，但是白酒不会成为全民大众的消费IP。茅台酒文化，可以代表高端，但是不会代表时尚，尤其针对年轻人和海归。一旦整风运动重启，茅台又会回归调整。

茅台与整个创业板形成反相关。任何事物都有终了之时，未来茅台爬坡结束之时，便是成长股的翻身之日。

价值投资 VS 市场没有永恒的主题

股市永恒的规律，是强弱转换、板块轮动，具有明显的周期特征。抓住大势的主要方向，寻找市场的洼地，趁盲点时进入，热点时退出，是被证明行之有效的制胜之宝。

牛市中，原先的弱势股会在某一个时间突然变成强势股，这是资金流入的结果。牛市中只要不是基本面特别糟糕的品种，大都会有涨几倍的能力，不同的只是主升浪的时间不同。在几年的时间中轮番出现上涨是规律，大盘股的普遍涨幅一定小于小盘股，这也是规律。

2007年的市场已经和2006年下半年完全不一样，由所谓的二八向八二转换，深综指超越上证指数已经说明了这一点。上半年涨幅前100位的品种，小盘股和微利垃圾股一统天下，蓝筹股和大盘股基本无缘。

当前市场来看，我们可以确信，随着时间逐步推移，垃圾股的潜力会越来越超越蓝筹股。当然，在这些垃圾股炒作的时候，市场也会冠以各种名义，准蓝、重组、科技等。我们不必相信这些，我们只知道，筹码交替，直到所有题材都被利用光为止。

中国股市的股票基本三五年一变，从垃圾到绩优，再从绩优到垃圾。回想十年前那些不可一世的企业现在好多都破产了，当时的那些"著名"民营企业家现在又剩几个？

看看十多年来的上市公司，从垃圾到绩优，再从绩优到垃圾，也不知道多少轮回了。仅从盈利角度看的话，只有政府垄断性企业还可以继续暴利。但从经典投资理论来看，政府垄断性企业是最不应该投资的企业。

这样一来，我们就没有可以长期投资的企业了，也的确如此。西方的巴菲特投资百年老店获得了成功，可回头看看中国五千年文化，有几个百年老店呢？

所以股票没有好坏之分，只是投资时间长短而已。投资股票，是一门时机选择的艺术。

维稳慢牛 VS 曲折前进是普遍规律

2016 年股灾以来，股市走出了一条慢牛之路，维稳因素一直在左右着市场。但如果慢牛需要通过维稳方式体现，未免太过主观，最终还是会被打回原形。

管理层一直期待中国股市走出美国那样的长期慢牛。但是我国股市由散户主导，同时缺乏对冲机制，往往会出现大起大落的情况。

由于国家担心大落行情，维稳力量就会直接或间接地影响股市，从而拉长下跌周期，所以维稳行情一般都出现在熊市阶段。

2002 年 6 月 23 日，为了"呵护"市场，管理层宣布暂停国有股减持。当日大盘几乎涨停，成交量也放出历史天量，成为 4 年熊市中，最佳的一次出货机会。

1999 年 519 行情，国家队快速撬动了大盘。虽然后面不断通过舆论呼吁信心，但是依然不能解放国家队资金，只好一路"维稳盘升"，直到 2001 年申奥成功才借机出来，然而导致了后来 4 年熊市。

世界上一切事物的发展，都表现为曲折的、螺旋式、波浪式的前进运动。漫长的迂回道路，常常是达到目的的最佳途径。以退为进、以迂为直的方法，正是对事物发展规律的遵循和运用。

迂回策略，"退"是为了下一步的"进"，退一小步，是为了进一大步。大直若曲，大进若退，这才是 U 型思维的真谛。

过刚易折，快速发力往往使行情夭折。2017 年雄安板块，2013 年上海自贸区的外高桥，利好突发性，使上述股票出现了十几个涨停，但是随后一年即被打回原形。

曲折前进是事物发展的普遍规律。社会发展过程和人生道路往往是迂回曲折的，很少有直线可走。水曲流长，路曲通天，人曲顺达。

顺其自然就是道。

信心黄金 VS 两个跌停就会失去信心

我们经常听到主流媒体说"信心比黄金重要"，好像是股市下跌是股民没有信心导致的。

所谓信心比黄金重要，是相对于企业的经营层面而言的。相对于资本层面，股市的投资信心，不仅不是股市涨跌的根本原因，而且还常成为反向指标。

大盘顶部，投资人的信心比任何时候都强烈。大盘底部，投资人也是最灰心丧气的时候。换言之，顶部在信心爆棚之时出现，底部在信心丧失殆尽之时形成。

所以，涨跌是因，信心是果。搞反了因果关系，自然陷入信心陷阱。因为信心在上涨过程中形成，在下跌过程中逐渐消失。

下跌市场中，很多股民会立下"不再炒股"的誓言。但是"一阳改三观"，几天的上涨后就会重新加入投资大军。股市中踏空的心情要比套牢的心情更加难受。

媒体推说股市下跌是没有信心导致，是在偷换概念，将股市下跌的市场行为，推给普通投资者。在股市中，中小投资者的信心什么也决定不了。涨了自然有信心，跌了自然没信心。

投资者失去信心的原因在于市场缺乏赚钱效应。一方面中国股市熊长牛短，另一方面监管政策也发挥着重要作用。所以媒体单纯说信心比黄金重要，而不产生长期赚钱效应，是一种顾左右而言他的推辞。

上述"信心理论"往往发生在熊市阶段，这种观点预示着市场离大底还有较远的距离。

长期牛市并非由中小投资者信心决定。中国股市的牛熊，政府通常都能够有效掌控。

股市的暴利，都来自极端情况下的承受能力。基于此，我们要对投机市场更加有敬畏之心。

短线高手 VS 股市不会天天生钱

普通投资者很羡慕那些短线高手，每天都能赚点儿，所谓细水长流。但股市并不是一个每天都能为你生钱的场所。

超级短线对于期望快速致富的人具有诱惑力。一旦投资人受到这些快速致富的欲念支配，就会招致更多的紧张感，从而容易失掉客观性，投资者信心会随着股价上涨而增强。贪婪心理就是这种表现。在下跌市场中，股价连连下跌，受挫心理不断承受打击，常常期待在更低价购买，结果错失止损良机。

破坏心理平衡的情绪主要是恐惧和贪婪，贪婪和恐惧情绪交替出现。贪婪导致股价超涨时持有不卖，没有介入的人则是不断追买，形成超涨。恐惧则不断促成杀跌，使股价由合理下跌变为恐慌超跌。

短线交易会导致过度交易。整天泡在市场中，时刻关注价格变化，其中理由各不相同。有些是为了获利，有些是把市场作为寻求刺激的场所。很多投资者都在不断过度交易。

一个人拥有的越多，就越害怕失去。当投资者经历着一连串挫折，由此导致的恐惧会给他留下深刻记忆。下一次冒险入市时会感到更加精神紧张，判断力也会受到影响。有时候哪怕是一点轻微暗示，也会构成投资者痛苦的记忆，进而影响投资。

人们一旦把金钱变成金融资产，心理上就会变得非常感性。投资心态失去平衡，就会完全听凭感情冲动行事。当一个人处于紧张之中，就会带有其他一些否定性情绪，比如泄愤、敌意、报复心等。这是一种极大的破坏力，我们经常听说冲动是魔鬼，即是此意。

过度交易是赌博，并且成为一种瘾。要知道有效投资应该是仅仅投资大概率盈利的仓位和股票。过度交易会损害投资者的洞察力。

每年收益只有一次的是高管，每月都有收益的是员工，每天都有收益的是卖菜的，干活就挣钱的是打零工。

羊群效应 VS 跟风从众被割韭菜

主力机构常常利用散户的羊群效应来获利，比如涨停敢死队。

涨停板实际上是一种广告效应，能抓住散户的眼球，制造市场热点，引起跟风。由于大多数投资者关注的是统一资源，比如涨幅榜、股吧等，这会形成强烈的暗示投资。羊群效应是指群体决策时，人们思维会倾向于一致，这就是跟风从众行为。

人们在独立决策的时候，就不愿意冒风险。个人决策时要有七成把握才敢进行投资，群体决策时五成就可以去投资了。

这种集体心理可以让人获得心理免疫，潜意识中认为集体强大，产生无意识的集体幻觉，很容易接受社会传染，并模仿别人，也很容易受到他人暗示，使理性判断力降到最低点。

情绪感染是从众跟风的典型现象，比如足球比赛，观众会被赛场氛围感染。动作从一个人传到另外一个人，以致形成羊群效应。

由于大多数投资者缺乏自制力，面对股市变化，投资者情绪相互感染，引发共鸣是必然的。投资者本来决定要买这支股票，但是由于市场大幅下跌，受到感染，可能不但没有买入股票，反而将持有的股票卖掉了。投资者的感染效应也是不由自主追涨杀跌的一个重要心理原因。

市场中热点转换就像流行服装那样快速。心理学所说的时尚是一种群体性的心理现象，表现为群体的成员在短期内纷纷追求某种生活方式，并以此获得满足。

股市的从众行为也非常类似，比如热点往往突然扩张蔓延，又在极短时间内消失。连续涨停后又连续跌停，从一个极端走向另外一个极端。

如果一个流行热点由权威代言，则流行速度更快。能够享受这个地位的人不多，只有最牛股神巴菲特和最牛基金经理王亚伟。名人在资本市场持续享有擅长选股的名声。

从民间股神到最牛散户，都是昙花一现。

全民创业 VS 创业板的梦醒时分

2015 年 6 月 16 日国务院发布《关于大力推进大众创业万众创新若干政策措施的意见》，将创业提升到国家高度。此次创业运动不仅解决了就业问题，更加激发了投资热情。让创业板的基本面插上了"中国梦"的翅膀，在资本市场自由翱翔。

但是我们要理解的是，作为创业板启动的核心题材——创业中国梦，到底兑现了什么？创业板会借助重大政策兑现"见光死"的头部吗？

深圳 1600 万人口，注册企业 280 万家，平均 6 个人就有一家公司。万众创新上演草根逆袭，以颠覆者的身份制造革命机会，成为资本市场最华丽的篇章。

全民创业，人人都是老板，劳动价值稀缺性显示出来，资本推动价值将进一步降低。当多数人都成为董事长的时候，公司就不值钱了。创新商业模式才是价值所在。

创业板指数自 535 点上行以来，2 年左右指数涨幅 7 倍，已经走完一个牛市周期。新三板堆积了上万家企业，注册制也在寻找一个合适的时机推出，一级市场诞生了若干个独角兽，需要二级市场十年时间消化。这都将使创业板市盈率进入长时间的价值回归。

中小创个股上涨在于比拼市值，而并非比拼业绩和成长。这样的市场必然会被管理层纠偏。必须接受的事实是，创业板上市公司已经从巨大的流动性繁荣中受益，整个创业板都是牛股的阶段一去不复返。

回顾过去的十年，科技发展确实改变了世界。但并不是所有的公司都会成功，股市会有漫长的震荡过程，提供免费服务难以盈利，补涨起来的股票有着很大风险。

2015 年股灾以来，虽然下跌途中伴随熔断、汇率、经济下行、农行票据等利空因素影响，但核心问题是估值的修复。因此不能再用牛市思维去认识创业板。

小票情节 VS 维稳需要蓝筹神器

维稳行情反映了市场已经不好，需要维护才能稳住的市场，本质上已经进入熊市。但是很多投资者至今沉浸在小票情结中，不知道市场风格已经切换，投资方向已经转移到价值蓝筹中来。

维稳行情需要蓝筹表现。当银行、茅台等价值蓝筹轮番发力后，唯一没有启动的大蓝筹就是石油板块了。石油行业沉寂多年，是最有望接替大消费，成为新的"维稳神器"的板块。

传统思维中，股民习惯了中国石油绿油油的走势，从感情上还不能接受蓝筹思维，也难以割舍小盘股成长的情怀。如此谨慎和纠结，一般表明行情尚未终结。

全世界围剿 IS，这是各国利益在石油世界的博弈。伊朗、叙利亚和美国的关系，本质也是石油问题。美国政府允许石油出口，石油开始代表美国国家利益。特朗普访华后，在石油天然气领域，与中国签署的订单最多。外交话题无论是叙利亚还是朝鲜，都离不开石油命脉。

我们看好 2018 年的国际油价，如同"供给侧改革"的涨价逻辑。欧佩克存在的意义，就是为了调节油价，也如同供给侧改革。布伦特油价近期冲破 60 美元后，国内石油产业的多头机会开始出现。

毕竟石油产业并不仅仅代表汽油领域，巨大的产业链，会涉及国计民生方方面面的机会。油价涨了，航空公司效益就会下降，新能源汽车就会好转。最近新能源汽车铺天盖地的宣传攻势，往往伴随着产业链的景气高点。因此作为其反向机会的石油板块，有望走出估值底部。

维稳需要蓝筹表现。如果国家命题是"虚拟经济回归实体经济"，那么传统行业都将复苏。眼下中国石油最大的主力都已彻底出局，后面要什么有什么，不可忽视这个蓝筹之王。

不少石油股票都处于历史底部，会是行业重要投资机会。石油板块有望成为新的"维稳神器"。

市值管理 VS 最大风险是政策风险

2014 年 5 月 8 日，国务院推出新国九条。从此市值管理作为正面形象展示在资本市场。随后市值管理成为牛市重要推手，作为上市公司的资本战略顶层设计，一大批上市公司借助市值管理获得巨大成功。

并购重组是牛市中诞生牛股的主要题材。仅 2015 年上半年，中国上市公司就发生了 220 起并购行为，超过 2014 全年的一倍。并购成功的公司少则一两个涨停，多则翻番，带来了丰厚的赚钱效应。

牛市中业绩不是最重要的，想象力才是最重要的。乐视网从一个二流互联网视频公司借助生态设计和收购兼并，迅速膨胀为 1600 亿元市值的创业板龙头公司，成为资本市场翘楚。

但是熊市到来，这些题材和想象，都会进入还账下跌阶段。乐视网的失败，就是在熊市中采用牛市思维，不断融资收购，导致资金链断裂，最后董事长身败名裂，远遁他乡。乐视生态的市值管理套路，与德隆当年产业战略没什么不同，最后的命运也大致雷同。

小市值上市公司的高估值，为 PE 和投行提供了一个很好的商业机会。不少 PE 不再谋求上市作为唯一出路，与上市公司联手以并购基金作为市值管理的套利模式。

但熊市到来，监管加强，严控上市公司跨业并购，延长定增减持时间，使机构资金和优质资产难以参与上市公司资本运作。同时打击市场操纵行为，资金面收紧，市值管理被解读为坐庄的监管语境了。

因此市值管理小票最大的风险就是监管风险。一轮还账式下跌，使市值管理套路出现了很多问题，大股东增持、股权质押、员工持股计划兜底等业务，都随着大盘下跌出现爆仓危机。

眼下大股东们都还想方设法自救，仍未到达绝望的时刻。这批终极主力尚未出清，市场不会见底。只有这批主力缴械投降，才会迎来最黑暗的时候，曙光才会到来。

责怪他人 VS 认知不足才导致亏损

很多人在股市中亏损，不寻找自身原因，总是责怪客观环境，甚至每天穿什么颜色衣服，也是运气作怪。这就是股市"祥林嫂"，天天说股市不赚钱，但是天天要去炒股。

多少人在股市中的投资，犹如坐电梯，上去又下来。辛辛苦苦又一年，一天回到解放前。投资大师方继专先生说："散户最大的失败，是不懂得休息。"

一个人在投资上，不会永远"对"下去。每次发生错误的时候，要停下来思考，是什么原因导致的亏损。很多情况下，亏损失败由人性内在欲望造成。对市场的认知不足，一厢情愿地做单，不知市场是以什么方式"杀人"，不知什么是机会。

思想混乱是造成一段时期失败的主要原因。当你在一段时间里连续失败时，你的思想、心态、情绪一定处在混乱中，你的精力也处于疲劳状态，此时最好退出市场，休息几天。总结市场的波动过程和自己的操作过程，总结存在的问题。

绝大多数不老练的投资者，当他所持股票损失还可以承受时，顽固地抓紧这些亏钱股票。当他们能够以最小的代价摆脱出来时，由于感情上难以忍受，继续持有期待转机，直至损失惨重。反之，投资者往往有蝇头小利就落袋为安，放跑了长线的主升浪阶段。

不少投资者在减仓的时候都是这样做的：先卖出盈利的股票，后卖出亏损的股票。这是愚蠢的交易策略，与正确的投资方式背道而驰。

很多投资者都发现，当你承受不了的时候，就是股价启动的时候。有时候你刚刚卖出，个股就拉出一两个涨停。这就是心态＋运势。

一个人在投资上的成功，是能力、经验、精神都达到最佳吻合状态下，实现的价值。所以真正的成功，不单纯是财富的增加，而是拥有了管理财富的能力，这是比金钱更宝贵的财富。

量化交易 VS 世上没有免费的提款机

近来量化投资风靡国内市场，银行有些资金纷纷寻找量化高手作为安全垫投资。美国市场中量化交易是主流，因此很多投资者一听说"智能投顾""量化交易"，就以为买到了高枕无忧、一劳永逸的金饭碗。智能量化是股市的提款机吗？

量化投资是指通过基本面财务数据、消息面事件驱动、技术面交易时点、市场面情绪高低等多维度因子，通过编程算法进行交易的策略工具。

其实博弈之道无所谓定式算法，既然天下围棋无一雷同之局，那么股市投资就应无完美定式。否则狗狗永远只会下一盘最优棋谱，而不会有变化了。所谓经典算法，也是不断学习和验证的过程。投资行为是动态的，因此策略也应该是动态的。

如果量化交易是"人性弱点"的通吃机，那么我们看到的长期结果是，量化总体收益和市场持平。扣除交易成本，量化投资并不创造价值。量化投资也分优劣，总体水平和普通投资者相差不多。不能拿最优秀的量化基金，和普通散户做比较。量化也有很多亏损和平庸的机构。

量化的致命 Bug 是筹码非对称。由于是逆势操作，所以做对了方向，往往买不够筹码；但是做错了方向，则筹码会全部成交。因此亏损是加倍的，使冲击成本远远大于交易成本。

量化市场是熊市的产物，因为是做短线没有持股，相当于熊市有了空仓时间，所以熊市相对收益优于大盘。震荡市中由于本身的低吸高抛策略，量化也优于大盘。但牛市到来，持有股票就可能涨十倍，量化一年才10%，这样的投资立刻就没有人要了。

量化的最大优点是，比中小投资者多了刚性纪律，这是投资者唯一值得借鉴的地方。

我常常在想，如果人类灭亡了，世界上只剩下一堆电脑在交易，那么指数应该是多少点呢？

市场因素思维方法◎创业板

2014年11月上旬召开党的十八届三中全会，是新一届政府全面施政后，第一次最高政策规划宣示。三中全会的主题词，毫无疑问是"改革"。改革红利的流向是民企，这是自党的十八大以来，创业板创出历史新高的内因。

针对当前改革困难重重的局面，本次全会为经济转型定调。随着政府改变行政作风释放出制度红利，上海自贸区作为经济改革的"样板"，也将为各地经济转型政策做出指引。

改变行政作风将使茅台们的制度红利回归民企，这也是创业板能够独立创出历史新高的深刻内因。当前中国经济转型遇到的瓶颈，正是未来改革所必将释放的制度红利。中石油系统也不出所料地进行了清洗。而下一个要动手的领域，应在金融系统内部产生。

银行系统的巨大市值和利润，回流到哪个行业，哪个行业就会催生牛市。以小贷公司为代表的影子银行仅仅是小小的制度破冰，其后的民营银行和互联网金融将是证券市场能够进一步深挖的蛋糕。银行反腐和金融创新牌照的发放，都是金融脱酶的具体表现。

李克强在总工会上的讲话，进一步释放了扶持民企的信号。指出了创业热情是推动社会进步的力量；工人阶级是GDP的基础；生产总值虽然不作为考核，但是事关社会就业和社会稳定，一个点的波动将影响150万人的失业；振兴经济、扶持民生是政府工作的重点。

在官场，领导的话还没说，就让舆论都说出来，这是违反游戏规则的。因此关于三中全会改革领域的内容，应该还有很多细节有待披露，民企的改革红利不会随着全会的召开而结束。整体而言，还将进一步深化和分化。

十八大后政府压缩行政开销，对官场奢靡之风改良甚多，茅台神话注定要回归大地。这部分利益要回归民企，李克强说对小企业让税，也是激发中小企业创业热情的动力，政府手中类似的牌还有很多。

改革红利流向民企

习主席在包子铺的快餐照，赢得了无数网友的热烈赞誉，这说明改革是赢得民心的。领导带头厉行勤俭，节约的资金还会回流到百姓手中，最大的受益者就是民企。在深化改革领导小组的具体改革纲领出台后，相关题材还会在股市形成一大波，类似于 2013 年 11 月的国安委的成立刺激了军工股的翻番行情。深改组的题材有国企改革、互联金融、养老制度、粮食安全等方面。

2014 改革的重头戏在于：金融反腐、地产破冰、石油动刀。相关的题材有望在以下几个领域催化：以小微服务的互联金融在政策不断推动下，形成一波又一波的游资热点；房产税、遗产税、消费税等税制改革带动的房产信息联网，对官员贪腐打击的反相关热点；石油巨头在分拆呼声中，老大被稀释掉的利润，被新的民企所抢占，比如潜能恒信。

改革的巨大变化还体现在文化领域。2014 年新年元旦，《新闻联播》的片尾，康辉竟然这样说："人们说 2013 就是爱你一生，2014 是爱你一世，《新闻联播》和你一起，传承一生一世的爱和正能量！"如此清新的语调，展现了文化的变革。文化牛市，还体现在电影市场票房的大幅提高，以及《好声音》等创新节目的崛起上。同时，《中国好声音》《我是歌手》等品牌栏目大量引入台湾嘉宾，并且在新年的央视节目中，也令人惊异地看到了这样的现象，最大的好处就是中国的强盛，必将有巨大的吸引力，带动台湾的回归。我认为文化领域的牛市在资本市场上才刚刚上演。

改革本身不改变社会财富总量，但是改革领域中所破冰的行业，将释放利润给痛苦的民企。对某些行业的重大利空，就是对另外行业的重大利好。花无百日红，风水轮流转，传统民营企业的难过指数见底了吗？建议继续以创业板指数，作为民企的生存状态先行指标来观察。

创业板的小牛走势，与茅台为代表的官僚股形成了反相关。一旦茅台们重回升势，就可能是创业板歇菜之时。

吃包子推动创业板新高

创业板在新股批发上市的背景下，依旧创出新高，表明目前依然处于主升行情中，符合我们的判断。创业板的良好基本面，来自政府工作重点转型。政府改变行政作风，给创业企业以资金、政策、创新扶持，焕发小微企业的斗志和激情，社会资源和生产要素重新回流民营企业，民营企业痛苦指数可能已经见底。

我们在近年来与政府部门打交道的过程中，明显感受到官僚作风的改善，精神面貌焕然一新，政府转型服务型政府将成为趋势。由此带来的白酒领域、公车领域、考察领域等方面，挤出来的 GDP，将使创业板不断攀升。可以说，习大大吃一次包子，创业板就将创一次新高。

政府没想到的是，厉行节俭，改变作风，竟然为 CPI 下跌做出了重大贡献。

小票机会是注册制

上一次全面上涨的小票行情之后，中期再次出现系统性上涨的可能性不大，通常是分化和结构化的表现形式。未来细分行业龙头会出现中线机会，区别于蓝筹股的市场价值。我们定义为民营企业的"社会价值"。

这部分价值来自内生，通过产业扩张，达到做大做强的结果。跨业并购和借壳重组，需要做减法，这也是价值概念的延伸，所以指数方面不是系统性的机会。

每年龙头都是前年的垃圾。因此创业板的连续走低，正是小股票的价值回归，为前两年的超级牛市买单。未来小股票大机会将来自注册制的正式推出，大量的股票上市，供应了便宜的股价，作为利空兑现，是小股票打翻身仗的良机。

市场因素思维方法◎注册制

2016 年股灾 3.0，熔断是罪魁祸首，但并非下跌内因。内因是注册制，投资者因担心注册制出台新股批发上市形成踩踏下跌。

未来牛市启动真正要讨论的条件应该是注册制落地，今后 3000 点以下不会去讨论注册制。作为一项制度性的改革，注册制应该在不断试探股市承受能力的情况下，找到最终定位。当前新股加速发行，以及压缩再融资规模，可以理解为总量控制，解决存量的命题。当存量新股发光了的时候，注册制反而会变成利好。

本轮大级别调整内因是迎接注册制到来，如同上轮牛市启动的股改。只有注册制真正得到落实，大盘才具备重启牛市的条件。因此未来退市制度、新三板分层等措施的出台，将会是注册制实施前的试探步骤，也是阶段性击杀大盘的有力空头武器。

新三板就是注册制，两年来上万家公司到此一游，发行速度是主板公司的几十倍，因此本质上是扩容。新三板市场死水一潭，却也叫上市公司。不少董事长对市值成长满怀憧憬，自负地拿创业板做对标，增发市梦率高达 30 多倍，但这个市场基本上没有流动性。

去杠杆的 1.0 和 2.0 股灾，以及熔断的 3.0 股灾，催生出的踩踏都跟政策有关。目前政策面在平稳中偏积极，只要注册制和战略板不强行推出，就不存在大盘的系统性利空。

在当前"杜绝系统性金融风险"的政策指引下，大盘不会出现股灾式下跌。管理层表现出对市场高超的调控艺术：大盘调整之际的新股发行速度明显降了下来；一旦有上升趋势，就有涉及注册制的言论出现（退市制度、修《证券法》等），使大盘维持箱体震荡。

如果股市尚能处于政策可控的调整范围，那么当前资金面也在可控之中。有传言大型机构净头寸不允许下降，这类资金具有维稳性质，表明当前行情是由存量资金主导的。

新股堰塞湖率先解决

2016 年刘士余挂帅后，把市场调控出慢牛，政策调控水平极高。目前再融资规模被压缩，但新股上市速度加快。在堰塞湖排队的 800 家老公司，通过近两年的消化，加上新排队的公司，还剩 500 家。

存量排队公司不消化掉，注册制永远不可能成为利好。当排队公司发干净后，新鲜筹码供应不足，那么一定会形成牛市的市场环境。所以无需害怕注册制，政策在不同时空下会转换为利好的。

解决堰塞湖的另一个方法，就是从严审批新股 IPO，让排队企业知难而退，从而清空堰塞湖。

股票按照估值排队，而不是投资者盲目打新中彩，那么注册制的推出就是水到渠成。新股网上中签收益来自二级市场的市值补贴，本质上是一个资本循环游戏。既然热钱太多，那么解决掉堆积在发审委门外排队的 IPO 理所当然，也为将来的注册制腾出时间。

退市制度是保障

解决注册制问题，必将解决退市制度的问题。证监会强监管"绝不手软"，极可能在年报披露结束后，终结一批 A 股公司。靠并购买业绩度日的上市公司将日益艰难。

新股多了，壳价值就低了。新股上得容易了，好公司就没那么必要被并购了。市场终须回归价值的主流。眼下估值杀得眼红，投行并购的市值管理模式，只怕要冷落一段时日了。

眼下 *ST 新都等股票价格都往 1 元跑，退市制度的执行将打击壳价值，这是为将来注册制推出腾出空间。

注册制真正的推出，必将有两个阶段。一个是新老划断，一个是退市制度。只有退市制度真正落实之后，注册制才会带来积极的意义，为指数走出美式慢牛作出贡献。从新股存量来看，这个周期还比较漫长。

市场因素思维方法◎互联网

互联网企业完胜

春晚作为传统媒体最后的堡垒，也被新媒体攻克。撒贝宁在春晚现场说："春晚观众都在摇红包，不看春晚看手机。"当传统媒体也需要从新媒体来导入流量的时候，新老媒体的地位已经逆转。

未来的世界，一切都将互联网化。传统企业不触网，会消失在市场竞争中。在互联网海洋中，将诞生千亿元甚至万亿元级的企业。互联网打破了行业边界，以往传统产业达到千亿元规模就见到了天花板，但中国的互联网企业，将能产生万亿元的市场规模。

以往上市公司的成长，金融暴利都给权贵资本拿走了。例如中国石油一开盘就成为超级航母，老百姓不再有参与的机会。但是互联网股票的特点，就是从小做到大，这会给所有的人一个参与的机会，它带来的是全民机会。

互联网随便诞生一个梦想，就能产生世界级的震动，将深刻影响未来的商业模式。年轻人的创业不再像前辈们在设备、土地、官场中周旋，他们的金融意识超越前辈，对新生事物敏感。以互联网为代表的行业转型，将是未来投资主流。

马云在证监会给高层演讲，让监管更加接受互联网思维，这将对创新商业模式给予更多的容忍，给主力资金制造题材提供更多的利用空间。

传统产业周期性见底

目前传统行业遭遇的困难，让人看不见希望，整个社会找不到方向，顶层设计也找不到出路，但这往往是最佳投资时机。我认为最大机会，应该诞生在互联网转型的传统行业之中。

中国已经从上一个"中国制造"的30年，完成了平台和硬件的原始积累，进入内容和软件搭建"中国创造"的后 30 年中。构建新的商业模式，实现新的财富分配转换。在传统行业的市场有一定积累，在互联网应用上有创新的企业，将成为新的龙头。

每一个和互联网结合的传统产业，都会迎来新生。在未来互联网时代的选股思路，应当寻找规模很大、行业集中度较低的传统行业，比如传媒、汽车、钢铁、纺织、地产、商贸等领域。它们将陆续跑赢综合指数。

创业之王阿里

2014 年 9 月阿里赴美国上市。这个"创业之王"的代表，在美国融资 150 亿美元成为全球史上最大 IPO。阿里 1200 亿美元估值，超过工商银行总市值，在美国股市迭创新高之际，巨无霸让人想起中石油的梦魇。这也许是美国股市最近调整的根由。

十年时光，让人们看到了中国企业家的神奇。阿里融资额超过当年中国石油美国上市融资的 8 倍。巴菲特曾经在中国石油上大赚一把，同时也在 1999 年折戟网络科技股。不知其会不会出手中国电商，这将为未来全球财富的投资去向做出指引。

2014 年以来途牛、去哪儿、京东的海外上市，也使中国监管层反思优质企业的估值标准，为什么"好"企业不能在国内上市。"去哪儿"经营业绩亏损根本不符合中国上市条件，这些著名的互联网企业带着一身伤病，却成功在海外受到追捧。结果就是创业板股票以"市梦率"名义直接抄袭美国股市，吸引了大量机构投资者追随。截至 8 月底的中报显示，公募基金在中小股票的持仓首次超过大盘蓝筹。

那么中国的私募基金，会否成为创造伟大企业家的另一个舞台呢？随着 WTO 与国际化进程的加快，百度、新浪、腾讯都借助国际资本市场成长为巨头，也为境外投资者创造了内地无法实现的丰厚回报。那么"国际版"的推出自然就成为人民币对冲的资本筹码，中国资本必将和国际大鳄有生死一战。政策的瓶颈已经放开，新牛市也需要新增私募介入，理财产品的黄金十年扑面而来。

市场因素思维方法 ◎ 市值管理

近来证监会查处了一批以市值管理为名，操纵股价的机构和个人。某家上市公司总市值才 26 亿元，证监会对其大股东罚款 30 亿元，几乎是罚没了这家上市公司。

强监管使市值管理成为贬义词。牛市的时候，是暴涨神器。熊市的时候，叫坐庄操纵。

想当年，市值管理在 2014 年 5 月借"新国九条"推出之际，一轮轰轰烈烈的创业板牛市启动，一大批十倍股纷纷崛起（民营公司市值管理诉求最强），这是否可以理解为政府期望推动牛市环境？

市值管理使上市不再是终点，而成为新的起点。市值管理是上市公司做大做强过程中的资本经营行为。有市值诉求的上市公司，存在多头预期，基本面改善的愿望也非常强烈。从上市公司价值管理角度参与调研与合作，可以更加真实地接近上市公司的基本面。

市值管理的成功，为投资者带来分享上市公司成长果实的机会。通过市值管理和投行并购挖掘上市公司基本面，比单纯研究行业周期来发现公司价值，要扎实得多。

在监管环境越来越严格，信息披露越来越规范的情况下，挖掘上市公司的"价值发现"也将越来越难。而以市值管理为目的的"价值创造"，是投资机构领先同行的机会。

这就要区别市值管理在法律方面的灰色地带。市值管理涉及《刑法》的内幕交易、市场操纵等问题，可能涉嫌成为坐庄模式。为避免上述法律模糊地带的市值管理被监管"误伤"，可将投资周期拉长，作为战略投资者进入上市公司。通过产融互动，在公司做大做强过程中，分享成长价值。

市值管理的成功，离不开对投资时机的把握，离不开经营层的战略决心。更要善于利用投行资源，上市公司才能在产业中崛起，才能为社会创造更大的价值。

市场因素思维方法◎金融监管

减持新规

2017 年端午节的减持新规是对全流通以来的一次资本市场清算，将改变资本市场生态结构，彻底颠覆一二级市场原有的投行套利模式。

市场的游戏规则将要发生巨大变化。不仅仅是注册制，减持新规就是对一级市场套利模式的彻底颠覆。我们分析过，牛市到来之前，一定会血雨腥风。

新规虽缓解了中短期大非抛售压力，但将逼退定增私募和银行杠杆资金，延续清理杠杆资金运动。新规压缩了一二级市场的套利空间，迫使长线资本真正寻求价值投资，而非比拼 IPO 的上市能力。政策指引价值投资的道路，将为养老资金进场铺垫出较好的市场氛围。

自从"房子是用来住的，不是用来炒的"这句话横空出世以来，货币政策继续收紧，金融资本去杠杆运动在各个微观领域展开。去除地产和证券的杠杆，逼迫资金进入实体经济，这是一个顶层设计的问题。

许小年说实体经济创造的价值为零，因此市场化的银行资金不敢进去。极高的 M2 压缩了实体经济价值创造的能力，也成为利益寻租者瓜分改革红利的工具。短期内资本市场继续难过。

私募监管

私募基金遭遇"史上最强监管政策"，尽管提前已有预判，但实际政策向公募方向参照的具体措施，还是比我们的预期更强，这将使行业面临深度洗牌。私募行业的特点是灵活性和创造性，但也是违规的源泉。强监管政策出台，使违法成本提升，也将使私募"牌照价值"提升。

前期的股市维稳将扩大到金融维稳的高度。我们认为金融行业在党的十九大后将继续趋严趋紧。由此，我们对市场牛市的呼声还是保持警惕。

近期不少新股自打开涨停以来已经翻番，启动的时机恰好是在上交所警告游资不要过分炒作后开始的。新股由于换手率高，一家机构和一家游资难以主导行情，众多资金参与其中浑水摸鱼，不易被查，反而成为避风港。

金融反腐

张云降级，张育军被查，陈鸿桥自尽，金融反腐大幕正式拉开。市场十年一个周期，1995年管金生，2005年魏东，如今陈鸿桥，都使一帮派系塌陷。金融秩序的重整，既是既得利益退场，也是凤凰涅槃重生。

本周6支股票连续跌停，徐翔系蔚然成型。10月21日巡视组进驻证监会，当日市场大跌。我们曾经分析过，改革重心是金融反腐，市场下跌或与此有关，如今业已得到验证。

徐翔事件将对私募投资模式产生重大影响。徐翔低调的投资模型将逐渐曝光，同时与泽熙有业务交集，个股重叠的机构，也将卷入其中。该事件的影响预计将超过半年。

公安部同时公布上海某期货账户，在植入中金所内嵌程序化交易中，以不到700万元的本金，3年盈利高达20亿元，此人绝对是市场高手。但单纯量化交易应当不足以施以重刑，我们推测此量化策略以类似木马方式捕捉大单，有违公平原则，是以被罚。

上述事件，对未来机构业务中资产管理、量化交易的投资模型走向将产生重大影响。私募业务也将面临洗牌。

但本级调整没有重大利空因素袭击，并且不以空跌形式展开。走势上个股多数是盘中换手，放量压至跌停，造成巨大的连续杀跌。投资者即使偶有减仓动作，也在超跌和政策救市利好的推动吸引下，重新返场，导致亏损。

这样的走势20年来未曾见过，简单归因于境外的做空势力，略显荒唐。如果根究更深层的原因，我们猜测本轮不计成本的抛售，恐怕来自金融反腐。一旦反腐运动在金融市场展开，20年未受清洗的金融势力将抛售出局。

市场因素思维方法◎维稳慢牛

汇金作为"解放军"建立的是大金融和蓝筹股的"革命根据地",而中小股票依然是"白色恐怖敌占区",其并非"平准"的标的。

美国良好的经济增长才2.9%,与我国6.7%数据相差甚远。6.7%都让中国股市涨不动,保6.5%～7%已经是上纲上线,作为政治任务,不需要我们投资者过多担心,大盘即使调整也没有什么可怕的。

打新使蓝筹含权

新股申购的政策改革后,按市值配售方式中签,相当于蓝筹股打新含权,为蓝筹股带来制度红利。

当前国企高管大幅降薪,为企业增厚了利润。同时今年一年蓝筹股没有较好表现,公募为保吃饭行情,已在小票普遍减仓,蓝筹股在12月有望重温前两年的翘尾行情。

尽管大票有社保入市和降息降准的预期,但当前市场资金依然以存量资金为主,本轮行情也不能预期过高。

箱体震荡——蓝筹符合慢牛标准

"平准基金"的入市貌似对市场利好,但是"准"的时候是利好,未来"平"的时候就是利空。限制融券和禁止券商自营卖出终究不是市场经济,行政效力不会太长,因此对于该类政策不应寄予过高期望。

我们分析过,本轮牛市终极目的是要解决社保问题、国企改革问题。因此险资以救市名义进入股市极为妥当,而且当前的价格对于险资而言较为安全。

截至目前,沪市年线涨幅为16%,符合慢牛的条件基础。因此下半年指数在蓝筹掩护下,还有较大长期空间。只是绩优蓝筹股当前起到护盘的作用,对投资收益要求不会太高。一旦市场企稳,蓝筹也会进入调整。

市场因素思维方法 ◎ 蓝筹慢牛

党的十八大关于打造一批世界级企业的定位，使国企蓝筹成为产业资本战略配置方向。

党的十八大前，蓝筹股和国企股基本上分不开。中小创风风火火走了两年之后，究竟什么样的公司能够代表资本市场"中国梦"，成为世界级企业呢？

党的十八届四中全会之前，"沪港通""一码通"相继为三季度优异行情作出了重大贡献。本质上在解决规模资金入市，降低入市资金成本上打下了基础，营造出牛市所需要的资金面和政策面氛围。

2014年底，面对大盘近千点的涨幅，绝大多数投资者目瞪口呆，近万亿元的成交量到底从何而来？凶猛的上涨走势到底是什么力量所撬动的？

很显然中石油连续涨停，绝非散户所为。中央宣布开除周永康党籍，石化双雄再次双涨停。如今走势更加印证了超级主力建仓逻辑，与中小投资者反向建仓——新资金绝不会为老式思维抬轿子，这也是当前中小投资者最郁闷难受之处：满仓踏空。

慢牛在股灾之后就已经展开。如果牛市需要全面启动，那么落后的价值股（具有国企、蓝筹、低价的性质），也将分享这个春天。蓝筹是老资金所唾弃的盲点，也是中国经济转型中最需要拯救的群体。

启动蓝筹，侠之大者。无法转换思维的投资者，将继续满仓踏空。

新牛市与风格转换

证监会主席刘士余上任后，注册制不再提起，战略板也停了下来，为股市上行创造了难得的政策支撑。当前退市股票清单，并非注册制试水，可望进一步引导资金进入绩优蓝筹市场。由于市场心态普遍谨慎，大盘难以深幅调整，个股在犹犹豫豫中展开了有限反弹，因此本轮爬升格局不会结束。

本次蓝筹股启动是全面性上涨。未来一段时间热点，将继续围绕蓝筹和低估值品种周期轮动，因此指数将进一步表现，而小盘股却因失血进入补跌。所以下一阶段的选股重点，将是围绕各行业的龙头品种进行操作。

蓝筹股业绩除了国企改革注入业绩之外，还有并购重组（如中国中车）、升级转型（如万科），以及将来的国际战略合作。这将吸引新资金不断深入挖掘蓝筹的价值。

以地产股为例，万科作为地产之王，在2014年最后一个交易日涨停。其基本面的变化在于商业模式转型。将来的地产龙头依托庞大的地产市值基础，开展品牌租赁、地产基金等业务，通过资本支持、团队管理等合作，与地方开发商分红，不再以拿地作为商业模式，转型轻资产寻求突破。这正是地产龙头的未来价值所在。

选择白马之王投资

历史上，1999年科技股行情、2004年五朵金花行情，都只是迅速启动了一个板块热点，等到其他热点跟进的时候，整个大盘的行情就已经结束了。因此抓住蓝筹热点，将是当前唯一回避风险的操作要点。

上轮熊市的两个关键点6124和3478，都对应了两个著名的空头指标股：中国石油和中国建筑。解铃还须系铃人，市场翻多也需要改变这两个大空头的形象。历史上从40多元一路下跌的中国石油，从基本面上看似乎越来越好。国际原油的报价如此便宜，加大了投资机会。同时周老虎的石油帮被彻底清洗，也表明老主力出局与新行情开始。

当市场清一色追随市梦率之际，蓝筹股开始以各种各样的理由向上启动。但是每次蓝筹股的启动，又是大盘调整的先兆。多数投资者在一次次"狼来了"的效应中，彻底抛弃了蓝筹股，目前又在创业板中承受新的痛苦。

龙头品种要敢于下重手。由于有雄厚的场外资金作为背景，大盘股的走势举重若轻。在中国石油未见顶之前，蓝筹行情不会结束。

市场因素思维方法◎供给改革

2017 年三季度的人民币汇率以连续涨停的方式，直接破位 6.5 关口。年初认为人民币贬值必破 7 的惊弓之鸟们，现在鸦雀无声，这些宏观分析师太小瞧我国政府的调控能力了。年初"汇率破 7"成为一致预期时，我们认为汇率必定不会按照多数人希望的方向走。

国家能够对供给侧改革进行宏观调控，金融外汇的稳定更应该是在掌控之中。2017 年初央行更换外汇管理局副局长后，外汇流出的局面得以控制。外储增加，汇率回落。即使这是政府安排的一次货币战争，我们也非常乐意看到这样的调控，是对大局有利的结果。

尽管不少出口型企业，因为汇率贬值问题利益受损。但是出于中美博弈需要，不能给特朗普发动针对中国的贸易战留下口实。阵痛换来新生，为中国抗击汇率保卫战而牺牲利益的出口型企业，极可能在新一轮供给侧改革周期中受益。

多年沉闷的钢铁股成为今年大牛，基本面通过供给侧改革重获生机，这是国家的一次清理产业门户的行动。我们看到任何企业的做大做强，必须以国家作为后盾，才能跻身世界舞台，这才是中国梦的经济意义。

供给侧的改革，无非转型和去库存。只是改革会带来很多痛苦，资本市场的走势，也正在反应阵痛的过程。转型过去后，会迎来新的经济周期和新的牛市。

供给侧的改革核心是转型。去库存仅仅是手段，关键问题还是产业升级。目前政府无法摆脱对地产的依赖，但世界的经济强国没有一个是靠房地产维持 GDP 的。十三五规划中明确提出，不再像旧时代，理财资金全面囤积在不动产中。高房价会影响创新者的介入。

险资对万科的股权收购，就是长线资金对价值取向的判断。这表明股权市场更能获得长线资金的关注，而非不动产。

市场因素思维方法◎国企改革

如今国企改革基本面背景类似当年的股改。国企改革包括混合所有制（民企参股）改革，在国有资产不得流失的前提下，国有股只能在上涨过程中获利退出。因此启动国企改革，将带来一大波行情。

国企改革的关键要素，是国有企业改制，即民营资金进入国企，将市场中最活跃、最有效率的机制融合到国有企业中，最终将代表国民利益的国家企业做大做强。

而本轮行情的远期目标，就是"培育具有全球竞争力的世界一流企业"（党的十八大报告）。最有可能成为世界级的公司，就是国企蓝筹们。所以贯穿未来牛市的主线索，就是"为国企改革服务"的蓝筹先锋。

做大做强的好处不言而喻，既可以解决社保养老的大窟窿，也可以增加民族的自信心，完成党的十八大打造世界级企业的使命。

国有企业放开民企参股限制，实质上是又一次"国有股减持"。上一轮上涨五倍的大牛市，启动的核心概念是全流通。大量的国有股筹码，配备巨大的资金后盾，在牛市中解决了减持的问题。

如今的中国梦，要打造世界级的企业，没有资本市场的充分参与，是不可能完成的。更重要的是，国有股的减持，如果在下跌中卖掉产生亏损，会成为国有资产流失的"政治问题"。

国企改革的三个目的：

1. 为社保资金寻找渠道，扩大社保资金投资收益；

2. 激活市场直接融资功能，完成多层次资本市场建设；

3. 全民资产证券化，股市作为优先蓄水池，完成国企改革的最终使命。

如此分析，当前以国有企业为代表的"蓝筹股"，大部分的股价在净值附近挣扎。而股民相信股市的"中国梦"就是市梦率，清一色地战斗在中小创。一旦代表"世界级企业"的中字头股票崛起，将再次证明"散户的理念"是错误的。

第三章 操 盘 精 要

主力机构制造的盈利模式，绝对不是为了让散户赚钱。主力制造规律现象，是为了在出货时进行反向操作。

底部往往伴随着重大利空消息的释放，而并非出台利好。其实利空消息对市场影响的机理在于清洗浮筹，主力资金往往通过政策的组合拳来影响舆论，从而确立题材，控制股票价格。

在大盘启动的时候，应该操作的方向是本轮跌幅最深的个股，而且一定要找到近两年股性活跃的个股来操作。

题材只为上涨服务，舆论只会推波助澜。题材本身毫无长期价值，市场需要什么热点的时候，主力机构就会给股票冠以什么题材。热点龙头往往是烟幕弹，而潜伏在其他个股中的仓位，才是真正赚钱的筹码。

每股利润只是一层烟幕，是不值得大惊小怪的表面数据。真正要研究的不是公司盈利情况，而是研究公众心理。

在主力眼中，当市场行情不好时，也会通过打压某个品种，集中火力运作另一个品种。这样会形成鲜明的负相关联动关系。

主力资金往往是兵团作战。龙头品种是为了树立榜样，龙头股本身并不需要赚钱，其目的在于掩护其他埋伏在补涨股票中的资金获利。

困扰股市的因素一旦释放，首先会找个突破口，然后通过一个点来定位，围绕这个定位点的炒作是短线的灵魂。

观察市场强弱的角度有很多种，既可以通过政策面，也可以通过盘口，这是因为热点展开的层次决定了市场的强弱度。

本章将通过中国股市20多年的走势，研判舆论和主力行为的交易行为，分析行情周期的波动特征，从而揭示市场内在规律，破译主力作盘手法。

股市像钟摆一样，形成周期性牛熊，长线资金和国家资金决定行情高度。股市在放水、紧缩的政策中不断循环着牛熊。

股市牛熊运动精解

宏观资金面决定了股市牛熊的基础。股市上涨的本质是由资金推动的。

中国证券市场成立近 30 年，每轮牛市往往运行 2 年左右，而熊市周期往往要运行 4 ～ 5 年。

牛短熊长的原因，在于管理层不接受"大起大落"的运行方式。牛市大起之后，熊市不让大落，用"维稳"的手段严控"股灾"，刻意延长了熊市周期。

股市作为大众广泛参与的市场，出现暴跌股灾，容易引发群体事件，对主管机构影响甚大。所以监管机构干脆不允许暴跌，这就构成了"时间换空间"。

政策决定了货币是放水还是收缩。每次大盘见顶和见底之际，都会发出明确的信号。

熊市的时候维稳，延长了下跌周期。牛市都是宏观资金放水形成的。牛市蔓延两年之后，要进行切换。上一轮涨过的股票，难以在下一轮行情中继续领涨。

产业振兴政策不属于牛市产物，但是由于资金介入，会产生局部行情和热点行业。

极端事件中，会产生重大机会。比如南使馆事件，催生 1999 年 5·19 行情；全流通实施，推动 2005 年大牛市形成。中国股市具有牛市在重大利空和股灾中诞生的特点。

本章我们将重点放在中国股市每轮牛熊中，资金运动的结果，以及政策对股市资金面是如何产生影响的。

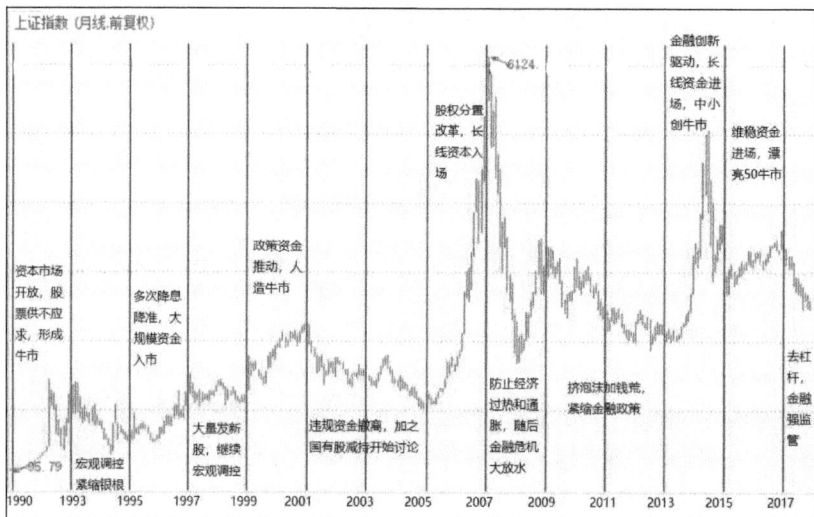

中国股市历史全景（月线）

1984年12月飞乐音响发行股票，1990年12月19日上证综指设立，起步100点。1991年4月3日，深证成分指数成立，起步1000点。近30年来呈现总体底部抬高的特点。

上图中我们看到股市基本上经历了2年左右的牛市周期。本章我们分为10个阶段，详细剖析国家通过资金调控牛熊成因。

1991—1993，资本市场初步开放，股票供不应求，形成牛市。

1993—1995，宏观调控开始，紧缩银根，熊市来临。

1995—1997，多次降息降准，资金大规模进入股市，牛市来临。

1997—2001，继续宏观调控，但受南使馆事件影响，人造牛市。

2001—2005，打击违规资金，国有股减持开始讨论，熊市来临。

2005—2007，股权分置开始，长线资本进场护航，特大牛市来临。

2007—2009，防过热防通胀，金融危机后大放水，大幅震荡。

2009—2013，挤泡沫加钱荒，金融紧缩政策，长期熊市。

2013—2015，政策创新驱动，各路资金进场，中小创迎来特大牛市。

2015—现在，金融强监管，去杠杆运动，维稳熊市来临。

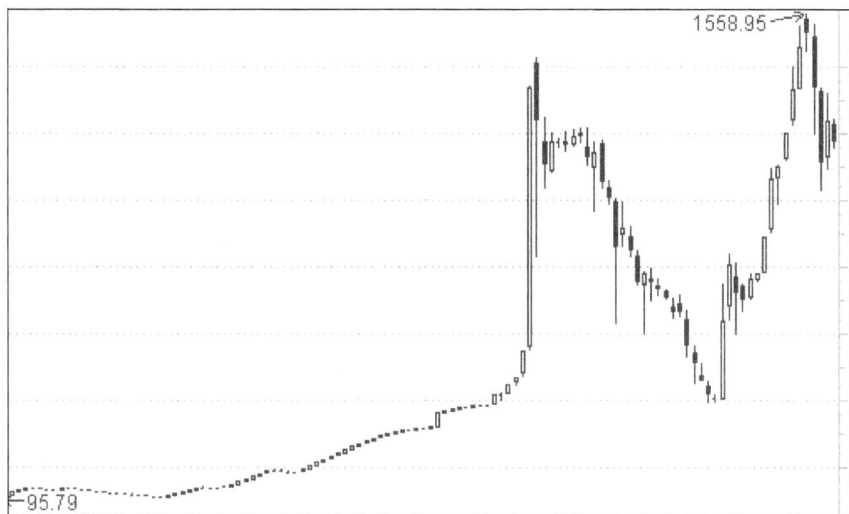

沪指 1990 年 12 月—1993 年 2 月周线

中国股市第一个周期，从 1990 年上交所设立指数 100 点，到 1993 年 2 月 1558 点，受鼓励投资、小平视察南方刺激，涨幅为 15 倍。

1990 年 12 月 19 日上交所设立指数，起点为 100 点。飞乐音响等 8 支股票上市交易，同期深圳有深发展等 5 支股票上市交易。两市都是柜台交易。

1990 年 8 月，国务院鼓励华侨和港澳同胞投资股票债券。在股市新股不允许上市，老股不允许扩容的背景下，供需矛盾非常突出，股票出现小步快跑的局面。

1992 年 5 月 20 日，股市放开股价，取消涨跌停限制，股票供不应求状况得到强化。指数 2 天从 616 点蹿升到 1265 点。

1992 年 6 月 5 日政府开始对股市降温。《人民日报》发表社论，《大暑之后有大寒》。1992 年 8 月 10 日，深圳 8·10 事件，加速股市调整。

邓小平 1992 年视察南方后，各地信贷和投资出现井喷，再一次刺激了股市爆涨。1992 年 11 月 386 点见底后，一路飙升到 1993 年 2 月 1558 点。股市第一阶段结束。这一阶段总体呈现国家鼓励资金进场的政策。

1993 年 2 月—1995 年 2 月周线

1993 年 2 月沪指 1558 点后，上海豫园商城达到万元价格，股市市盈率达到 250 倍，政府开始对过热经济和股市展开宏观调控。

1993 年 2 月 16 日，上海老八股宣布扩容。

1993 年 5 月 15 日，央行两次加息，国家出台调控政策，紧缩银根。

随后股市快速腰斩。1993 年 777 点附近，股市形成三次"保卫战"。

1994 年 7 月 29 日，指数跌至 325 点。证监会出台三大救市政策，祭出"停发新股、允许券商融资、成立中外合资基金"组合拳，股市出现 8 月上涨狂潮。上证指数从 7 月底的 325 点，上涨至 9 月的 1052 点，2 个月内涨幅高达 215.33%。

这一阶段显示出熊市阶段的护盘特征。由于银行利率和保值贴补率逐渐上升，高峰期二者无风险收益达到 20%，股市资金大量外流，指数"腰斩再腰斩"。

1995 年 2 月—1997 年 6 月周线

1995 年 5 月 18 日关闭国债期货，"过江龙"资金迅速进入股市，短短一周股市从 580 点上升到 925 点，形成了牛熊过渡阶段的最大脉冲。随后股市进入调整。

10 月长虹法人股转配事件爆发，四川长虹由于遭受处罚停牌后股价下跌，极其优异的基本面，加上蓝筹股的筹码，构成后来大牛市长线资金建仓的最佳时机。

1996 年 2 月央行开始连续降低保值贴补率，1996 年 5 月 1 日降息，8 月 23 日再次降息。4 月 9 日央行宣布以国债为工具的公开市场业务操作正式启动，表明货币政策开始出现重大转变。

9 月 12 日上海推出百家上市公司的 5 项优惠政策：所得税从 33% 降低到 15%；绩优公司资本扩充得到重点支持，减轻包袱，提供贷款。

1996 年 10 月起，连发 12 道金牌。12 月 16 日，《人民日报》发表社论，《正确认识当前股票市场》，大盘 3 个跌停。

1997 年 2 月 19 日邓小平去世，大盘探底 870 点后展开 5 浪上升。至 5 月 12 日到 1510 点结束。

这一波行情以香港回归为预期，场外资金进场，启动蓝筹股行情。

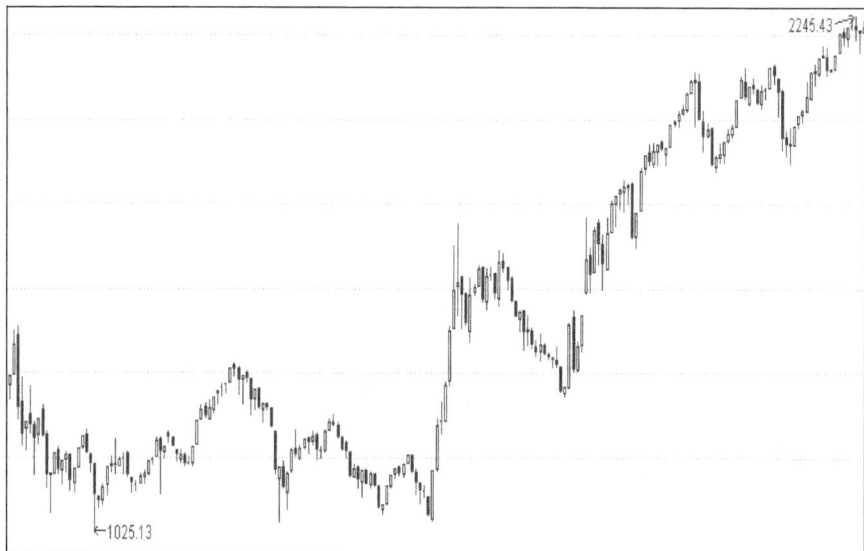

1997 年 5 月—2001 年 6 月周线

1997 年 5 月 10 日股市印花税从 3‰ 上升到 5‰，5 月 16 日国家宣布 1997 年发行额度为 300 亿元，使过热的股市受到遏制，大盘进入调整。

1998 年全国出现下岗潮，传统国企面临困境。8 月东南亚金融危机全面爆发。

1999 年 5 月 8 日南斯拉夫大使馆被炸，6 月 15 日《人民日报》发表社论《坚定信心，规范发展》，证监会将行情定义为"恢复性上升"。

2000 年沪市呈现维稳慢牛屡创新高行情，实现了 2000 年见 2000 点。

2001 年 2 月 19 日证监会宣布 B 股对境内投资者开放。6 月 13 日申奥成功，大盘当日见顶于 2245 点。

这一阶段中国面临内忧外患局面。国企脱困、东南亚危机、大洪水、加入 WTO、申奥，政府需要一个稳定的股市，来缓解诸多问题。

这 4 年沪强深弱，是因为国家将上海定为经济中心，开发浦东，使得上海成为主战场，股市频频创出新高。深圳由于 1997 香港回归利好兑现，在 1997 年 5 月创出新高后一直调整到 2005 年才见底。

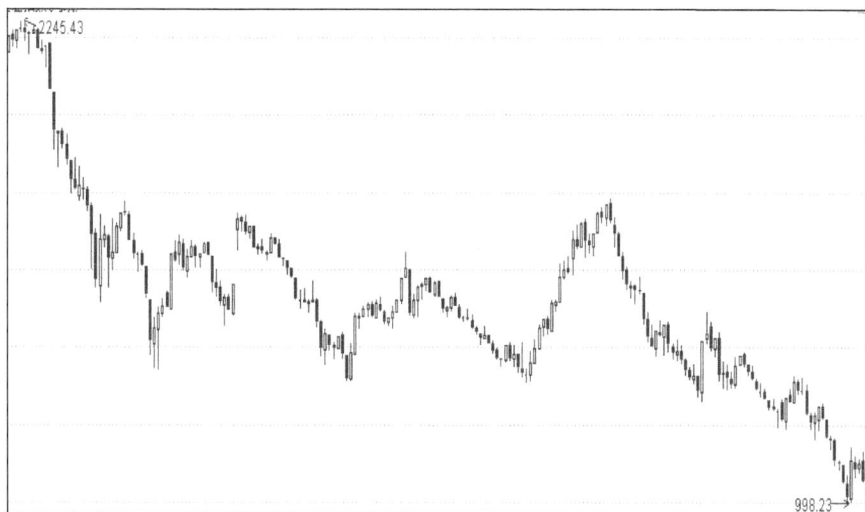

2001 年 5 月—2005 年 6 月周线

2001 年 6 月 14 日国有股减持办法出台，终结了 2245 点的行情高点，股市进入到国有股减持方案的讨论阶段。国有股减持带来市场巨大的抛压，无论如何推出，对市场影响都是负面预期。方案讨论的 4 年，是大盘熊市的 4 年。

2001 年 6 月 22 日，江苏索普、韶钢松山国有股减持，股市开始暴跌。于是加强监管，2001 年爆出东方电子、银广夏、蓝田股份坐庄及造假大案。

2002 年 6 月 24 日，国有股减持暂停。虽然减持方案暂缓执行，但是何时推出又成为利空。问题没有解决，市场还在资金紧缩阶段运行。

2003 年 4 月 16 日 SARS 疫情暴发，人流物流受到管控，经济开始下滑。

2004 年 1 月 31 日国九条推出。2004 年 10 月 25 日保险资金获准直接入市，11 月 5 日股票质押贷款办法出台，11 月 10 日企业年金入市启动。这些政策表明长线资金开始入市，为趋势转折提供支持。

这一阶段，受制于国有股减持预期的压力，大盘一直在下跌中迎接解决方案的正式推出。

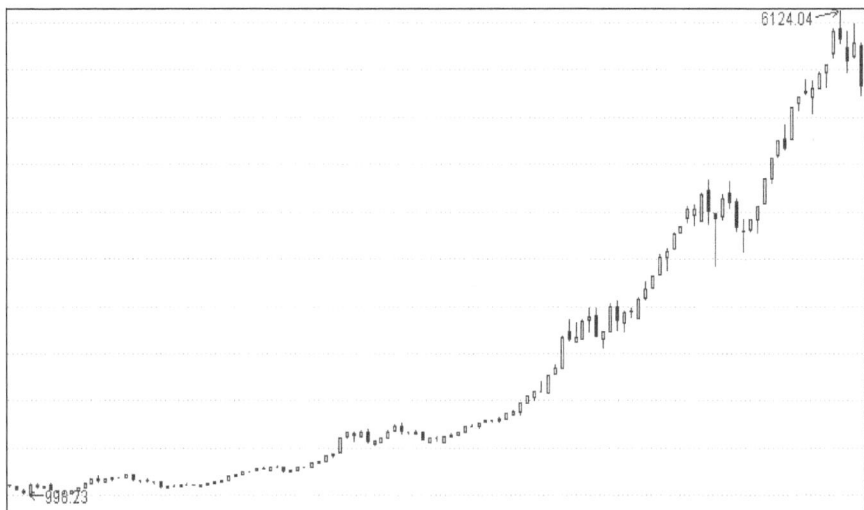

2005 年 5 月—2007 年 10 月周线

2005 年 5 月全流通开始试点实施，意味着影响股市 4 年的重大利空因素兑现。重大筹码需要重大资金承接。在企业年金和保险资金入市的预热下，中国股市迎来了史上最大的一波牛市行情。从 2005 年 6 月 6 日 998 点到 2007 年 10 月 16 日 6124 点，2 年时间上涨 5 倍。

2005 年 1 月 24 日，股票印花税降到 1‰，4 月企业年金开始入市，7 月 21 日人民币汇改。这一年里，南方证券等大批券商因违规融资破产，其掌控的股票筹码被新入市资金顺利承接。

2006 年 1 月 5 日《股权激励管理办法》出台，2006 年 7 月 3 日融资融券试行。一系列的多头鼓励政策，加上人民币升值，让股市逐步走出上升行情。良好的股市环境，也为胜利完成股改任务保驾护航。

2007 年股市陆续突破 3000 点、4000 点。5 月 30 日，财政部宣布上调印花税到 3‰。

2007 年 10 月 15 日十七大胜利召开，股市于 2007 年 10 月 16 日见顶 6124 点。这波行情主要体现在人民币升值、资本证券化的资金推动背景下，形成了股市中最为壮阔的行情。

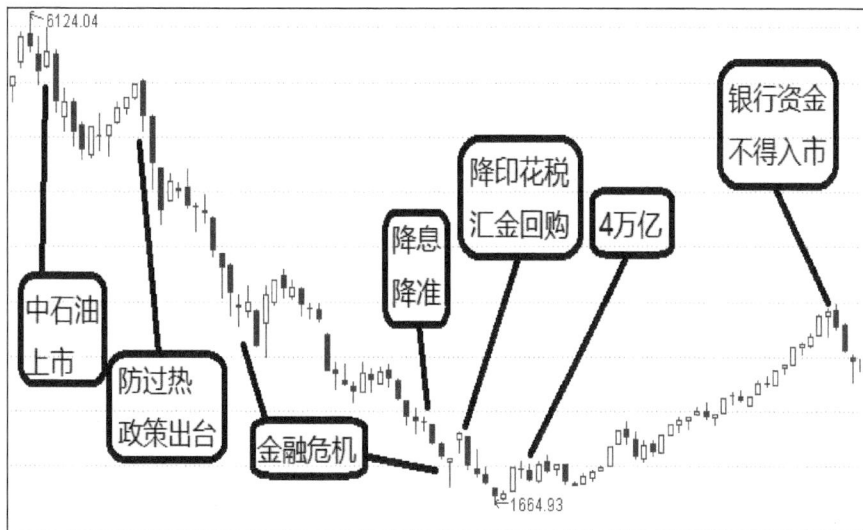

2007 年 10 月—2009 年 8 月周线

　　2007 年 11 月 27 日政治局会议提出首要任务是防经济过热和通胀，同时推出史上最大 IPO 中石油上市，压制住了牛市。股市由牛转熊。

　　2008 年全球爆发经济危机，中国出口受到重大影响。出口受限，经济下滑，实体经济受到冲击，股市更加没钱，进入快速下跌阶段。大盘在一年时间里从 6124 点跌到 1664 点，完成"腰斩再腰斩"。

　　为刺激经济和挽救股市，2008 年 9 月 19 日印花税双边改单边，汇金开始回购股票，10 月 8 日降息降准，10 月 29 日下调贷款利率。股市在 2008 年 10 月 28 日 1664 点见底。

　　2008 年 11 月 5 日国家宣布推出 4 万亿元政策，资金推动牛市启动，形成 6124 点下跌后最大一波反弹行情。

　　2009 年 7 月 9 日，银监会宣布，银行理财资金禁入二级市场，银根开始收紧，大水漫灌对股市影响效应递减，至 2009 年 8 月 4 日 3478 点见顶。

　　这两年行情市场大起大落，股市受资金面影响非常明显。2009 年基建、家电板块成为龙头。

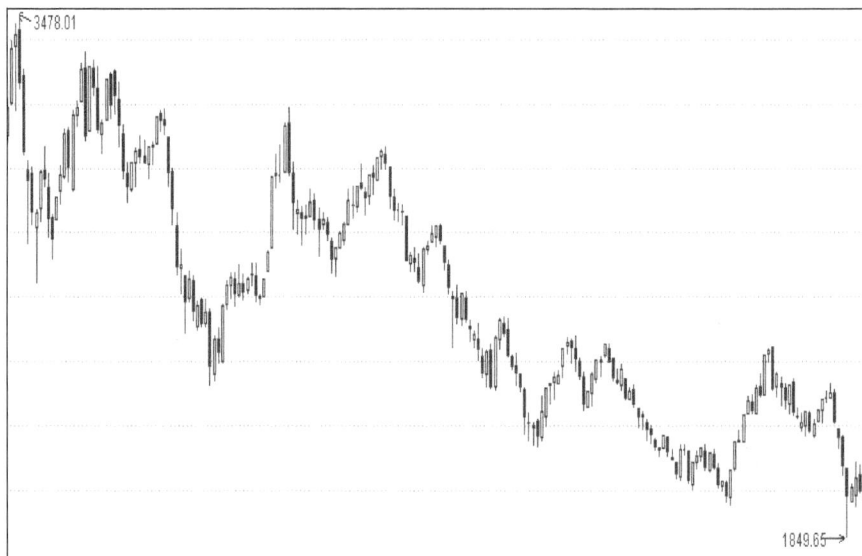

2009 年 10 月—2013 年 7 月周线

2009 年 10 月 30 日，创业板开市，28 家创业板公司集体上市。

2010 年 4 月 30 日推出股指期货，为市场做空提供盈利机会；9 月 15 日加息。2010 年严查金融机构贷款资金入市。这一阶段货币收缩，股市进入调整下跌阶段。

2011 年 11 月 30 日、2012 年 2 月 18 日降息。利率小幅回落，房地产链条、金融板块走出行情。

2012 年 5 月 7 日券商创新大会召开，11 月 16 日股息分红差异化所得税出台，鼓励投资者长期持股。

2013 年全年停发新股。6 月以来银行间结算异常紧张，隔夜拆借利率持续上升。6 月 20 日爆发"钱荒"，国债逆回购利率达到 30%。6 月 25 日，央行声明提供流动性支持。股市见底 1849 点。

这一阶段维持 4 年，与 2001 年—2005 年大盘运行特点非常类似。受到国外金融危机冲击，国内货币放水后银根收缩，小票下跌"挤泡沫"，蓝筹股走出维稳行情。

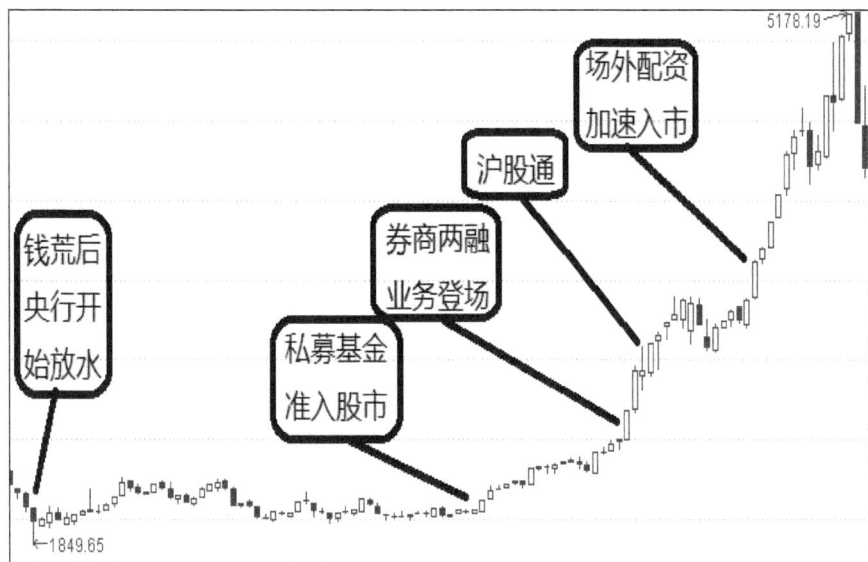

2013 年 7 月—2015 年 6 月周线

2013 年钱荒后央行开始释放流动性，十八大及两会后政府推动改革创新，为中小创全面崛起奠定了基础。

2013 年 8 月 19 日蓝筹股在盘中集体冲击涨停，史称"光大乌龙指"。一个券商自营盘能将大盘股集体推上涨停，可以判断市场压力已经非常轻。

2014 年 3 月《基金法》通过，私募基金准入股市；4 月央行开始降准；5 月 8 日，国务院新国九条发布，鼓励上市公司市值管理，发出多头信号。

2014 年 11 月 17 日，沪港通 5500 亿元启动。2014 年 12 月，券商两融业务大幅扩张。

2015 年场外配资大幅入市。在政策鼓励场外资金进场的背景下，场外融资业务快速发展，为股市提供了充沛的资金。

这一阶段蓝筹股与中小创形成反相关行情（见本章止相关与反相关部分）。热钱通过改革创新的逻辑，选择想象空间更大的中小创作为突破口，压制指数，走出了不创新高，但胜似牛市的中小创行情，不少股票涨幅超过 10 倍。

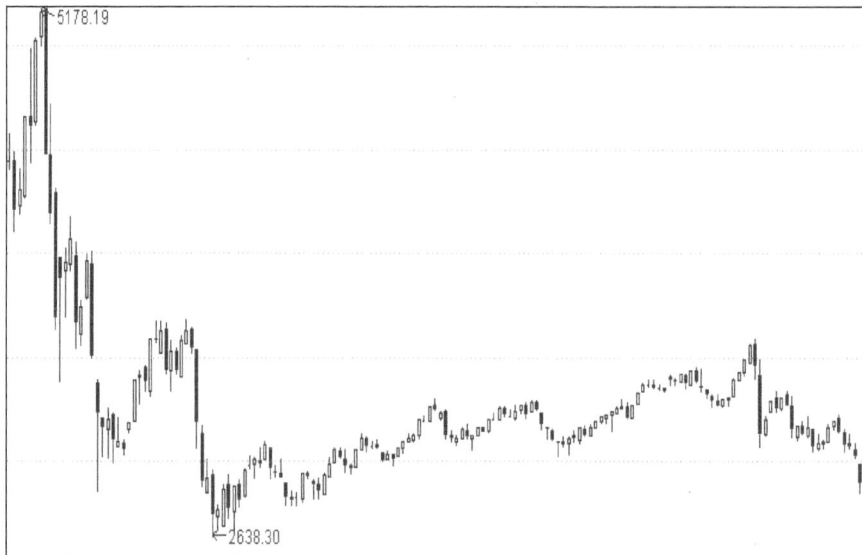

2015 年 6 月至今周线

2015 年 5 月 29 日汇金减持银行股。7 月 12 日证监会发布《关于清理整顿违法从事证券业务活动的意见》，随后监管中持续对股市采取高压态势，爆出恒生、匹凸匹等大案，证券市场进入"去杠杆"阶段。

2016 年 12 月，证监会主席刘士余提出野蛮人说法，国家政策开始进入"脱虚就实"阶段，"去杠杆"政策扩大到整个金融行业。

2017 年启动供给侧改革，传统行业借机复苏一把。钢铁、家电、食品等白马股集体启动，重现 2003 年、2010 年后结构性行情一幕。

这一阶段总体货币政策是"去杠杆"，大盘资金面自然不会好，重心不断下移，股市经历了维稳、去杠杆、再维稳、再去杠杆的熊市周期。

因此我们可以这样认为：资金运动呈现周期性特征，股市牛熊都由宏观资金决定，去杠杆的目的是为了加杠杆。等待市场资金重新放水之时，A 股牛市又会重启。

总　结：

一、中国股市历来行情启动都由宏观资金推动

资金进场，牛市形成。资金退场，熊市形成。

大牛市需要持续资金进入。降息降准的资金支持，央行 $M2$ 投放的增加，形成大水漫灌，股市形成牛市。

熊市都是在严监管和去杠杆下产生的。强监管会逼迫资金退场。

牛市表现是限速。熊市表现是维稳。

二、中国股市每十年两届政府任期中，都有一波牛市诞生

每轮股市的牛熊周期，都有大水漫灌和去杠杆（以前叫"宏观调控"）的政策行为。

大牛市时所有股票都上涨，直到所有的垃圾股补涨完成，牛市行情结束。

大熊市时所有股票都跌，直到绩优股完成补跌，系统性利空释放完，形成熊市大底。

三、股市贵不贵不重要，重要的是政策对股市的态度

比如 1996 年 12 月市盈率 44 倍，《人民日报》社论认为股市高度投机。1999 年 5 月上海市盈率 48 倍，但《人民日报》社论认为股市进入恢复性上升行情。

阶段牛市是局部板块上涨。维稳行情往往是熊市表现。

四、产业振兴规划推动局部牛市和阶段性行情

局部热点和产业振兴规划，往往是熊市阶段的表现，局部资金有限介入热点。比如 2004 年九条意见，扶持资本市场，上演五朵金花行情。钢铁、汽车、基建等，本不属于牛市股票。2008 年 4 万亿推动了资源、基建、地产、钢铁类股票启动。2017 年供给侧改革重演了五朵金花行情。

上市公司价值管理，既是自身做大做强，为投资者创造财富；也是在资本市场通过资金聚合，为社会进行价值贡献的过程。

价值投资成长模型

"中国梦"既是国家富强之梦，也是中国企业崛起之梦。中国"企业梦"就是不断追赶、不断超越西方世界级企业，打造一批中国特色的社会主义世界级企业。

什么是世界级企业？世界级企业指在行业领域中构建了核心专长，具备全球化的战略与治理思想，拥有独特的专业技术、战略设计、市场控制和评估能力，职能部门有良好的业务流程、管理体系和战略执行力。

中国股市迎来众多世界级企业，将让更多中国投资者分享到企业成长的价值成果，为资本市场慢牛梦奠定基础。

2017年茅台创造244亿元税收，累计税收2900亿元。侠之大者，为国为民。优秀企业在资本市场上创造价值，通过分红回报让社会共享成果。资本市场加速了优胜劣汰的过程。

我们站在国家的角度看待企业成长，就不难理解政治和经济的关系，如同生产力和生产关系的协调与融合，是个推动社会进步的过程。资本市场财富聚集和再分配，也是一个为社会做贡献的过程。

从产业角度自上而下看待资本价值，比单纯从企业基本面自下而上看待价值，更接近经济学。

任何伟大企业的成长，都离不开国家战略、行业成长、自身努力。我们看到世界首富们的诞生，都是国运昌盛下的时代产物。首富们纷纷裸捐的背后，也是对国家和社会的皈依。

茅台作为中国民族品牌，是中国企业走向世界的缩影。通过产业整合、市场转型、平台设计、境界塑造，成为世界级企业，为资本市场创造了长期价值。本节通过茅台的价值成长之路，解读世界级企业崛起的内外机理。

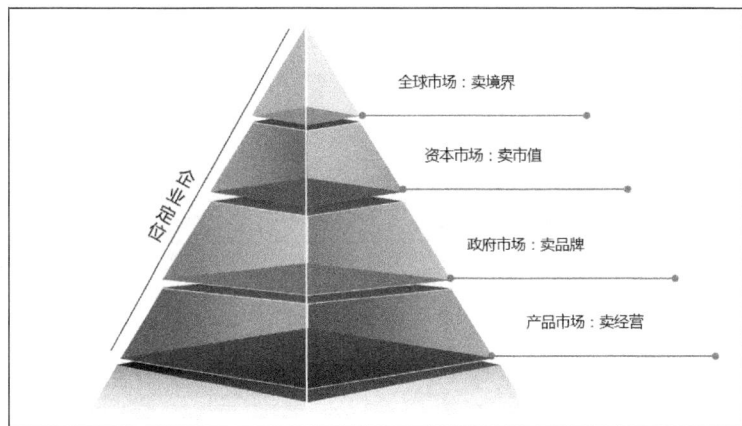

世界级企业成长路径

上图显示一个世界级企业的崛起，经历的四个阶段。

第一阶段，面向产品市场。通过产品研发、渠道拓展，搏杀出一片天地，整合地方企业，成为区域王者。

第二阶段，面向政府市场。通过品牌建设，以国酒名义获得国家和政府支持，在行业内脱颖而出，成为行业王者。

第三阶段，面向资本市场。延伸产品金融功能，茅台酒本身具有投资价值，向资本市场要市值，成为资本王者。

第四阶段，面向全球市场。在更广阔的舞台上，聚焦中国特色，塑造民族品牌，实现境界营销，成就世界王者。

中国上市公司在近20年内崛起，在实现自身价值的过程中，也为慢牛做出了贡献。资本市场需要更多世界级企业出现，已经上升到国家安全层面。

2018年茅台市值突破万亿元，成为资本王者，演绎了价值投资的成长之道。下面，我们破解茅台经历的三大战役。

第一场战役：贵州区域品牌整合。

第二场战役：白酒产业王者定位。

第三场战役：资本市场股王定位。

建国后茅台收编民间酒坊

第一场战役：区域王者

1949 年新中国成立后，政府收编了仁怀的"成义"等三家酒坊，成立国营茅台酒厂。仁怀县政府通过没收、接管和赎买的方式，将成义（华茅）、荣和（王茅）和恒兴（赖茅）三家茅台镇上规模最大的私营烧坊国有化，1953 年成立了贵州茅台酒厂。这些烧坊里的酒师，成了新酒厂的技术骨干，带去了酿酒工艺。

60 年代，茅台承担了国家外交接待的任务，也因为行政性生产，历史上出现了连续 17 年的亏损。

改革开放以后，茅台借用周恩来、邓小平等国家领导人美誉，塑造了良好品牌。但茅台在当地，还面临不少竞争对手，比如贵州醇、贵阳大曲、鸭溪窖酒、珍酒、匀酒、安酒等名酒，也有小糊涂仙、董酒、赖茅等酱香酒。茅台需要在区域市场突围。

突围战中，90 年代与贵州老二贵州醇的一场战役最为激烈。茅台通过十年拉锯战，采用长期诉讼、低价反制等手段，拖垮这个对手后，完成了贵州市场的统一。

贵州醇与茅台生死一战

贵州醇属浓香型系列白酒，在90年代贵州白酒市场销售排名第二，仅次于贵州茅台。

1993年到2000年间，贵州醇与茅台曾展开一场持久的诉讼。贵州醇称茅台生产与贵州醇相同的包装，恶意生产销售贵州醇白酒，以侵犯知识产权为由，起诉茅台。茅台亦反诉贵州醇酒厂侵权"贵州"商标。就像加多宝和王老吉之战一样，茅台和贵州醇在广州打起长达8年的官司。

尽管茅台败诉，茅台停止生产"贵州醇"商标，但这场官司严重拖累了贵州醇的发展。贵州醇在风波中几乎失去了南方的市场，20年过去了，到现在都没回到过去的辉煌。贵州醇最终被维维豆奶收购。

茅台以"国酒"的身份，加上强大的经济实力和政治谈判资本，打败同属贵州的贵州醇，扫清了区域市场，使得贵州白酒只剩下茅台品牌。

受制于工艺和环境条件，茅台白酒只能在贵州当地生产。茅台整合了贵州市场后，制止了竞争对手通过兼并整合其他当地品牌挑战茅台地位，为茅台下一步成为行业王者扫清了障碍。

国酒茅台产业王者第二场战役

第二场战役：产业王者

茅台通过整合区域市场，成为贵州老大。进入 21 世纪以后，中国消费结构升级，白酒行业迎来发展黄金十年。茅台在此期间统一高端白酒江湖，奠定了产业王者地位。

2008 年政府出台 4 万亿元经济刺激计划后，白酒产量增速较快。主要因为：1、投资活动活跃，商务宴请增加带来了白酒消费量提升；2、行业持续繁荣，经销商惜售囤货现象出现，茅台等高端酒供不应求，导致价格大幅拉升，茅台零售价在 2012 年春节前突破 2000 元。

这十几年的发展，白酒行业经历了朔州假酒、塑化剂风波、酒驾入刑、限制三公消费等阶段，但是茅台每次应对都能化险为夷。

反而每次危机事件到来，都是茅台清理门户的时机，先后击败清香酒王、浓香酒王，抢占市场份额，壮大产业规模，一统江湖，成为产业王者。

时间	提价幅度	提价后飞天茅台价格（元/瓶）	距离上次提价时间（月）
2001 年 8 月	28%	218	20
2003 年 10 月	23%	268	26
2006 年 2 月	15%	308	28
2007 年 3 月	16%	358	13
2008 年 1 月	23%	439	10
2009 年 1 月	14%	499	12
2010 年 1 月	13%	563	12
2011 年 1 月	10%	619	12
2012 年 1 月	32%	819	12

茅台提价明细

在产品需求增长强劲、供给短期内难以较大幅度增加的大背景下，进入 2000 年后，茅台持续上调出厂价，这是终端价格实现持续增长的重要原因之一。从 2001 年到 2012 年，贵州茅台共 9 次上调飞天茅台的出厂价。2012 年 1 月，飞天茅台的出厂价从 619 元上调至 819 元，上调幅度 32%。飞天茅台的提价对于白酒行业有着非常重要的意义，在抬升行业价格天花板的同时做大了白酒行业的市场规模。

在高端白酒价格上涨的情况下，处于高端白酒以下价格带的产品性价比获得了相对提升。在放量顺利的情况下，也能够逐步跟随高端白酒产品提价。在没有大量新品牌进入的情况下，存量白酒企业均能不同程度受益。

产品价格的提升也扩大了整个白酒行业的市场规模。产品价格提升意味着白酒企业有能力加大品牌形象打造和渠道建设投入，这会加强白酒与其他酒类产品相比的竞争优势和市场话语权。

朔州假酒事件将山西汾酒拉下马

　　90年代以前，清香型白酒一直主导着中国的白酒市场。由于清香型白酒具有生产周期短、出酒率高的特点，因此在粮食供给十分匮乏的年代，最受欢迎，巅峰时期市场占有率一度达到80%。其中龙头是山西汾酒。

　　90年代时消费者的消费观念已经开始转变，物美价廉的消费理念已经不再适应当时的时代特征，企业薄利多销的经营理念给品牌和产品定位带来了负面影响。

　　同时朔州假酒案也加速了山西白酒的衰退。1998年春节山西朔州假酒事件造成27人丧生，222人中毒入院治疗，其中多人失明。此次事件被发酵成山西毒酒案，清香型白酒的地位一落千丈，山西名酒汾酒也由此跌落神坛。由此清香酒逐渐退出高端白酒市场竞争，到2016年市场份额仅剩10%。

　　此时茅台和五粮液积极参与食品安全立法，及时制定品质规则，抓住有利时机，收割了汾酒留出的高端市场份额。

2010 年酒驾入刑

2010 年 4 月 1 日，酒驾入刑。虽然对私家车主的市场销量有一定影响，但影响的是一批低端白酒，对茅台基本没有影响。

喝茅台高端白酒的政商人士，都有自己的司机。高端白酒基本上没受影响。

2010 年前后两年，正是高档白酒迅速拉开与低端白酒差距的阶段。茅台由于主攻普飞品牌，在涨价浪潮中获益更多。五粮液等白酒由于有多个品牌，低价白酒侵蚀了品牌价值，在竞争中逐渐落后，茅台借机继续扩张自身份额。

塑化剂事件

2012 年 11 月 19 日，酒鬼酒被查出塑化剂超标，对白酒行业形成冲击。12 月 9 日博主水晶皇发布茅台酒塑化剂抽检超标信息，五粮液、洋河也宣布中招。

茅台第一时间进行了回应，董事长袁仁国召开新闻发布会，澄清塑化剂超标问题，并宣布增持茅台股份。

茅台此时的舆论公关和危机应对是恰当的。通过及时与消费者沟通，及时通过新闻媒体消除影响，将危机事件影响减弱到最低程度。

塑化剂事件加速了白酒行业调整深度，酒鬼酒在此次风波中退出了高端白酒市场竞争。

茅台飞天 53 度白酒在这一年里，零售价突破 2000 元，一个酒瓶也能卖 200 元。

2012 年茅台等酒企因价格太高，引来了国家发改委对其反垄断处罚。政府以反垄断为由对其处以 2.47 亿元的罚款。

中央出台"八项规定"限制三公消费

2012年12月4日"八项规定"审议通过,茅台董事长袁仁国公开承认三公占比为38%左右。很多经销商开始失去信心,低价抛货。

限制三公消费后,传统的营销模式(渠道拦截、贿赂营销等)开始逐渐失效,白酒行业从卖方市场慢慢转向买方市场,消费者回归理性。商务消费和个人消费已经逐渐承接了之前的政务消费,茅台在此期间进行了成功转型。

茅台进行一系列"脱公入民"的渠道调整,扩大渠道销售。采用配额预收制度,紧固住渠道商的现金流,迫使渠道无力再经营其他品牌,以此抢占下跌市场中的份额。同时首先通过打假,从市场回收一部分份额。

茅台酒客户群定位为全国中产阶层,从公务消费转型到商务消费、个人消费。经过转型,茅台的市场空间释放到个人高端领域。2014年防守住819元的底价之后,茅台价格开始回升。

茅台成功转型,告别腐败之名,回归民间消费品属性,置换出品牌中公款消费的内涵,把中国高端白酒文化植入消费者的心中。同时通过大规模营销巩固市场,走上健康良性的成长之路。

资本王者

第三场战役：资本王者

茅台就像是一座挖不完的金矿，把水变成酒，把酒变成消费品，再把消费品变成奢侈品，然后在市场上源源不断地变成黄金。

2018 年 1 月茅台股价涨过 800 元，市值达到 1 万亿元，是其他白酒上市公司市值总和的 1.1 倍，也是贵州 2017 年 GDP 的 80%。2017 年中国白酒行业销售规模为 7000 亿元，茅台市值超过行业销售规模总和。

2018 年茅台在 A 股流通市值排名第 4 位。上市 17 年以来，市值增长 120 倍，穿越若干个牛熊周期，成为长线"资本王者"，也是价值投资的经典楷模。

茅台和五粮液

茅台在资本市场上超越的第一座大山，就是五粮液。

茅台和五粮液是中国酒业的"双子星"，二者分别是酱香型和浓香型白酒的代表。茅台 2001 年上市后一段时间，市值是五粮液的 1/3。到 2018 年，是五粮液市值的 3 倍。

五粮液 1998 年 4 月 27 日上市，市值为 171 亿元，当年销售额 28 亿元，利润 6.7 亿元。

贵州茅台在 2001 年 8 月 27 日上市，股票代码 600519，是"我要酒"的意思。发行价 31.39 元，市值仅 90 亿元。五粮液当时市值 190 亿元，是茅台 2 倍多；营业收入 47 亿元，是茅台 16 亿元的接近 3 倍。

但 2017 年，茅台营收 582 亿元，利润 270 亿元。而五粮液营收 301 亿元，利润 97 亿元，利润已经不到茅台的四成。

2018 年 6 月，茅台市值突破 1 万亿元时，五粮液市值为 3300 亿元，仅值茅台三分之一，两者差距越来越大令人感慨。差距究竟因何而来？

茅台通过"国酒"定位，从"一曲三茅四酱"到"1 ＋ 3"战略，即 1 个世界级茅台，3 个重点系列酒（茅台王子酒、茅台迎宾酒以及赖茅），茅台的产品战略始终聚焦在酒业的大单品上。

五粮液分支品牌众多，稀释了主品牌价值。在中国的消费升级进程中，两大公司截然相反的产品战略结果完全不同。

飞天茅台				生肖酒		
产品名称	年份	当年零售价(元)	拍卖价值(元)	产品名称	出厂价	现价
葵花牌贵州茅台酒	1971	4.07	103500	马年	849	14000+
葵花牌贵州茅台酒（棉纸包装）	1973	4.07	106400	羊年	849	16000+
五星牌贵州茅台酒（三大革命）	1974	8	86250	猴年	899	5000+
飞天牌贵州茅台酒（大飞天）	1975	8	28750	鸡年	929	3300+
五星牌贵州茅台酒（三大葵花）	1977	8	48875	狗年	1299	
葵花牌贵州茅台酒（三大葵花）	1978	8	95200			
五星牌贵州茅台酒（三大革命）	1981	11.56	46670			
五星牌贵州茅台酒（特供黄酱）	1982	11.56	105417			
五星牌贵州茅台酒（地方国营）	1983	18.5	4106			
飞天牌贵州茅台酒（铁盖茅台）	1986	18.5	28000			
五星牌贵州茅台酒（大背标）	1987	18.5	26833			
五星牌贵州茅台酒（铁盖茅台）	1989	86	21083			
贵州茅台酒（铁盖茅台）	90年代初	203	12458			
贵州茅台酒（铁盖茅台）	1995	240	9583			
贵州茅台酒（铁盖茅台）	1996	280	7667			
贵州茅台酒	1997	320	7283			
贵州茅台酒	1998	300	6078			
贵州茅台酒	1999	260	6708			
贵州茅台酒	2000	185~200	6100			
贵州茅台酒	2001	260	5367			
贵州茅台酒	2002	280	5367			
贵州茅台酒	2003	320	3450			
贵州茅台酒	2004	350	4589			
贵州茅台酒	2005	500	2300			
贵州茅台酒	2006	500	2300			

茅台年份酒价格

茅台酱香酒的特点是，要经过 5 年发酵工艺，才能够出品。而且年份越久，价值越高。这就使茅台酒具有了投资属性。

茅台董事长季克亮在《告诉你一个真实的陈年茅台酒》中说，酱香型白酒风格上强调酱香突出。"陈味"或"老酒味"的出现，有助于这一风格的体现，增添了酱香型白酒越陈越香的效果。

因此茅台具有收藏属性。

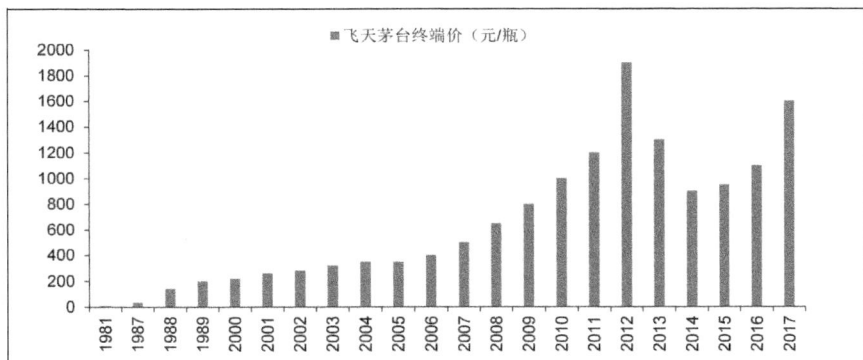

茅台历年价格变动表

由于茅台酒具有投资属性，因此只要茅台营造出涨价预期，市场就会存货，把消费者变成了投资者。这一点和传销的原理很类似，把客户变成了股东。

很多消费者对茅台进行囤酒，经销商也压货不发，这使得本就供不应求的茅台市场更加短缺。2017年茅台出厂价899元，零售价格1299元。但由于涨价预期，市场直接进行了存储，1500元都一瓶难求。

茅台的限价限售政策，类似于供给侧改革。在供应端是计划经济，在需求端是市场经济。与房地产调控一样，也是越调越涨。茅台酒和房产本身具有投资属性道理是一样的。

茅台总经理李保芳说：茅台每年投放2万吨，大约6000万瓶，放在中国3亿家庭中，连过年都不能保证每个家庭一瓶。言下之意，茅台销售市场还有极大空间。

不管茅台酒价格如何上涨，茅台酒在市场上似乎永远都是供不应求的。因为对消费者而言，茅台酒就是一种特殊身份的象征。茅台酒的价格越高，消费者越能从中享受到消费之外的乐趣。

从茅台出厂价到终端零售价存在巨大价差上看，茅台还有提价空间。巨大的预收账款，也是茅台未来提价能力的体现。

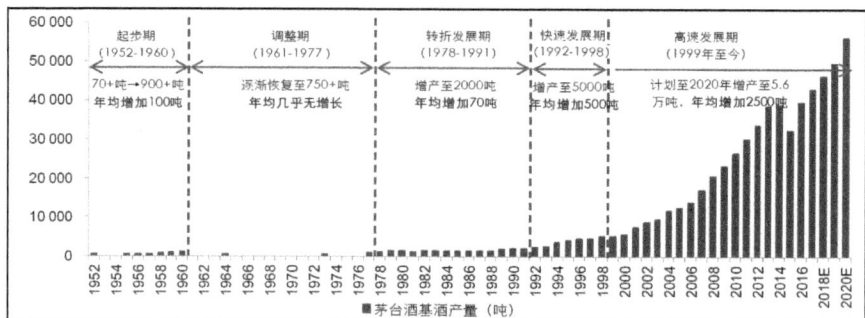

茅台基酒产能发展历程

1952 年茅台建厂时，基酒产能 75 吨。1978 年突破 1000 吨。1991 年总产能达到了 2000 吨。此后茅台年均增量接近 70 吨。1998 年，茅台产能达到 5000 吨。

茅台 2001 年上市后，在技术水平大幅提升、资本实力极大增强的作用下，逐渐拉开产能高速增长的帷幕。2016 年茅台酒实际产能接近 4 万吨，2017 年增至 4.28 万吨，计划 2020 年产能达到 5.6 万吨。过去 20 年，茅台基酒产量增长 10 倍左右，年均增量接近 2500 吨。

当前茅台基酒量已增至 4 万吨以上，茅台基酒产能每年增加，是否真的稀缺呢？

茅台镇每年酱香基酒产量 40 万吨，茅台通过收购周边酒厂提供基酒，就足以保证市场供应。那么茅台为什么会采取限价限量的模式呢？

让市场永远保持饥饿状态，那么它就能够保持这个价格，保持这个利润，这就是茅台的营销手段。

	代码	名称	流通股(亿)	流通市值↓	AB股总市值
1	601398	工商银行	2696.12	18549.32亿	18549.32亿
2	601857	中国石油	1619.22	12986.15亿	12986.15亿
3	601288	农业银行	2940.55	12232.70亿	12232.70亿
4	600519	贵州茅台	12.56	9025.15亿	9025.15亿
5	601988	中国银行	2107.66	9020.76亿	9020.76亿
6	601318	中国平安	108.33	7462.62亿	7462.62亿
7	600036	招商银行	206.29	6471.30亿	6471.30亿
8	600028	中国石化	955.58	6029.70亿	6029.70亿
9	601628	中国人寿	208.24	5462.01亿	5462.01亿
10	601088	中国神华	164.91	4071.64亿	4071.64亿

茅台和蓝筹股的比较

茅台2017年报实现营收582亿元，同比增长50%，净利润为270亿元，同比增长62%。2017年分红方案，每十股派发现金红利109.99元（含税），创上市以来分红最高纪录。

自2001年上市以来，茅台累计现金分红总额达436.51亿元，是上市募资净额19.96亿元的21.87倍，并且上市以后没有进行过再融资。

2018年贵州茅台的股价再度刷新历史纪录达到800元，总市值已经超过了1万亿元，不但在沪深股市名列前茅，也是世界股市奢侈品上市公司中最高的。

茅台成为名副其实的"白马之王"。

国际王者：世界级企业

第四场战役：世界级企业

茅台无论在资本市场（股价、市值）还是白酒市场（价格、高端酒销量）均一枝独秀，堪称中国白酒领军品牌。茅台之所以能发展到令同类酒企无法企及的高度，是其产品、产能、价格、品牌、营销等多方面综合作用的结果。

茅台拥有产品的绝对定价权，未来茅台的成长，将进入到更广阔的舞台，进入卖境界阶段，它代表中国名片，进入世界级企业行列。

2012 年 7 月 20 日，贵州茅台向国家商标局申请"国酒茅台"商标，为贵州茅台企业带来巨大的潜在价值。

继将茅台酿造工艺申报"世界非物质文化遗产"后，贵州茅台在北京成立"北京国酒茅台文化研究会"。与此同时，茅台斥巨资打造的国酒茅台会所也在北京成立。

无论是茅台酒，还是熊猫烟，高端消费品就这样成为一种特殊的身份象征，被标注上奢侈与高端资产的标志。而且这个消费人群往往对价格不敏感，因为他们不用拿着纸币去市场上买卖。

排名	品牌名称	原产地	类别	品牌价值(亿美元)
1	茅台（Moutai）	中国	白酒	115.48
2	尊尼获加（Johnnie Walker）	美国	威士忌	45.48
3	洋河（Yanghe）	中国	白酒	42.81
4	杰克丹尼（Jack Daniel's）	美国	威士忌	30.55
5	轩尼诗（Hennessy）	法国	干邑白兰地	27.11
6	泸州老窖（Luzhou Laojiao）	中国	白酒	25.09
7	百加得（Bacardi）	美国	朗姆酒	21.85
8	斯米诺伏特加（Smirnoff）	美国	伏特加	20.33
9	五粮液（Wuliangye）	中国	白酒	19.75
10	绝对伏特加（Absolut）	瑞典	伏特加	17.59

2017 年全球白酒品牌价值排名

中国白酒的酿造技术和品牌历程具有不可复制性，鉴于文化和技术壁垒，外国企业无法实质性进入白酒行业的竞争，这是中国白酒行业高速成长的重要原因。目前还没有一款白酒能够撼动茅台的地位。

2012 年 3 月，贵州省某领导在两会上回答记者提问时说：有的地方说不能上茅台，但不上茅台，上一瓶进口的拉菲，会比茅台贵得多。上一碗鲍鱼多少钱，上一碗鱼翅多少钱？一定要始终贯彻勤俭节约的方针，不倡导过度公款消费。但必要的、正常的、合适的市场消费和市场经营行为，我们是不反对的。

茅台 1500 元的零售价，跟国际上的一些名牌红酒相比，价钱并不贵。以拉菲为例，一般年份的拉菲在一万元左右。

巨大的预收账款和经销商护城河，让茅台能够牢牢把握住定价权。只要有上涨预期，白酒茅台就会被市场囤货，市场供应永远不够，茅台更会成为金融资产，日后甚至可在银行做抵押物。

习近平将"中国梦"的内涵概括为国家富强、民族振兴、人民幸福，要靠必须走中国道路，必须弘扬中国精神，必须凝聚中国力量来实现。

茅台成为资本王者，不仅有着资源禀赋、经营优势，更有着国家背景，茅台的价值成长之路依然还有空间。

世界级茅台成为支柱性产业

穿越投资周期（小结）

选择价值股不难，难点在于信仰般持有。即使在风格切换之际，也能坚守信念。

我身边的不少基金经理，和我的学员选择了价值投资风格，持有茅台主仓一直到现在。即使在最痛苦难熬的 2013—2015 年小票发疯，茅台不涨反跌阶段，他们依然坚定持有，当然其间也彷徨失意过。如今修得正果，这才是真正的价值投资。

投资者一生的投资生涯，至少能经历十个十倍股。但是真正能买入并坚定持有下去，才是属于你的财富。

投资需要信仰，更需要善意。站在产业的角度，站在国家的角度，世界级企业的崛起，正是我们分享上市公司成长的最佳投资机遇。

市值管理是上市公司价值创造的过程，通过延伸产业链，来改造经营生态，提升资本价值。具有投行能力的财富管理机构，是下一代黄金私募的摇篮。

市值管理模型解密

挖掘企业基本面，进行估值判断，是盛行投资界的价值发现流派。通过从企业基本面和上下游、经销商等处调研获得信息价值，这种深度调研、多渠道渗透的研究方法，是价值发现流派的基本投资框架。

价值发现流派在白马为王时代呈现出强大的生命力。但从研究领域来看，投资机构很难保持长期的渠道优势，和长期独到的眼光。

相对于价值发现而言，价值创造流派更受上市公司决策层欢迎。即长期战略投资者通过赋能式投资，产融互动，延伸上市公司产业链，改造经营生态，挖掘投行价值，协同上市公司进行产业升级，实现做大做强的目的，从而分享上市公司成长的利润。

价值创造流派，是真正市值管理和坐庄流派的本质区别。坐庄的诉求重点在二级市场，市值管理的诉求重点在产业转型与升级。

产业升级分为同业扩张和跨业转型两种。同业扩张必须处于朝阳行业，利用上市公司的龙头地位，通过收购快速扩张，进行区域的整合或者上下游的整合，使上市公司完成国内和世界布局，清理门户式地并购整合，一统天下。经典案例如传媒行业的蓝色光标。

跨业并购是在上市公司主业衰退时采取的方式，通过资产剥离和业务重组，使上市公司主业重新置于朝阳行业中。经典案例如玻璃建材行业加转型幼教双主业的秀强股份。

本部分通过主业扩张和跨业并购两个主流模式，解读上市公司的市值管理模型，使投资者识别上市公司在市值管理各个阶段的投资机会，在价值创造过程中实现二级市场的利润。本部分最后揭示了投行并购的工作流程，为今后转向投行事业工作的人士提供参考。

《深圳都市报》2014 年 5 月 9 日头版新闻

2014 年 5 月 8 日出台的"国九条"中明确提出市值管理，鼓励上市公司建立市值管理制度。这为上市公司市值管理运作的合法性打开了空间。

上市公司的市值扩张有利于投资者在二级市场盈利，在市场中创造了一种多赢模式。在新国九条市值管理的推动下，政策与法律方面都规避了很多障碍，使市值管理堂而皇之地在新行情中成为领涨模式。

全流通以后，大小非与中小投资者价值一致，只有上涨才能实现价值，大小非减持、员工持股计划、投行并购和定向增发都需要市值管理维护。有诉求的上市公司，成为市场各机构热捧的对象。

真正的市值管理是通过产业整合，进行一次又一次的产融互动过程。市值管理对于上市公司而言，上市不是价值终点，而是价值的起点。

好的市值管理通过价值重塑、价值传播和价值实现，穿越在企业经营和资本经营之间，使上市公司做大做强。一轮又一轮的循环，穿越资本市场周期，成为产业王者。

蓝色光标 2010—2017 年走势图

市值管理是指运用并购重组、回购增发、股权激励、投资者关系管理等多种价值经营方法和手段，达到上市公司价值和股东价值最大化的战略管理行为。

A 股市场中通过不断并购重组做大市值的蓝色光标是最成功的一个案例。2010 年 2 月在创业板上市以来，已实施并购 20 次，涉及金额约 30 亿元。6 年来蓝色光标的收入和利润增长了 10 倍，市值增长 7 倍，市值规模170 亿元。蓝色光标成为具有完整产业链的现代传播集团。

上市之初，蓝色光标主营业务是公共关系服务，是典型的小、散、乱、弱行业，蓝色光标是行业中唯一的上市公司。行业内的竞争对手短期内都无法实现 IPO，蓝色光标便成为短期内这个行业并购市场中购买力最强的买方。由于卖方市场供应充分，蓝色光标在并购中处于强势地位。尽管经历了创业板杀估值的阶段，但蓝色光标市值增长了 7 倍，很多同期上市的创业板公司市值还在原地踏步。

蓝色光标未来几年能够保持 30% ～ 50% 的业绩增长，在海量并购标的的供给下，缺多少利润，就并购多少利润。

公司名称	时间	方式	金额（万元）	股份(%)
SNK	2011年5月31日	收购	11240	51
精传媒	2011年7月28日	收购	17400	51
今久广告	2012年1月17日	收购	43000	100
SNK	2012年4月5日	收购	19019	49
博杰传媒	2013年1月31日	收购	17800	11
博杰传媒	2013年4月15日	收购	160200	89
METTA	2014年3月27日	收购	14300	100
蓝色天幕	2014年7月4日	长期合作	美国及欧洲多块机场大屏	
黄金流量	2015年4月10日	战略合作	拥有近百家超级APP推送资源	
建飞科联	2015年4月20日	战略合作	全国主要高铁站WIFI入口广告	
万达院线	2015年4月22日	战略合作	全国万达影院映前广告	
北美前三大影院	覆盖美国64%影院映前广告，帮助中国品牌走向美国市场			

蓝色光标广告业务构成

蓝色光标约有 50% 的利润都是通过并购而来的。通过并购，蓝色光标实现了对广告策划业务、广告发布业务、活动管理业务、财经公关业务及展览展示业务的延伸。另外，公司的 8 次并购平均估值 10 倍，相比其自身平均 40 倍市盈率水平，资产溢价效应明显。

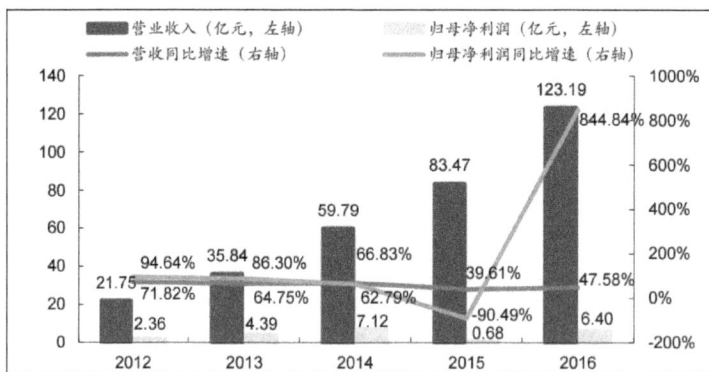

蓝色光标利润构成

2016 年，公司实现营业收入 123.19 亿元，成为国内首家收入过百亿元的营销公司。业务数字化建设第一阶段完成，战略实施进入第二阶段，即全面推进实现"营销智能化，业务全球化"业务布局。

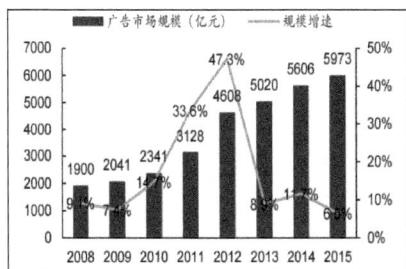

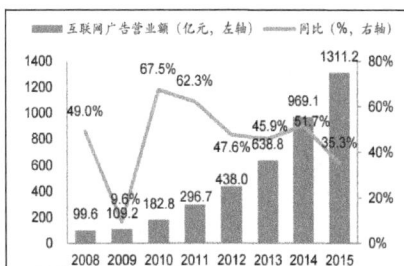

中国互联网广告规模超千亿元

公司所处行业为公共关系行业，属于现代服务业。目前，我国经济发展开始从资源消耗型向技术创新型加速转型，现代服务业成为我国经济转型的有力支点。

公共关系行业在我国是典型的朝阳产业，发展迅猛，前景广阔，是现代服务业的重要组成部分。我国经济已经进入品牌经济时代。优质的品牌就意味着稳定的市场、丰厚的利润和超额的溢价，我国许多企业越来越重视品牌的价值和作用。因此，企业对包括公共关系服务在内的品牌管理服务的需求是巨大的。

蓝色光标主业目前在我国市场的应用领域还比较小，目前只有 IT 业和汽车两个领域有大规模应用，其他如消费品、医药、金融、地产等行业还只是初步应用，在政府形象管理和投资者关系等领域还有着巨大的潜在市场，公共关系行业未来发展的市场潜在空间非常广阔。

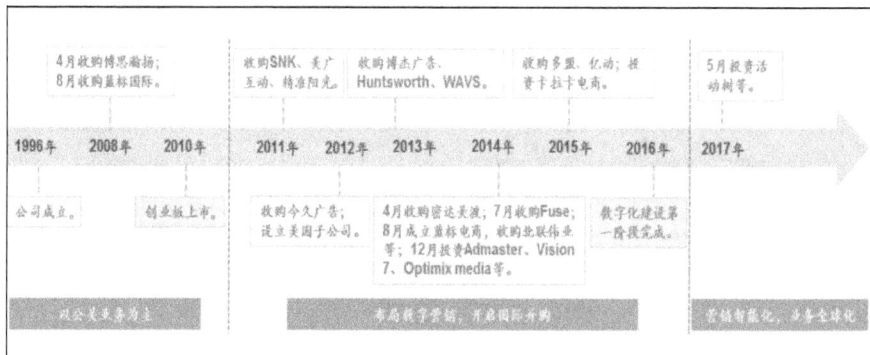

蓝色光标上市以来进行系列收购

2011—2012 年，公司通过收购思恩客、美广互动、精准阳光、今久广告、博杰广告，布局互联网广告、户外广告、房地产营销、电视媒体广告领域，全方位拓展广告业务，形成了涵盖广告、公共关系服务等在内的现代传播集团的架构。

2013 年，提出"数字化、国际化"战略，投资 Huntsworth、WAVS 等，将业务布局逐步向国际化转变。

2015 年，通过蓝标投资收购多盟（多盟开曼 100%、多盟智胜 95%），亿动 54.77% 股权，加码移动智能营销。

2017 年，数字化转型进入第二阶段，基于"客户＋技术＋资源"三要素，以协同、整合为核心，将现有智能营销业务板块升级细化为智能服务、智能投放、智能产品。未来将智能营销服务聚焦"两块屏幕"＋"自媒体"布局建设（两块屏幕为移动互联手机、互联网智能电视屏）。

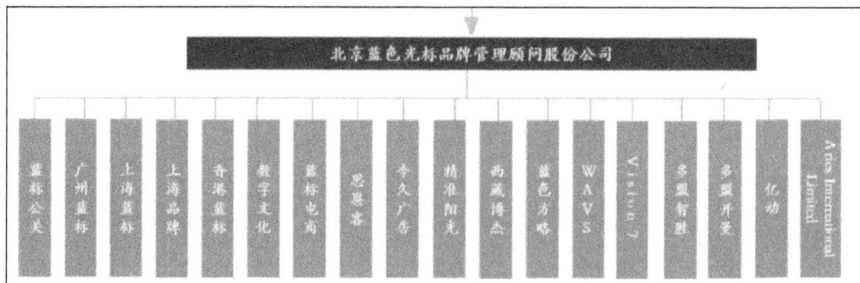

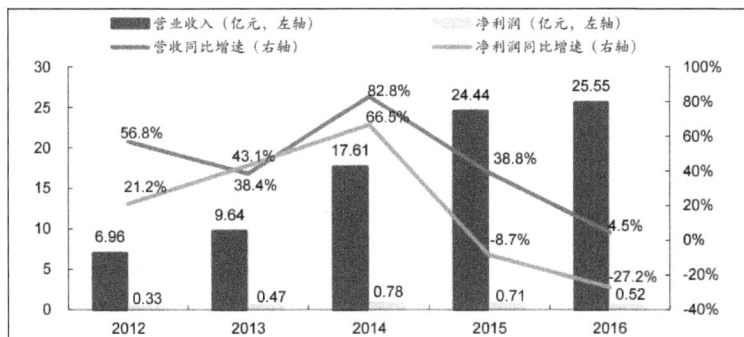

思恩客 2012—2016 年营收及净利润

收购思恩客，布局互联网广告

2011 年 3 月，蓝色光标用 2400 万元投资思恩客 10% 股权；4 月，用 9840 万元通过全资子公司收购思恩客 41% 股权，思恩客承诺 2011—2013 年扣非净利润分别不低于 2400 万元、2880 万元、3456 万元。

2012 年 3 月，蓝色光标用 1.9 亿元，通过全资子公司收购思恩客剩余 49% 股权。思恩客追加承诺 2012—2013 年扣非净利润分别不低于 3200 万元、3800 万元。

思恩客是国内游戏市场最大的在线广告代理商，同时是国内最大的游戏行业数字营销解决方案提供商，在互联网游戏营销服务行业的竞争优势明显。收购思恩客可以为蓝色光标在网络广告行业的拓展提供有力支持，有助于蓝色光标建立并完善传播服务链条，拓展业务领域。

思恩客对蓝色光标收入持续增长贡献较大，2015 年思恩客营收占蓝色光标总收入的 30%，2016 年思恩客收入占比有所下降至 21%，但仍是蓝色光标营业收入的重要组成部分。

从业绩方面来看，蓝色光标收购思恩客 100% 股权后，思恩客营收从 2012 年的 6.96 亿元增长至 2016 年的 25.55 亿元，年复合增长率达 38.4%；净利润从 2012 年的 0.33 亿元增至 0.52 亿元，年复合增长率达 12.2%。

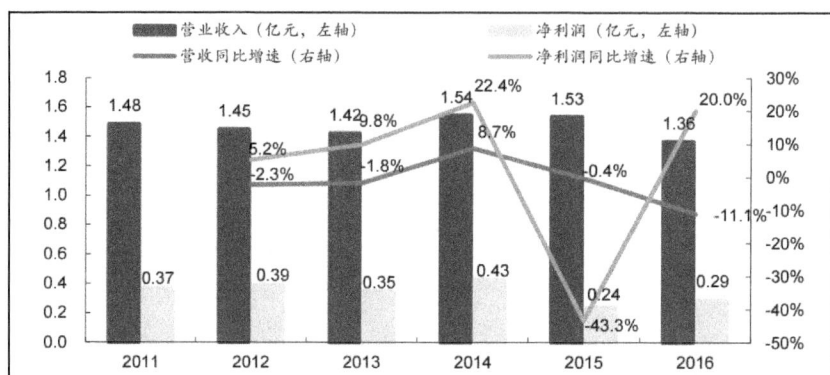

精准阳光 2011—2016 年营收及净利润

收购精准阳光，涉足户外广告

2011 年 7 月，蓝色光标用 1.74 亿元收购精准阳光 51% 股权。精准阳光承诺 2011—2013 年扣非净利润分别不低于 3250 万元、4225 万元、5070 万元。

2014 年 3 月，基于精准阳光 2012 年及 2013 年未实现业绩承诺，公司参照前次收购定价，以 2011 年净利润 3250 万元为基数，按照 10.5 倍市盈率，收购精准阳光 39.97% 股权作为补偿。收购完成后公司及全资子公司合计持有精准阳光 90.97% 股权。

精准阳光是中国社区灯箱网络化媒体的开创者及领导者，布局生活圈媒体，主要面向中高端社区渠道，主要从事城市高端社区内户外高清灯箱广告及生活杂志广告服务，其主营业务为户外广告发布及发行生活类杂志。

业绩方面，精准阳光 2012 年及 2013 年未完成业绩承诺，主要受宏观经济增速放缓以及行业自身波动影响。2014—2016 年，精准阳光净利润分别为 4300 万元、2400 万元、2900 万元，同比增速分别为 22.4%、-43.3%、20.0%，整体业绩的波动性较大。

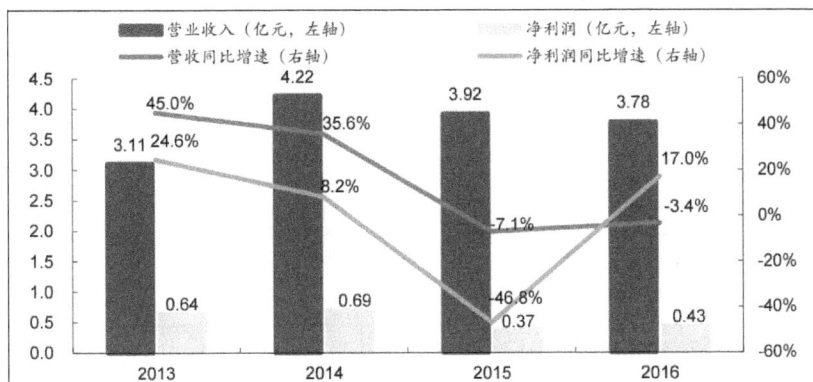

今久广告 2013—2016 年营收及净利润

收购今久广告,切入房地产营销

2012 年 4 月,蓝色光标以 4.35 亿元收购今久广告 100% 股权。其中,公司通过非公开发行股份收购今久广告 75% 股权,剩余 25% 股权由全资子公司上海蓝标以现金 1.0875 亿元收购。今久广告承诺 2011—2014 年扣非净利润分别不低于 4207 万元、5060 万元、5796 万元、6393 万元。

今久广告是国内单体最大的房地产综合广告公司,主要为房地产行业客户提供全案代理、媒介代理、公关活动等服务。为房地产商提供系统化、精准化的服务,形成了前期顾问、销售经纪、全案推广、公关活动、数字营销、品牌导视六大服务板块。

在业绩方面,今久广告实现了 2011—2014 年的业绩承诺。但受房地产市场不景气的影响,营收及净利润自 2015 年出现负增长。2015 年、2016 年,公司的营业收入分别为 3.92 亿元、3.78 亿元,分别同比下降 7.1%、3.4%;净利润分别为 0.37 亿元、0.43 亿元,同比增速分别为 -46.8%、17.0%。2016 年收入下滑趋势有所放缓,净利润实现正向增长。

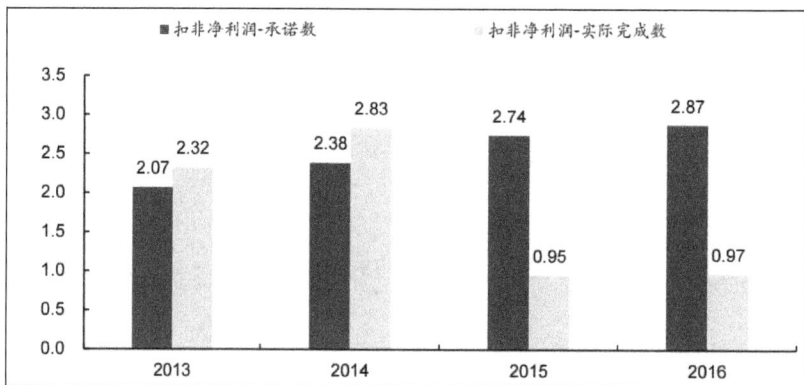

博杰广告 2013—2016 年业绩完成情况

收购博杰广告，布局电视广告，全面转型 OTT

2013 年 1 月，公司以 1.78 亿元增资博杰广告，取得博杰广告 11% 股权；2013 年 8 月，公司以发行股份及支付现金的方式收购博杰广告剩余 89% 股权，交易对价为 16.02 亿元。交易完成后，公司持有博杰广告 100% 股权。博杰广告承诺 2013—2016 年扣非净利润分别不低于 2.07 亿元、2.38 亿元、2.74 亿元、2.87 亿元。

博杰广告是央视新闻频道的广告独家代理商，具有较高的市场影响力。博杰广告在 2015 年、2016 年分别承包了央视新闻频道的五个栏目：《新闻 1＋1》《新闻调查》《面对面》《直播间》《共同关注》。

2015 年、2016 年博杰广告未完成业绩承诺主要源于：1）未取得 2015 年及 2016 年中央 6 套的独家代理权。2）受央视资源成本上涨影响，新闻频道栏目承包资源利润下降。3）受互联网广告、移动端广告冲击，电视广告投放总量下滑。

为应对传统媒介下滑、央视资源成本上涨不利因素，博杰广告自 2017 年起全面转型 OTT，不再代理央视广告业务。2016 年中国 OTT 广告市场规模达 9.7 亿元，较 2015 年增长 384%。预计至 2019 年中国 OTT 广告市场规模将超越 100 亿元，OTT 广告市场未来三年内将实现百亿元规模的跨越。

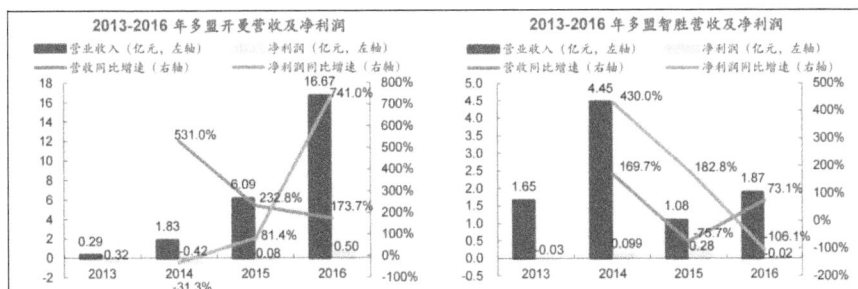

多盟开曼和多盟智胜 2013—2016 年营收及净利润

收购多盟，进军移动端

2015 年 6 月，公司全资子公司蓝标投资以 1.7891 亿美元（约合人民币 10.9406 亿元）收购 Domob Limited（多盟开曼）100% 股权；同时，以人民币 6.7762 亿元收购多盟智胜 95% 的股权。多盟开曼通过 VIE 架构对多盟智胜进行实际控制，两家公司均以"DOMOB 多盟"平台开展移动互联网广告业务。

多盟专注于移动互联网广告、效果广告及 APP 分发等服务领域，整合了智能手机领域优质的应用以及广告资源，搭建了广告主与应用开发者之间的广告技术服务平台，拥有一站式的程序化广告平台。

多盟已经开发了全国领先的移动端需求方平台（DSP），未来将通过该平台以及公司积累的庞大用户数据，为广告主实现目标受众人群精准投放，提升广告主广告投放的 ROI。多盟媒体资源丰富，研发团队出色，竞争优势明显。

多盟合作的优质媒体主要包括 PM 2.5、墨迹天气、今日头条、百度贴吧、滴滴打车、美图秀秀、火柴人联盟、会说话的汤姆猫等。多盟拥有以业内资深专家及知名高级工程师为核心的研发队伍，对广告平台系统拥有独特的技术优势，在册 300 名员工中超过三分之一为产品技术人员。

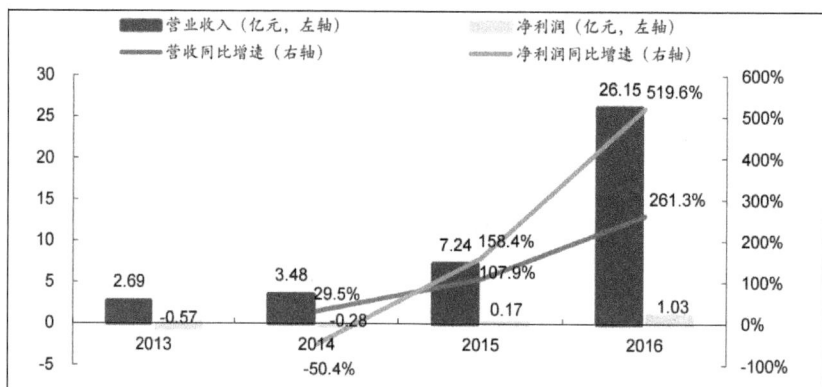

亿动 2013—2016 年营收及净利润

收购亿动，布局全球移动业务

2015 年 6 月，公司全资子公司蓝标投资以 6120 万美元收购亿动 51% 股权，并以 1000 万美元对亿动进行增资，合计 7120 万美元，约合人民币 4.3578 亿元。交易完成后，公司持有亿动 54.77% 股权。

亿动广告传媒主要从事移动端的品牌类广告和手机应用国内外推广业务。亿动立足中国与印度两大新兴市场，2012 年进入印度并已成为印度国内最大的移动广告公司。

受益于移动互联网营销行业的快速发展，亿动收入规模高速增长，成为全球最大的独立移动广告平台公司。2014—2016 年，亿动分别实现营业收入 3.48 亿元、7.24 亿元、26.15 亿元，同比增速分别为 29.5%、107.9%、261.3%；分别实现净利润 -0.28 亿元、0.17 亿元、1.03 亿元，同比增速分别为 -50.4%、158.4%、519.6%。

	总部/地区	主营业务	持股比例
fuseproject	美国	➤ 提供包括工业设计、品牌、用户界面及用户体验等服务的精品公司；世界闻名的jawbone旗下的产品就出自 Fuse Project。	75%（剩余的25%收购计划目前处于董事会预审状态）
METTA	香港	➤ 香港最大的独立广告公司，主要经营业务包括市场策划、广告创作、广告设计、广告制作、媒体策划及购买。	100%
VISION INTERNATIONAL	加拿大	➤ 全球领先的综合性国际营销传播公司，旗下拥有加拿大市场领先的广告及品牌创意代理公司Cossette、加拿大最大的独立媒介购买及策划集团 Vision7 media、领先公关机构 Citizen Relations 以及特定营销经纪公司EDC等。	85%
we are social	英国	➤ 专注于全球社会化媒体沟通及营销的公司，致力于将社会化媒体服务与数字营销、公共关系、营销技巧相结合。	82.84%
Financial PR	新加坡	➤ 亚洲的财经公关公司领导者，为上市公司及准备上市的公司提供优质且具针对性的媒体宣传及行政性服务的投资者关系顾问服务。	40%
INNOCEAN WORLDWIDE	韩国	➤ 是韩国知名的营销传播服务公司，已在全球范围拥有22家分公司，业务覆盖广告全盘、创意、媒体、数码、空间事业等传播服务，为现代、起亚汽车、汉堡王（中国）等知名品牌提供品牌战略及传播代理服务。	战略合作

蓝色光标国际业务布局

并购持续拓展国际业务，以美国市场为重点

蓝色光标是国内一家拥有国际业务布局的本土营销公司，在北美、西欧、东南亚等成熟市场的业务网络已基本成型。随着公司全球化业务战略的逐步落实，国际业务持续扩张，业务收入占比从 2015 年的 21.7% 提升至 2016 年的 37.7%。

国际业务的快速增长需靠并购，未来公司将继续加大国际化力度，在保持既有业务继续平稳增长的同时，寻找合适的并购机会（重点在美国市场），持续提高国际业务收入占比，公司目标是将境外收入比例提升至 50% 以上。

证券简称	主营业务	持股比例	市值(亿元)	营业收入(亿元)	净利润(亿元)
蓝色未来	依托自营幼儿园为学龄前儿童提供保育、教育服务及依托高校资源为知名企业提供高校传播服务。	10%	24.33	0.66	0.11
智臻智能	为智能服务机器人技术的研发与产业应用。	6.55%	20.01	0.86	-0.73
整合科技	为广告主提供了互联网效果广告的投放平台,以及跨屏、跨终端的程序化广告投放服务以及技术解决方案。	23.34%	11.47	4.32	0.43
鲜果金服	投资者关系管理及品牌管理。	持有其控股股东 Financial PR Pte Ltd 40%股份	10.66	0.97	0.17
蓝色方略	商务服务业中的会议及展览服务提供商,主营业务为线下活动营销服务(除房地产行业),主要包含线下活动创意策划、活动全程执行等内容。	52.10%	8.78	1.73	0.20
掌腾级量	集智能硬件、云管理平台、精准广告营销、商业大数据应用、全球数据透测于一体的生态型移动互联网企业。	23.04%	8.46	1.68	0.13
蓝色电商	电商营销、运营及电子零售业务。	52%	7.98	4.82	0.17
讯代运筹	大数据管理平台及应用、数据营销应用产品及服务以及数据分析与洞察综合产品及服务的研发与销售。	21%	0.15	0.18	0.05
豆盟科技	精准广告投放服务及流量分发服务。	22.55%	-	2.83	0.25
天与空	广告创意设计、制作及开发以及新媒体营销策划服务。	20%	-	0.47	0.08
喜乐航	专注于航空互联网技术开发与平台运营,致力于为航空商旅人群提供互联网服务,专注于航空互联网建设及航空人群大数据开发。	12.68%	-	3.03	-0.55

蓝色光标投资的公司在新三板挂牌一览

蓝色光标另一个重要方向是基于投资的未来业务布局及孵化。

蓝色光标投资的企业已经有 11 家在新三板挂牌。除了取得了可观的投资收益外,更为重要的是业务协同以及对公司整体业务变革转型的促进。未来有些企业可以选择自己去 IPO,公司将适时退出。

蓝色光标同时参与了较多的市场上的一线投资基金,如高榕、真格、洪泰、源码等,通过这些基金分享大量的优质项目来源。2017 年,公司作为基石 LP 参与设立了规模过 10 亿元的蓝图产业投资基金,重点基于营销产业、内容产业、营销技术产业进行投资,为未来做储备。

蓝色光标未来将主要聚焦以并购为主的多数股权投资,而相关的基金则将主要关注基于未来的少数股权投资。完备的分层次投资体系是解决公司长远发展后续动力的重要保障。

蓝色光标市值管理特点

蓝色光标的市值管理属于主业扩张型，围绕主业相关的产业多元化，并购符合公司战略规划的公司，进行行业和区域外延扩张，利用资本市场的优势，进行产融结合，实现公司规模的快速成长。

蓝色光标在并购上采用的是换股对价并购方式。换股并购方式的优点是：

一、换股并购减少上市公司的现金支付压力，绑定目标公司的利益。蓝色光标上市后连续收购博思瀚扬、思恩客、Aries Capital Limited、今久广告共支出现金 3 亿元，占蓝色光标总募集资金的 65%。经过连续并购后，2016 年营收 123 亿元，净利润 6.4 亿元，较 2010 年上市营收增长 8.2 倍，年复合增长 42%；净利润增长 3 倍，年复合增长 35%。2020 年收入目标 200 亿元。

二、对于收购标的而言，通过换股持有上市公司股份也是套现的重要方式。今久广告在并购前营业收入 2.36 亿元，净利润 0.46 亿元，存在 IPO 的可能。但综合考虑时间成本，现金加对价换股可满足股东套现需求。

三、通过换股并购，创业板上市公司具备资产溢价优势。蓝色光标 4.4 亿元收购今久广告 100% 股权，收购市盈率 10 倍，蓝色光标股票市盈率 40 倍，存在明显的资产注入溢价效应。

四、未来创业板上市公司股权吞吐的可能性增大，大市值公司将在换股并购中具有明显优势。对于上市公司来说，市值的放大意味着完成换股并购后被稀释的股权比例更低，换股并购与再融资运作空间进一步加大。

蓝色光标的市值管理借鉴了美股上市公司 WPP 的并购模式。WPP 集团 1985 年成立，30 年时间不断通过并购，成为世界最大的传播集团，堪称资本市场中的样板工程。

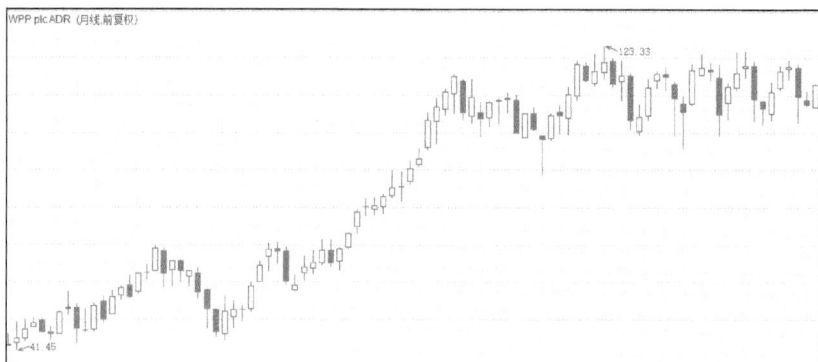

WPP 十年走势图（月线）

WPP 集团是全球最大的广告传播集团之一，1985 年成立，总部设在伦敦。拥有奥美、智威汤逊、传立等国际品牌广告公司。

WPP 集团在全球有 8.4 万名雇员，近千家分支机构，营业收入过百亿美元。20 年间连续出手并购广告行业具有声望的 JWT、Ogilvy & Mather、Young & Rubicam、Tempus Group、Cordiant 和 Grey Group，成为全球 500 强企业之一。

著名收购包括：1987 年以 5.66 亿美元收购著名的智威汤逊，1989 年以 8.64 亿美元收购了奥美广告，2000 年以不可思议的 47 亿美元收购了扬·罗比凯广告。

WPP 集团的发展史就是一部并购扩张史，在清晰明确的战略指引下，紧紧围绕债务风险控制这一关键环节，辅以多样化的交易架构设计和激进的公司资本重构等措施，不断开疆拓土。

WPP 集团的成长，离不开本国鼓励并购创新的资本市场监管环境，离不开成熟的商业时代积极培育的商业文明和伦理，更离不开 WPP 集团自身对并购的认识和成熟的债务风险管理、商誉管理的能力。

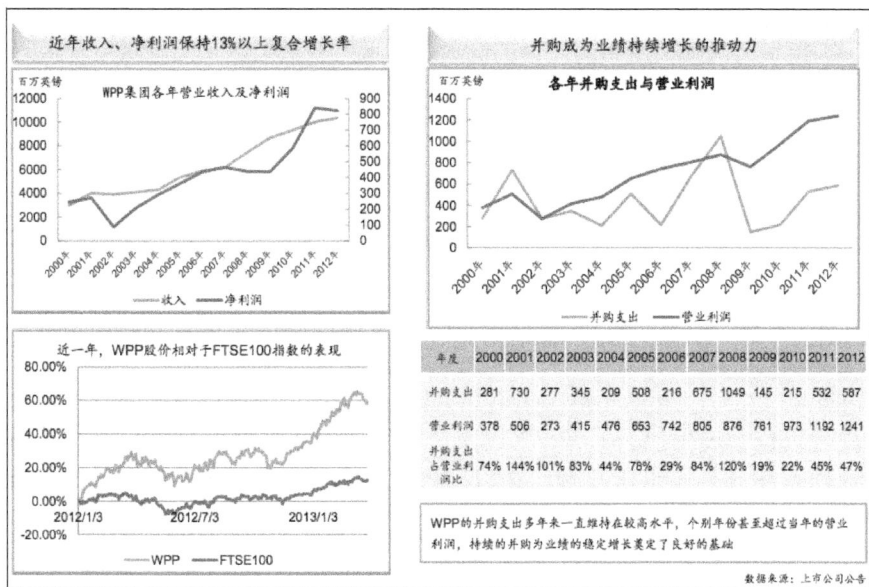

近年收入、净利润保持13%以上复合增长率
WPP集团各年营业收入及净利润

并购成为业绩持续增长的推动力
各年并购支出与营业利润

近一年,WPP股价相对于FTSE100指数的表现

年度	2000	2001	2002	2003	2004	2005	2006	2007	2008	2009	2010	2011	2012
并购支出	281	730	277	345	209	508	216	675	1049	145	215	532	587
营业利润	378	506	273	415	476	653	742	805	876	761	973	1192	1241
并购支出占营业利润比	74%	144%	101%	83%	44%	78%	29%	84%	120%	19%	22%	45%	47%

WPP的并购支出多年来一直维持在较高水平,个别年份甚至超过当年的营业利润,持续的并购为业绩的稳定增长奠定了良好的基础

数据来源:上市公司公告

WPP 并购管理对业绩的贡献

从 WPP 十年的市值增长曲线来看:

营收和净利润:十年来的净利润增速略高于营收增速,表明并购扩张后的协同性较好,收购后的规模和协同效达到了"一加一大于二"的效果。

并购支出和营业利润:并购后的利润大于并购的投入,表明收购的价值为正向。

市值管理表现:股价走势强于 FTSE100 指数,表明市值管理取得成绩并非大盘所赐,而是自身价值获得市场认可。

市值管理小结

上市公司市值管理是产融互动的过程。通过内生和外延的经营增长，使公司的价值获得提升。又以提升的内在价值回报资本市场，反过来推动上市公司经营层面的进一步提升。一轮又一轮的产融互动，实现了上市公司的资本价值与经营价值的良性互动，在企业做大做强的过程中，回报了社会，实现了财富共享。

上市公司的市值管理方式有并购重组、定向增发、增持回购、股权激励、投资者关系管理等。

并购使上市公司通过收购获得目标公司的市场、团队，从而提升上市公司规模和利润；重组是将盈利状况较差的资产从上市公司中剥离。并购和重组都是为了提升公司的内在价值。

股票价格被市场低估时，上市公司可以通过回购股票来提振股价。股票价格被高估时，上市公司可以利用高估的股票作为支付手段进行并购。若并购标的估值也较高，那么同样也可以推动上市公司的市值增长。

股权激励也是上市公司进行市值管理的方式。股权激励意味着激励对象不但要实现股东要求的利润考核，还要通过二级市场股价上涨兑现收益，这将激励对象与股东的利益绑定在一起。

上市公司的公共关系管理的好坏决定了再融资是否成功。公共关系管理包括投资者关系管理、媒体关系管理、分析师关系管理和监管关系管理。良性的投资者互动有助于公司实现合理的资本溢价，提升市值管理绩效。

市值管理对上市公司的要求是，基本面必须货真价实，经营者必须深刻理解资本市场。充分利用资本市场的溢价优势，与上市公司的经营密切结合起来，实现股东价值最大化。

市值管理通过价值重塑、价值传播、价值实现三个阶段，实施上市公司的价值成长，是一个价值创造的过程。

下面通过秀强股份的案例，剖析通过跨业并购的上市公司实现成长的模式。

上证综合指数在 2000 点附近窄幅波动

2014 年上半年，上证综合指数在 1984—2146 点大约 150 点的空间范围，运行了整整半年，10 亿元～20 亿元左右市值的上市公司比比皆是。多年压抑的上市公司市值诉求，需要找到一个契机实现资本经营的突破。

2014 年也是契约制私募基金开始进入阳光化注册的元年，大量资金获准合法入市，带来了增量资金。2000 点附近的大盘，不怕任何利空，新增入市资金，也要寻找被熊市错杀市值的股票建仓。

此时有市值管理诉求的上市公司，就是最好的基本面。秀强股份（300160）主业是玻璃建材行业，难以有较大发展。大股东谋求转型，为上市公司带来新的突破点。

秀强股份 2011 年上市以来股价一直未大涨过

董事长卢秀强年龄已近 60 岁，人品正直，吃苦耐劳，从 80 年代卖玻璃鱼缸起家，逐渐把秀强公司发展成全国最大的玻璃家电企业。

秀强股份（300160）于 2011 年 1 月 13 日在深圳证券交易所挂牌上市，主要从事以印刷、镀膜技术为基础的玻璃深加工的研发、生产和销售，主要产品涵盖触摸屏盖玻璃、薄膜电池（TCO）玻璃、光伏镀膜玻璃（AR）、ITO 玻璃、家电彩晶玻璃、家居玻璃六大品类近千种产品。与海尔、海信、美的、日新、松下、伊莱克斯等 20 多个家电企业有密切的业务往来。

由于主业存在市场瓶颈，秀强股份急需拓展第二主业。先后考察了互联网、大健康等产业方向，最终"弃医从文"，制定了玻璃深加工产业和教育产业双主业并行发展的战略规划。

经过慎重讨论，秀强股份决定选择教育产业的幼教领域，来实施公司第二主业战略。以实体幼儿园为载体，逐步向提供幼儿园一体化解决方案供应商发展。

年份	适龄幼儿人数（万人）	毛入园率	市场总需求（万人）	民办幼儿园总需求（万人）	民办幼儿园年平均费用（元）	民办幼儿园市场规模（亿元）
2016	5855	78%	4567	2466	12580	3102
2017	5954	81%	4823	2604	13586	3539
2018	5978	84%	5022	2712	14673	3979
2019	6012	87%	5230	2824	15847	4476
2020	6367	90%	5730	3094	17115	5296

2020 年幼教规模或达到 5000 亿元

幼教是朝阳产业

随着我国"全面二胎"政策落地，未来 5 年每年在 1600 万新生儿基础上，预计将多出生 200 万～ 300 万新生儿。大品牌、高质量的连锁幼儿园的需求不断升温，幼儿园市场还有很大需求需要填补。

民办幼儿园已成为幼教办学的主体力量。2015 年全国共有幼儿园 22 万所，其中 14 万所为民办；在园儿童 4264 万人，其中民办 2302 万人。幼儿园巨大的缺口由民办幼儿园来补充完成。

2016 年民办幼儿园市场规模超过 3000 亿元，2020 年或将达到 5000 亿元。民办幼儿园市场规模＝幼儿人数 × 入园率 × 民办占比 × 幼儿园费用。

幼儿园分普惠幼儿园、中高档幼儿园，收费各有差异。适龄幼儿中 17% 的孩子会进入月均 1650 元左右的中档幼儿园学习，3% 的孩子进入月均 5000 元的高档幼儿园学习，其余 80% 的儿童则在月均 800 元的普惠幼儿园学习。幼儿园的年均收费为 12 500 元左右，每年约有 8% 的增幅。

《民促法》实施以来，资本逐渐进入教育领域，将大大推动幼教的产业整合和品牌扩张，更快完成横向对幼儿园的并购。以国内知名中高端幼儿园为例，平均新开设一家幼儿园的基础花费为 500 万～ 800 万元。依靠自有盈利积累进行扩张的步伐太慢，而资本的进入允许幼儿园管理企业以更快的速度进行扩张。

目前国内幼儿园呈现出"小弱散"的状况，而家长对幼儿园的办园十分重视。未来幼儿园办园质量的持续提高是必然的趋势，而办园质量较好的品牌幼儿园也有望借此机会迎来大发展。

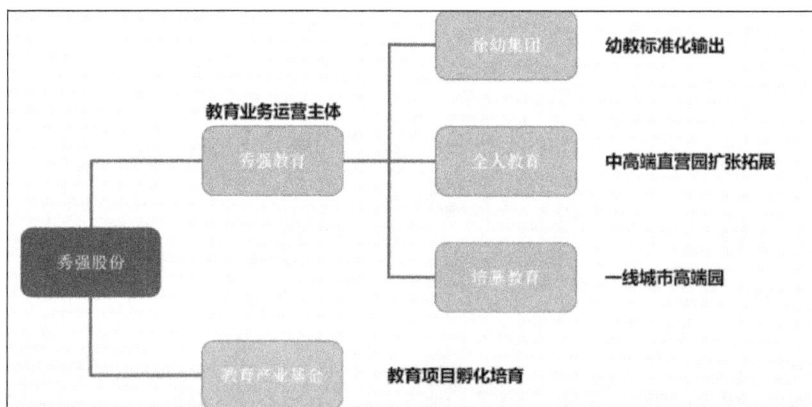

秀强股份教育产业布局

第二产业布局规划

秀强股份确定转型幼教产业,实施内部直营与外部扩张同步进行的发展战略。对内对已收购标的进行规范化、专业化整合,对外继续加大外延式扩张。公司将通过收购、设立教育子公司、投资参股教育产业基金等各种形式将教育产业做大做强。

一、设立全资子公司秀强教育,加快公司在教育产业的布局,推进公司教育业务的发展,加速企业的转型。

二、设立教育产业基金,与江苏炎昊、北京云桥、东证融汇合作,对优质教育领域的标的进行孵化,为公司进行并购重组培育优秀标的,推动上市公司产业整合步伐,促使公司产业经营和资本运营良性互补。

三、陆续收购全人教育、徐幼集团、领信教育、培基教育、江苏童梦,快速收购幼儿园。2017年计划建立150家幼儿园,2018年达到300家幼儿园。

全人教育承诺					
扣非归母净利润		直营园数		全优宝 APP 管理园数	
2016	2017	2016	2017	2016	2017
1800 万元	2800 万元	20	40	1000	2000
全人教育原股东二级市场买入 1 亿元秀强股份股票，分 8 年解锁					

全人教育业绩承诺

收购全人教育，开拓幼教市场

2015 年 12 月 18 日公司公告，以现金 2.1 亿元并购杭州全人教育集团有限公司 100% 股权。

全人教育股东承诺，2016 年、2017 年全人教育净利润不低于 1800 万元、2800 万元；直营幼儿园数量分别达到 20 家、40 家；通过旗下全优宝管理的幼儿园数量分别达到 1000 家、2000 家。

此外，全人教育原大股东周崇明承诺，在二级市场购买秀强股份股票不低于 1 亿元（于 2015 年 12 月 29 日完成），分 8 年解锁，每年可解锁该部分股份数的 12.5%。

全人教育是以浙江大学为依托建立起来的新媒体服务企业，下设幼小教育事业部、教育信息化网络事业部、移动互联教育事业部。

全人教育现有 30 余所幼儿园办学实体，其中全人教育及全资子公司浙江英伦旗下直营幼儿园约 25 所，其中 2016 年 1～9 月新增直营幼儿园 15 家，主要布局在浙江、湖南、安徽等地。此外，全人教育还拥有签署管理协议的幼儿园 7 所，主要遍布于湖南、湖北、广东、浙江、安徽等省份。

全人教育旗下幼儿园定位中高端，每家幼儿园在园人数约 150～450 人。根据中高端定位不同，其收费标准约为 1000～6000 元/月。2016 年 1～9 月全人教育实现利润 1241 万元。

秀强股份全资收购全人教育，正式涉足教育领域，教育作为上市公司第二主业的地位正式确立。秀强股份主营业务也将由单一的玻璃工艺业务，向玻璃工艺业务与教育实体及信息化业务"双轮驱动"的双主业模式转变，从而实现跨足前景广阔的教育蓝海及创新性业务转型的战略布局。

	江苏童梦及其下属单位承诺		
	2017	2018	2019
下属直营园数	60	100	150
扣非净利润	1800 万元	2400 万元	3000 万元

江苏童梦业绩承诺

控股徐幼集团，打造幼教标准化输出能力

2016 年 11 月 28 日，秀强股份发布公告，公司拟以现金方式向新余祥翼儿童教育服务咨询合伙企业收购江苏童梦 65.27% 股权，本次交易对价为 1.79 亿元。

徐幼集团出资人为江苏童梦与徐州幼儿师范高等专科学校，持股比例分别为 78.14% 和 21.86%。收购完成后，秀强股份将间接持有徐幼集团 51% 的股份，完成对徐幼集团的控股。

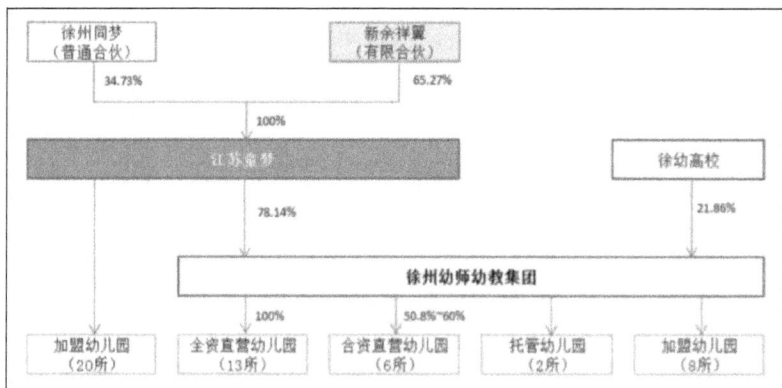

徐幼集团股权结构图

江苏童梦主要从事幼儿园管理、幼教培训等业务。徐幼集团有直营幼儿园 19 所、托管幼儿园 2 所、加盟幼儿园 28 所（含江苏童梦 20 所）。

双方协议，江苏童梦及其下属单位于 2017—2019 年直营园开办数量累计达到 60 家、100 家、150 家；新余祥翼承诺江苏童梦于 2017、2018、2019 三年实现净利润分别不低于 1800 万元、2400 万元、3000 万元。

	培基教育承诺		
	2016	2017	2018
扣非归母净利润	3000 万元	3300 万元	3600 万元

培基教育业绩承诺

收购培基教育 100% 股权，进军一线城市高端幼教

2016 年 9 月 7 日，秀强股份与北京培基教育就收购其 100％股权事项签订了《框架协议》。协议显示培基教育预估值为 3.8 亿元，预估值是根据培基教育 3 年业绩承诺净利润平均数的 11.5 倍确定的。

业绩对赌协议中，培基教育承诺 2016—2018 年净利润不低于 3000 万元、3300 万元、3600 万元。

培基教育股东承诺，在公司股权转让完成后 6 个月内，使用累计金额不低于 40% 的转让款购买秀强股份股票，并承诺 36 个月内分期解锁。

培基教育主要从事为 1.5 ～ 12 岁儿童提供学前教育与培训业务。具体包含国际化双语教育体系，面向 1.5 ～ 3 岁的幼儿亲子早教、艺术培训，设立专业体育俱乐部以及面向外部幼儿园的小幼衔接教育。培基教育在北京拥有望京、欧陆等 6 所幼儿园。

收购培基教育主要出于对学龄前培训及教育产业的战略布局考虑。培基教育总部位于北京市朝阳区，可接触到国内最新教育政策的变动情况。此次收购也是秀强股份将教育产业向北上广深一线城市布局的第一步。

此次收购有利于公司教育产业稳定和可持续发展，有助于公司实现向中高端幼教、培训领域规模化、专业化方向发展的战略目标，也将大大提升培基的品牌价值和服务形象，进而增强公司的盈利能力。

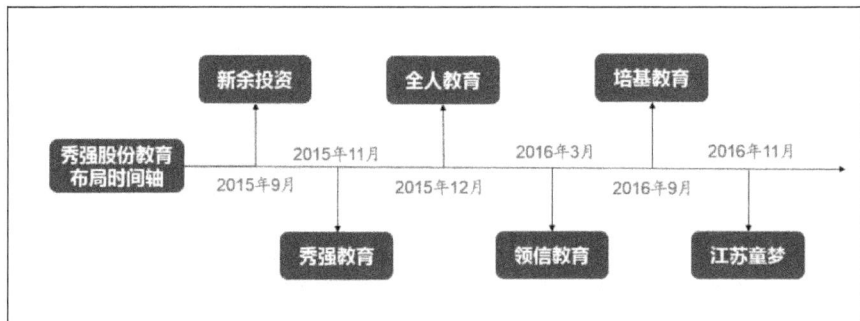

秀强股份并购教育公司时间表

	新增幼儿园数量				净利润（万元）				交易价格	占股比例
	2016	2017	2018	2019	2016	2017	2018	2019		
全人教育	20	40	-		1800	2800	3500	-	2.1亿元	100%
江苏童梦	-	60	100	150	-	1800	2400	3000	1.8亿元	65.27%
领信教育	-	-	-	-	6000	10000	12000	15,000	1.5亿元	36%
培基教育	-	-	-	-	3000	3300	3600		3.8亿元	100%
合计归属秀强股份净利润					6960	11500	13820			

并购教育公司业绩对赌汇总

中高端直营连锁战略版图已现

公司转型幼教路径清晰，执行力强。秀强股份目前已完成中端直营园、高端直营园及幼教支持资源的布局，管理幼儿园42家。中高端幼教直营连锁版图已现，未来将打造全国性的优质幼教直营连锁品牌。

一、全人教育，切入幼教产业链，进行中高端幼儿园拓展。

二、徐幼集团（江苏童梦）作为幼教师资、管理的标准化输出平台。

三、培基教育，为公司在一线城市开拓高端连锁园做好准备。

四、成立并购产业基金，为公司幼教长期发展注入活力。

此外，公司资产负债率不到30%，较低的资产负债率及较为集中的股权使得公司具有较强的融资能力，未来或将持续拓展幼教领域大版图。

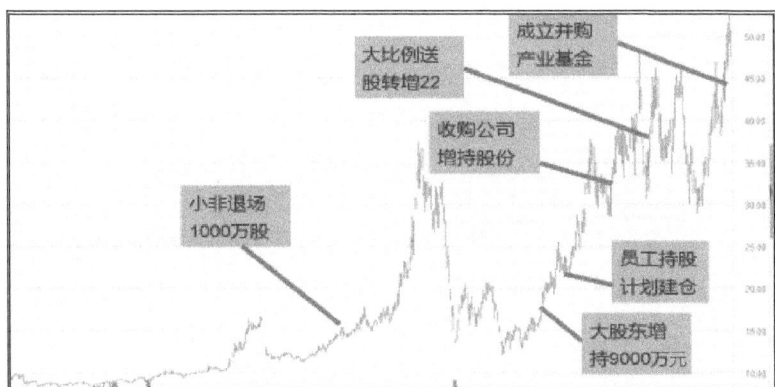

秀强股份市值管理运作图

秀强股份双主业的战略规划，受到市场的认可，2016年股价创下3.0股灾后的历史新高。

由于在2015年创业板股灾后秀强股份重回市值起点，在大股东增持—员工持股计划建仓—收购公司增持秀强股份—大比例送股—成立并购产业基金等一系列多头信号影响下，公司市值预期不断得到强化，秀强股份成为创业板中罕见的创出历史新高的上市公司。

公司的投资者关系管理工作也非常出色。董事长卢秀强和董秘张小伟在公募和券商等机构进行了近百场路演，获得了机构的高度认同。

2016年9月，公司公告，大股东增持的资金开始减持。2017年8月1日，公司公告首次进行再融资，额度为10亿元。

产融互动的思路为上市公司布局了百亿市值的蓝图。

<table>
<tr><td>证券代码：300160</td><td>证券简称：秀强股份</td><td>公告编号：2015-048</td></tr>
</table>

江苏秀强玻璃工艺股份有限公司
关于公司实际控制人继续增持公司股份的公告

本公司及董事会全体成员保证信息披露的内容真实、准确、完整，没有虚假记载、误导性陈述或重大遗漏。

大股东增持公告

2015 年 9 月 7 日，秀强股份发布大股东增持公告。

2015 年 7 月 29—31 日，公司实际控制人之一卢秀强先生通过江苏炎昊投资管理有限公司成立的"秀强炎昊专项投资基金 2 号"，以集中竞价方式增持公司股份 1 142 900 股，占公司总股本的 0.61%，增持均价为 17.39 元 / 股，共计增持约 1987.5 万元。

2015 年 8 月 31 日、9 月 1 日、9 月 2 日，公司实际控制人之一卢秀强先生通过江苏炎昊投资管理有限公司成立的"秀强炎昊专项投资基金 3 号"，以集中竞价方式增持公司股份 4 924 481 股，占公司总股本的 2.64%，增持均价为 14.12 元 / 股，共计增持约 6953.3 万元。

自 2015 年 7 月 11 日承诺增持公司股票至本公告日，公司实际控制人卢秀强先生通过定向资产管理计划累计增持公司股份 6 067 381 股，占公司总股本的 3.25%，共计增持约 8940 万元。

本次增持前，公司实际控制人卢秀强先生、陆秀珍女士、卢相杞先生合计持有公司股份 98 270 759 股，占公司总股本的 52.61%。本次通过定向资产管理计划增持后持有公司股份 103 195 240 股，占公司总股本的 55.24%。

证券代码：300160　　　　证券简称：秀强股份　　　　公告编号：2015-052

江苏秀强玻璃工艺股份有限公司
关于参与设立教育产业基金暨关联交易的公告

本公司及董事会全体成员保证信息披露的内容真实、准确、完整，没有虚假记载、误导性陈述或重大遗漏。

设立教育产业基金公告

2015 年 9 月 15 日，秀强股份公告设立教育产业基金。

实际控制人卢秀强先生、江苏炎昊及其他优先级有限合伙人共同投资设立新余道生天成教育产业基金（有限合伙）。

道生天成基金总出资规模为 5 亿元，其中首期规模 2 亿元。秀强股份作为有限合伙人认缴基金份额的 10% 作为中间级，首期出资 2000 万元；实际控制人卢秀强先生认缴基金份额的 20% 作为劣后级，首期出资 4000 万元。卢秀强先生为优先级及中间级的投资额和收益提供连带责任担保。

江苏炎昊作为基金普通合伙人（GP）认缴基金规模的 1%，首期出资 200 万元；另外 1.38 亿元由炎昊投资负责寻找优先级有限合伙人募集得到。江苏炎昊每年收取基金总规模 1.5% 的管理费。

出资人类别	出资人名称	出资方式	占全部出资额比例	首期出资额（万元）
中间级有限合伙人	江苏秀强玻璃工艺股份有限公司	货币	10%	2000
劣后级有限合伙人	卢秀强	货币	20%	4000
普通合伙人（GP）	江苏炎昊投资管理有限公司	货币	1%	200
优先级有限合伙人	待定	货币	69%	13800
合计			100%	20000

证券代码：300160　　　证券简称：秀强股份　　　公告编号：2016-001

江苏秀强玻璃工艺股份有限公司
关于 2015 年度利润分配预案的预披露公告

本公司及董事会全体成员保证信息披露的内容真实、准确、完整，没有虚假记载、误导性陈述或重大遗漏。

大比例分红送股预告

2016 年 1 月 7 日，秀强股份公告大股东提议大比例送股。

一、公司控股股东宿迁市新星投资有限公司提议公司 2015 年度利润分配预案为：以秀强股份截至 2015 年 12 月 31 日总股本为基数，以资本公积金向全体股东每 10 股转增 22 股。同时以不低于 2015 年度经审计的归属于母公司股东净利润的 10% 向全体股东派发现金分红。

二、参与讨论的董事均书面同意该利润分配预案，并承诺在公司董事会审议上述预案时投赞成票。

三、本次利润分配预案公告前后 6 个月，公司持股 5% 以上股东、董事、监事及高级管理人员减持情况和减持意向。本利润分配预案公告前 6 个月，公司持股 5% 以上股东、董事、监事及高级管理人员未减持直接或间接持有的公司股票。至本利润分配预案公告日，公司尚未收到持股 5% 以上股东、董事、监事及高级管理人员的减持计划通知。公司实际控制人卢秀强先生自公司于 2015 年 7 月 11 日披露《关于维护公司股价稳定的公告》以来，通过集合资产管理计划共增持公司股份 6 067 381 股，占公司总股本的 3.25%。

证券代码：300160 　　　　　证券简称：秀强股份 　　　　编号：2016-031

江苏秀强玻璃工艺股份有限公司
关于员工持股计划完成股份过户的公告

本公司及董事会全体成员保证公告内容真实、准确、完整，没有虚假记载、误导性陈述或重大遗漏。

员工持股计划建仓完毕公告

2016 年 4 月 1 日，秀强股份公告员工持股计划完成过户。

2015 年 11 月 17 日，公司控股股东宿迁市新星投资有限公司（以下简称新星投资）与公司第一期员工持股计划的管理人东北证券股份有限公司（以下简称东北证券）签订了《股份转让协议》，东北证券将通过设立的"东北证券秀强融盈 1 号集合资产管理计划"受让新星投资协议转让的公司 435 万股，占公司总股本的 2.33%，受让价格为每股 18 元，即股份转让协议签署日前 20 个交易日公司股票均价的 77%。本次协议转让过户完成后，公司第一期员工持股计划的标的股票购买完毕。

根据中国证监会《关于上市公司实施员工持股计划试点的指导意见》以及《深圳证券交易所创业板信息披露业务备忘录第 20 号：员工持股计划》的有关规定，现将公司员工持股计划的实施进展情况公告如下：2016 年 4 月 1 日，公司第一期员工持股计划受让的 435 万股股票完成过户，根据《江苏秀强玻璃工艺股份有限公司第一期员工持股计划（草案）》规定，第一期员工持股计划标的股票锁定期 12 个月，即 2016 年 4 月 1 日至 2017 年 4 月 1 日。

公司公布第一期员工持股计划（草案），出资参加本员工持股计划的员工不超过 145 人，其中，董事、监事、高级管理人员共计 7 人，拟筹集资金总额不超过 2610 万元。

证券代码：300160 　　　证券简称：秀强股份 　　　公告编号：2017-005

江苏秀强玻璃工艺股份有限公司
关于实际控制人减持股份的公告

本公司及董事会全体成员保证信息披露的内容真实、准确、完整，没有虚假记载、误导性陈述或重大遗漏。

大股东减持公告

2017 年 3 月 14 日，秀强股份公告大股东减持 2988 万股。

秀强股份实际控制人卢秀强先生分别于 2017 年 3 月 6 日、9 日、13 日以大宗交易、集中竞价方式合计减持了其通过"江苏炎昊投资管理有限公司秀强炎昊专项投资基金 5 号""江苏炎昊投资管理有限公司秀强炎昊专项投资基金 3 号"持有的公司无限售条件流通股 29 887 939 股，占公司总股本的 5.00%。

公司于 2016 年 11 月 16 日发布减持预告，2017 年 3 月 6 日—13 日具体减持情况如下。

股东名称	减持方式	减持时间	减持均价（元／股）	减持股数（股）	减持比例
秀强炎昊专项投资基金 3 号	大宗交易	2017 年 3 月 6 日	13.50	15 758 339	2.64%
秀强炎昊专项投资基金 5 号	大宗交易	2017 年 3 月 9 日	13.50	14 000 000	2.34%
秀强炎昊专项投资基金 5 号	集中竞价	2017 年 3 月 13 日	12.79	129 600	0.02%
合计	—	—	13.50	29 887 939	5.00%

```
证券代码: 300160        证券简称: 秀强股份        公告编号: 2017-021

         江苏秀强玻璃工艺股份有限公司
关于新余祥翼儿童教育服务咨询合伙企业（有限合伙）完成
                股票购买的公告

  本公司及董事会全体成员保证信息披露的内容真实、准确、完整，没有虚
假记载、误导性陈述或重大遗漏。
```

新余祥翼增持完毕公告

2017 年 5 月 15 日，秀强股份公告新余祥翼增持完毕。

截至 2017 年 5 月 15 日，新余祥翼通过二级市场购买的方式共计买入公司股票 542.41 万股，占公司总股本的 0.91%，成交均价 11.52 元／股，购买总额 6247.74 万元，新余祥翼购买公司股票已按约定完成。

2016 年 11 月 25 日，秀强股份通过《关于收购江苏童梦幼儿教育信息咨询有限公司 65.27% 股权的议案》，以支付现金方式购买新余祥翼所持有的江苏童梦 65.27% 股权，交易对价 1.785 亿元。

新余祥翼承诺，将以累计不低于 35% 总股权转让款即 6247.74 万元，于 6 个月内在二级市场购买公司股票，股票自购买完成之日起 48 个月内分期解锁，未经公司书面同意，不得质押本次购买股票。

证券代码：300160	证券简称：秀强股份	编号：2017-029

江苏秀强玻璃工艺股份有限公司

关于实际控制人参与发起设立教育产业并购基金的公告

本公司及董事会全体成员保证公告内容真实、准确、完整，没有虚假记载、误导性陈述或重大遗漏。

设立并购基金公告

2017年7月24日，秀强股份发布设立并购基金公告。

秀强股份确立转型发展教育产业的战略目标，在教育产业领域，公司通过内生增长和外延扩张相结合的方式布局教育产业链，力争在未来三至五年内打造国内一流的、具有公司特色的幼教事业。

考虑到目前国内幼教行业的发展现状，为尽早锁定发展早期的优质幼教标的，降低公司直接投资可能面临的风险，充分利用各方资源，公司实际控制人卢秀强先生与北京云桥资产管理有限公司（代表童馨教育产业私募股权投资基金）、新余泓明晟德投资管理中心（有限合伙）、东证融汇证券资产管理有限公司（代表东证融汇明珠515号定向资产管理计划），共同发起设立新余中启教育产业投资管理中心（有限合伙）（以下简称教育产业并购基金，或合伙企业）。

本次卢秀强先生参与发起设立教育产业并购基金，与公司不构成《上市公司重大资产重组管理办法》规定的重大资产重组，亦不构成关联交易。

基金名称：新余中启教育产业投资管理中心（有限合伙）。

基金总规模：出资总额为人民币5.1亿元。

组织形式：有限合伙企业。其中新余泓明晟德投资管理中心（有限合伙）担任普通合伙人，东证融汇证券资产管理有限公司担任优先级有限合伙人，北京云桥资产管理有限公司、卢秀强先生担任劣后级有限合伙人。

江苏秀强玻璃工艺股份有限公司
Jiangsu Xiuqiang Glasswork Co., Ltd.
2017 年度创业板非公开发行 A 股股票预案

首次增发公告

2017 年 8 月 1 日，秀强股份发布首次再融资的定向增发公告。

本次定增是秀强股份上市以来首次增发募资，锁定期 1 年，募集对象不超过 5 家机构或个人。本次非公开发行的募集资金总额不超过 10.0527 亿元，扣除发行费用后将用于以下项目。

序号	项目名称	项目总投资金额（万元）	拟使用募集资金金额（万元）
1	智能玻璃生产线建设项目	48 373	42 980
2	"儿童之城"艺体培训中心建设项目	23 993	22 643
3	旗舰型幼儿园升级改造项目	16 947	15 495
4	信息化系统升级建设项目	11 433	9 409
5	补充流动资金	10 000	10 000
	合计	110 746	100 527

募投项目围绕着加强公司直营体系竞争力和品牌影响力展开。

一、智能玻璃生产线项目完善产品结构，增强玻璃板块盈利能力。

二、艺体培训中心与旗舰幼儿园产生协同效应，打造高端幼教体系。

三、信息化系统的升级，将加强管理效率，同一化运营提高"软实力"。

小结

秀强股份属于跨业转型并购。由于启动市值管理时，上市公司市值小，募集资金尚未用完，所以并购以现金收购居多。包括秀强股份设立的并购基金，也是以现金收购为主。现金收购的优点如下：

1、估价和交割简单明了。

2、从收购方角度看，以现金作为支付工具的最大优势是速度快，也使竞争对手无法抗衡，有利于收购交易尽快完成。

3、对于目标公司而言，今后不必受母公司经营状况影响，不必承担证券市场风险，是目标公司最乐意接受的一种收购支付方式。

4、审批流程短，非公开发行等手段通常需要持续半年以上，现金收购速度快。

秀强股份多次以现金收购其他公司得益于 IPO，使得公司现金充足。假如秀强股份不是上市公司，那么一年多时间里迅速形成第二主业几乎不可能实现。

秀强股份在 2016 年股灾后崛起，也得益于 2015 年股灾前市值没有过度透支。公司在 2014—2015 两年创业板大牛市中，仅仅只有一篇研究报告，市值远远落后于其他公司。正是野百合也有春天，这种具有牛股基因的上市公司，迟早有人来修复它的市值。

市值管理是上市公司做大做强过程中的资本经营行为。由于内生增长是有限的，所以外延并购成为上市公司做大做强的重要手段。并购的本质是买业绩，并购的难点在于投后融合。

从上述案例中我们可以看到，市值管理的成功，离不开上市公司对投资时机的理解和把握，离不开上市公司团队做大做强公司的战略决心。同时也要深刻理解市场环境、政策氛围，还要善于利用投行资源。众人划桨开大船，上市公司才能充分利用资本市场在产业中崛起，为社会创造更大的价值。

并购的资本运作方法

收购同行业公司，能够使市场份额扩大和集中，议价能力增强，规模扩大，业务协同，进而带来成本下降。而且以高市盈率收购低市盈率公司，收购后市值膨胀更厉害。收购上下游公司也可能在原材料掌控上，在贴近市场方面，起到协同效应。

先减持后重组

第一步，股东的股权变动。准备启动重组方案前，大股东先通过大宗交易平台减持股权。大小非减持需要缴纳收益部分的20%作为个人所得税，股东为了少纳税，故选择在并购启动前减持。

安排过桥资金转手。在大宗交易平台的接盘方通常是协助上市公司推动并购重组的并购基金，转让的股权一部分是真正卖给并购基金的管理人，以实现利益捆绑。但大部分属于代持性质。

第二步，完成股权变更后，中介机构开始在上市公司产业链上下游、热门的新兴产业寻找合适的并购标的，一步步推动重组方案。

第三步，伴随重组方案的推进，上市公司股价也会走高，大股东和并购基金管理人再找合适的时机抛出手中持有的股权。

先增持再并购

传统产业的上市公司股东在启动重组前会先减持股权，以求在低位过桥减持，等重组完成后实现高位卖出。与此不同的是，医药、电子、信息技术等热门行业的上市公司股东，会选择在并购前先增持股权。

第一步，增持股票。大股东持股比较低，他们想在并购前增持一部分股权，但手中资金不多。通过券商可在基金子公司借产品通道，以结构化产品的形式帮公司大股东实现增持计划。

第二步，并购重组。大股东增持后，上市公司会出各种利好推高股价，而核心是并购重组方面的题材。

投行中介参与市值管理模式

中国经济体量巨大，各行业快速更新，但是产业王者还没有形成规模效应。因此在这个大好时代，投行高手有广阔空间，为自己的职业生涯创造财富。

投行在并购活动中扮演了至关重要的角色，包括并购方向的确定、并购标的的筛选、并购方案的谈判和实施等。参与定增、小非解禁、并购标的提供等都被视为投行业务。

投行工作越来越多地渗透到二级市场上来，很多上市公司成立并购部门，归属董秘负责。很多私募机构设立投行部门，参与上市公司价值管理。很多总裁班年底进行创投大赛，进行投行路演。好的项目由此诞生，此类资源也是上市公司并购的种子库。

投行中介的市值管理是通过自身资源，服务上市公司，谋求和上市公司共同成长，分享公司做大做强的成果。

中介机构参与的上市公司市值管理模式主要有六种。

一是券商做市管理模式，主要围绕上市公司大股东存量持股市值的盘活来设计，包括股权托管、股权质押融资、融券业务等。

二是大宗交易市值管理模式，通过大宗交易系统以打折的价格将股票卖给大宗交易商，达到锁仓或代持的目的。

三是私募基金市值管理模式，其核心是联合坐庄。

四是财经公关市值管理模式，向上市公司提供财经公关服务。

五是管理咨询公司市值管理模式，通过给上市公司拟订借助资本市场的并购重组和产业整合战略，以期帮助上市公司实现增长。

六是长效市值管理模式，通过规范系统帮助上市公司管理每一个影响市值波动的因素。

后面我们将介绍投行的工作流程，为投资者参与上市公司价值管理提供背景知识。

投行顾问目的

以最优交易结构和并购方式，用最合理的成本（支付对价、融资成本、时间效率），整合最合适的企业，从而获得最佳的公司发展。

买方工作流程

策划收购方的经营战略和发展规划，帮助收购方明确收购目的，拟定收购标准。搜寻、调查和审核目标企业，分析并购目标企业的可行性，设计并购方式和交易结构。

评估并购对买卖双方的影响。预测对并购后公司的业务影响，评估协同效应，分析可能出现的摊薄的影响，明确并购后实体的财务需求。

组织和安排谈判。制定谈判策略和技巧，拟定明确的收购建议。设计一套保障买方权益的机制。决定适当的对赌协议、毁约费、期权或换股、对价的交易协定，以保障协定的交易得以完成。

确定估值与定价。游说标的企业股东、管理层和职工接受买方收购。做好公关活动和舆论配合，争取政府和公众支持。

策划并购融资方案。预防和粉碎反收购措施和行动。律师起草收购条款，协助签订并购合同，办理产权转移手续。改组目标公司董事会和经理层，完成企业控制和接管。进行投后管理，控制财务支出，应对紧急情况。

二级市场的举牌行为。帮助买方分析市场，策划实施操作方案，与交易所、管理层和各当事人进行沟通和协调，发出要约，完成收购。

投行卖方工作流程

分析潜在买家的范围，寻找最合适的买方。帮助卖方明确销售的目的。策划出售方案和销售策略。

评估标的企业，制定合理售价，拟定销售底价，向卖方董事会提出公平售价意见。制订招标文件，组织招标和谈判，争取最高售价。积极推销标的企业，游说潜在买方接受卖方企业的出售条件。编制合适的销售文件、备忘录、并购协议。签署各项保密协议。做好有关方面的公关和说服工作。

监督协议执行到交易完成。

　　股价波动受心理影响，价格围绕价值运动，而价值本身也是一个动态的概念，随着投资群体的期望值变化。盈利预期的变化才是真正影响股价的内因。

盈利预期周期模型

　　企业的基本价值，由业绩决定，也就是业绩利润反映了企业的基本价值。年报业绩其实在年度内都已经形成，只是等待披露日期公布而已。因此真实业绩和市场表现一定会存在某种滞后效应。

　　股价往往会领先于基本面一段时间。业绩的释放，仅仅是"验证"的预期的对错，也就是兑现的过程。

　　投资者的情绪又强烈被市场所影响，越涨越看好，越跌越颓废。股票顶部的投资者表现狂热，底部表现绝望。

　　大牛股在底部时的基本面很差，成交低迷，多数投资者处于麻木阶段。但先知先觉者，在进行逆向投资。随着基本面改观，业绩不断向好，股价趋势逐渐形成。投资者的心理预期开始发生变化，主要表现为 4 个阶段：

　　懊悔阶段：个股开始启动之时，投资者因为熊市思维，错过了最佳买点，期待再次回落到心理价格再买。但是股价不再回头，投资者充满失望情绪，懊悔没有买入。

　　生气阶段：股票继续上涨，投资者由懊悔失望，转变为生气，责怪自己周边事态影响自己，怨恨个股为什么不跌。

　　气疯阶段：股价持续上涨，投资者骂股票已经疯掉了（其实是自己被气疯了），情绪剧烈波动，心神不定。

　　跟风阶段：投资者此时已经承认个股价格，情绪上来个一百八十度大转弯，不再生气，反而觉得个股值这个价，并且有继续上涨可能，自己何苦和自己过不去呢？决定不顾一切买入。

　　本部分我们通过乐视网的沉浮，揭示股价与投资预期变化模型的原理。

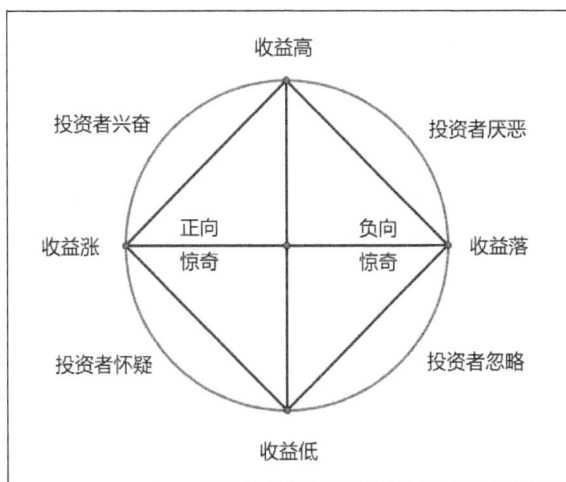

盈利预期模型

上面这张表，是盈利预期模型。从收益低到收益高，是正向惊奇阶段。从收益高到收益低，是负向惊奇阶段。

投资者怀疑：市场充分下跌后，反向投资者和价值投资者开始关注个股。但是由于此时收益预期较低，多数投资者不关注这支股票。

收益涨（正向惊奇）：此时公司经营业绩不断向好，研究员对公司的评级开始乐观，投资者对股票的关注度开始增加。

投资者兴奋：行业转向已经明确，越来越多的研究员推荐个股，越来越多投资者购买个股。

收益高：盈利动力持续增加，公司被市场公认为成长股，市场情绪膨胀到极点。

投资者厌恶：个股盈利增速已经低于市场预期，股价无法支撑成长，开始下跌。

收益落（负向惊奇）：随着公司业绩开始出现回落，个股被机构陆续列入抛售名单。

投资者忽略：分析师对个股失去兴趣，市场会有一些谣言传出，投资者基本上忽略个股，预示着一个新的周期来临。

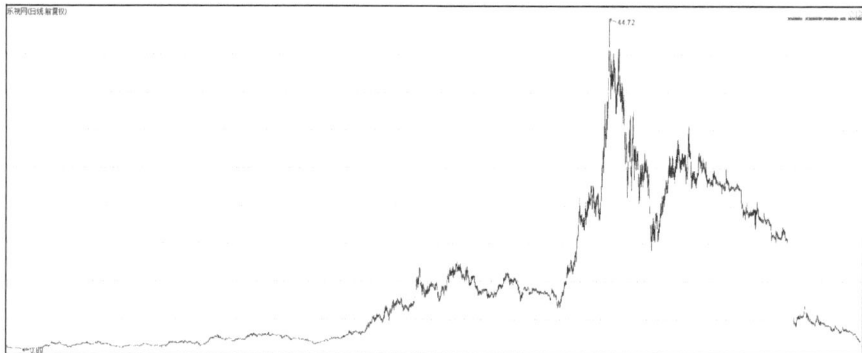

乐视网上市后终点回到起点

乐视网从 2010 年 9 月 21 日最低价 33.4 元，到 2015 年 5 月 13 日最高价 89.5 元（除权），中间一次 10 送 12，两次 10 送 9，还权后股价上涨 50 倍。市场反应从麻木到惊奇，再到狂热，一共运行了 5 年时间。

从 2015 年 6 月以后，股灾发生，市场进入到杀互联网、杀估值阶段，投资者情绪又从狂热到厌恶，到麻木，一共运行了 2 年时间。具体表现为：

一、麻木阶段。2010 年 10 月上市，投资者不知道乐视网是做什么的。没有研究报告，没有人推荐，市场低迷，反应冷漠。

二、正向惊奇。2011—2013 年，连续 3 年营收和利润翻番，年报大比例送股，研究报告全面覆盖该股，投资者惊羡大牛股诞生。

三、过度预期。2015 年，牛市确立，指数翻番，国家不断推出"互联网＋"战略的产业政策，乐视网作为"最纯正的互联网"公司，投资者高度认同"万亿市值蒙眼狂奔"的梦想。

四、负向惊奇。2016—2017 年，创业板市梦率破灭，乐视网大股东贾跃亭抛售股份，进行虚假承诺，远遁美国。投资者面对基本面发生一个个利空，惊慌失措，纠结犹豫，开始转向空头思维。

五、价值毁灭。2018 年，乐视网复牌后 11 个跌停，长线机构集中抛售，换来短线投机者抢接反弹，筹码完成长短交换，市场进入长时间的价值回归。

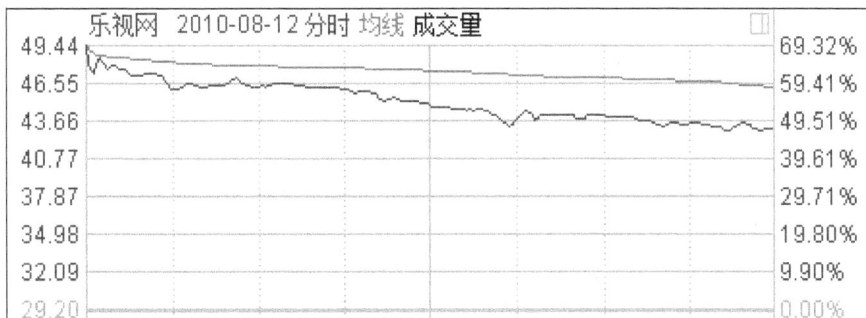

乐视网上市首日表现不佳

麻木阶段：2010 年 8 月 12 日，乐视网在创业板上市交易，开盘价
49.44 元，较 29.2 元的发行价上涨 70%。即使作为国内视频网站第一家上
市公司，也没有多少人知道这个乐视网到底是赚的什么钱。

上市前，乐视网是一个三流视频网站，Alexa 全球流量排名 1132 名，
中国排名 125 名，远低于视频网站优酷、土豆、爱奇艺等公司。就在爱奇
艺等龙头视频网站还在烧钱买流量，背负着亏损压力的同时，乐视网上市
遭到了行业内一片质疑声。

乐视网创立于 2004 年，主要业务为高清视频点播与视频广告。从
2005 年到 2007 年，乐视网营收分别为 0 元、1744 万元和 3691 万元，净
利润在 2007 年达到 1469 万元，实现扭亏为盈。该公司 2009 年营收达 1.34
亿元，净利润 4412 万元。

为什么视频网站龙头公司都在亏损，默默无闻的乐视网却实现了利润
呢？对于质疑，乐视网相关负责人回应称，乐视网采用的是"付费＋免费"
的创新性商业模式，且收费模式贡献了总收入的一半以上，所以才能在行
业内率先实现盈利并持续高速增长。

尽管模式领先，但是市场并不认同。在 2010 年创业板大环境不好的背
景下，市场对该公司反应麻木，质疑不断，也没有研究报告做深度研究。
当时券商都还没有成立 TMT 研究组。乐视网上市后逐级下跌。

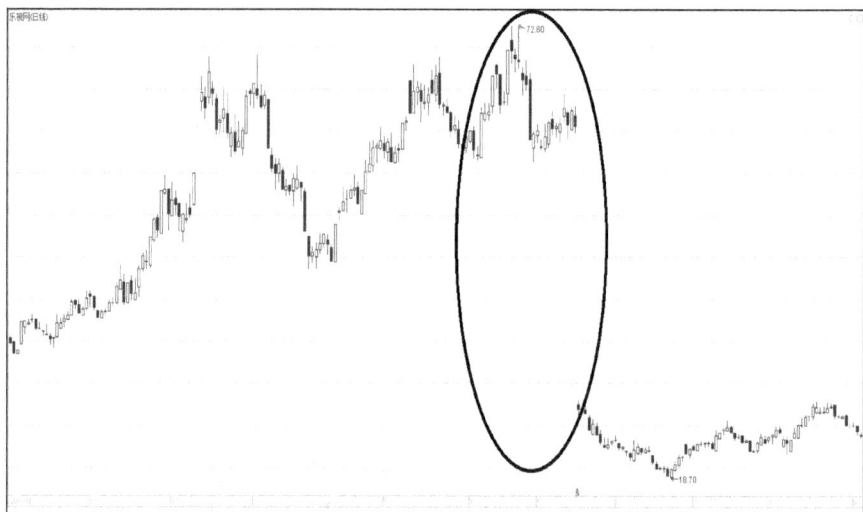

乐视网 2010—2011 年走势逐级抬高

正向惊奇阶段：乐视网上市后在贾跃亭带领下，进入高速成长模式，业绩和股价年年翻番。

贾跃亭雄心勃勃，竭力扩张乐视生态布局，利用资本市场地位，突出乐视网"第一股"地位，将集团分割成上市体系和非上市体系。财务方面，将非上市体系的利润输送给上市公司，塑造上市公司基本面成长形象，努力将乐视网打造成为互联网第一股。

另一方面，充分回报投资者。上市第一年乐视网就推出了 10 送 12 的方案。大比例送股在熊市阶段，也是非常吸引投资者眼光的题材，受到机构追捧（圆圈显示送股的除权缺口）。

基本面和市场面都做得很好，乐视网逐渐通过资本市场拉开了与其他互联网公司的差距。

2011 年 5 月 18 日，乐视网 10 送 12 派 1.5 元。

乐视网 2012 年走势

2012 年 6 月 13 日，10 送 9 派 0.73 元。大比例送股，受到资本市场热烈欢迎。

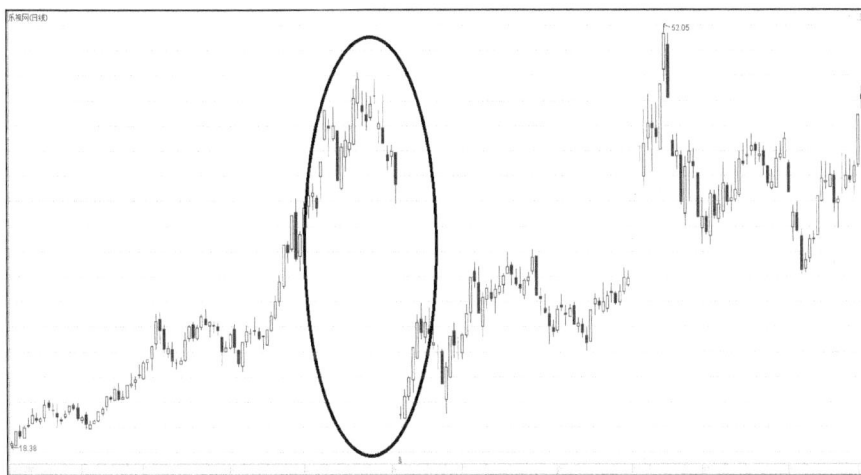

乐视网 2013 年逐渐显现龙头品相

2013 年 6 月 5 日，10 送 9 派 0.5 元，连续 3 年慷慨分红。

2012—2013 年创业板见底过程中，乐视网作为创蓝筹，获得机构青睐，市值突破 100 亿元、300 亿元，成为创业板中高成长的楷模。

乐视网 2014 年走势

　　2014 年乐视网启动了上市以来首次定增，募集资金 12 亿元，同时乐视网年报没有高送转。这一年乐视网整体表现落后于大盘，在全年震荡下行中，消化前 3 年的大幅上涨，也为 2015 年的再次启动蓄势。

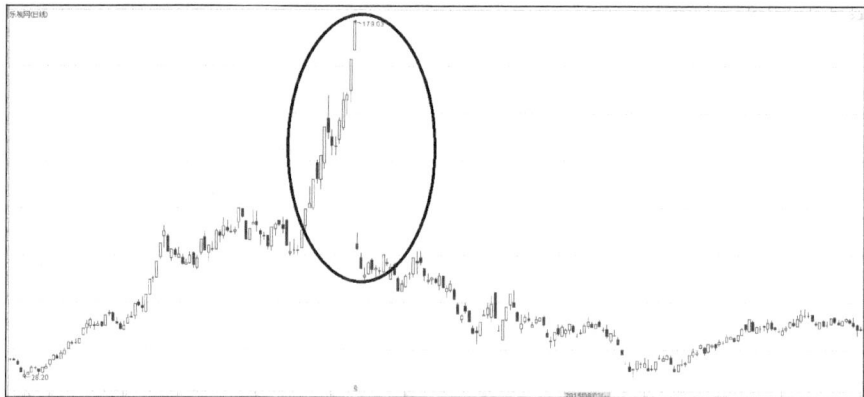

乐视网 2015 年走势

　　乐视网在 2015 年伊始，就展开了新牛市征程。从 2014 年收盘 32.44 元起步，新年开盘首日大涨 9%，次日续涨 5%，打开上涨空间。

　　在年度报告较早披露 10 送 12 股后，乐视网借助高送转大涨 4 倍，至 2015 年 5 月 12 日涨到 179.03 元，次日除权后继续冲击涨停。短短 4 个月时间里，完成翻番再翻番的行情。

憧憬乐视达到万亿元市值的深度报告

狂热阶段：此时乐视网受到机构和个人投资者的热烈追捧。此时个人投资者进入到狂热阶段，乐视网基本面业绩也同步到达顶峰。

两会上，李总理愿意给电子商务新业态做广告，总理访问中关村3W咖啡的新闻，被投资者过度解读。

进入2015年，创业牛市得到确认，以互联网新兴经济为代表的TMT行业成为龙头。

千亿元实现以后，投资者根据历史惯性，迅速接受万亿元市值的理念。2016年中，一篇《万亿元市值道路上蒙眼狂奔的乐视网》风靡各大论坛，继续为乐视网唱赞歌。

2015年5月乐视网高峰期间的总市值约1600亿元。

让我们一起，为梦想窒息！

贾跃亭抛出空头支票悄然减持

乐视网到达 1600 亿市值之际，贾跃亭和一致行动人开始减持股票。2015 年 6 月贾跃亭减持套现 25 亿，10 月贾跃亭向鑫根基金转让乐视网 1 亿股，获得 32 亿元现金。

两笔 57 亿元资金，贾跃亭承诺借给乐视网 5 年作为营运资金，并免收利息。同时承诺乐视网归还该笔资金后，贾跃亭全部用于增持乐视网股份。

贾跃亭为乐视网的投资者描述了一个极高的境界，市场高位精准减持，不至于使投资者失去信心。这个精明的商人，怎么可能将高位套现的资金归还给市场呢？这只不过是一个金蝉脱壳的幌子而已，他自己已经做好了逃跑计划。

果然贾跃亭并没有实现承诺。贾跃亭不仅没有全部把资金投入上市公司，并且在 2016 年乐视网最困难的时候，收回了上市公司 30 亿元借款，并在 2017 年上半年，将最后的 4.5 亿元借款全部收回。

将泡沫毁灭的烂摊子丢给供应商和员工。逃跑之前，还抓了一个孙宏斌垫背。

成长能力指标	16-12-31	15-12-31	14-12-31	13-12-31	12-12-31	11-12-31	10-12-31	09-12-31
营业总收入(元)	220亿	130亿	68.2亿	23.6亿	11.7亿	5.99亿	2.38亿	1.46亿
毛利润(元)	35.7亿	18.1亿	9.34亿	6.67亿	4.38亿	2.94亿	1.48亿	8971万
归属净利润(元)	5.55亿	5.73亿	3.64亿	2.55亿	1.94亿	1.31亿	7010万	4447万
扣非利润(元)	5.45亿	5.55亿	3.45亿	2.47亿	1.69亿	1.29亿	6833万	4421万
营业总收入同比增长(%)	68.91	90.89	188.79	102.28	95.02	151.22	63.49	97.99
归属净利润同比增长(%)	-3.19	57.41	42.75	31.32	48.10	87.05	57.63	46.99
扣非净利润同比增长(%)	-1.87	60.83	39.59	45.90	31.51	88.53	54.55	46.09
营业总收入滚动环比增长(%)	2.56	24.58	18.77	38.58	8.95	42.14	10.75	—
归属净利润滚动环比增长(%)	-19.48	9.58	26.03	4.34	9.21	22.57	8.77	46.99
扣非净利润滚动环比增长(%)	-28.60	38.97	23.56	7.31	6.45	24.77	-27.84	—

乐视网上市 7 年以来业绩逐年翻番

然而投资者却蒙在鼓里，还在帮贾跃亭数钱。《雪球》论坛、大咖微博、股吧里为乐视生态展开大辩论。那些高唱生态赞歌的博主，都是最后套得焦头烂额的主儿。有句话说，"被人卖了，还在帮人数钞票"，讲的就是这些人。

我记得多头最理直气壮的一个理由，就是"无法证伪的逻辑"。讲到无法证伪时，辩论一般就到此结束了。

上述报表虽然好看，但是乐视透支所有未来，将财务报表中的并表策略、转移支付手段运用得淋漓尽致。业绩全部装入上市公司，亏损全部放进非上市体系。贾跃亭期待在资本市场获得市值，然后通过产业布局回流上市公司经营体内，完成产融互动的正向循环。

但是这是牛市的杠杆策略，后面熊市一到，股市节节败退，资本市场无法支撑起依靠融资手段供给经营模式的套路，惨烈的多杀多开始了。

泡沫逐一破灭。贾跃亭来不及卖出的股权，在高质押中率先爆仓，又引起银信、定增、融资盘等连锁反应。乐视网兵败如山倒，股价直奔 2 元而去。贾跃亭远遁美国，上市公司市值从 1600 亿元 2 年内回归不足百亿元。

乐视网上市以来通过 IPO、定向增发和发私募债（票面利率年化 9% 左右），共计融资 91 亿元。2017 年 1 月 15 日，贾跃亭引入融创，协议转让 1.7 亿股，再次套现 60 亿元。几年间贾跃亭共计累积减持 139.84 亿元，还将剩余股权全部质押出去，38 笔质押融资，累计获得总金额 311 亿元。

一切都是海市蜃楼。

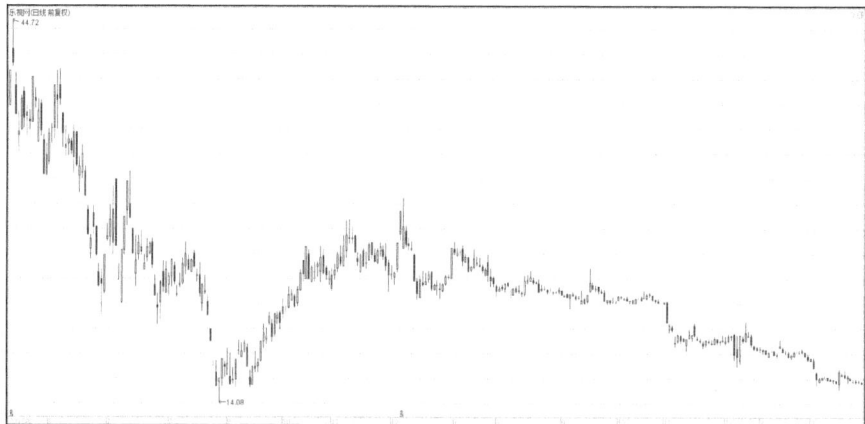

乐视网 2016 年市梦率开始破灭

在供应商上门催债之时，贾跃亭无处可逃，经营面节节败退。

先是被香港法院起诉拖欠媒体费用，后又爆拖欠员工工资，接着中小供应商慌了，一哄而上涌进乐视网办公大厦，又是吃住在大堂，又是扯起条幅，试图闹起群体事件，给乐视网抹黑。

贾跃亭非常清楚乐视网已经摇摇欲坠，一方面积极寻找新的战略投资人，一方面在寻找自己的后路。此时贾跃亭营销成功地产商融创，让出自己的股权和董事长职位，进行最后的套现。

资本市场投资者也开始质疑为什么市值千亿元的乐视网，会欠员工工资，会被媒体以 100 万港币欠款告上法庭，投资者信心开始动摇。

贾跃亭的乐视网股份都已经质押了，同时战略定增的资金也是有配资的，加上乐视网本身是两融标的，这个杠杆非常巨大。

上市公司随即进入了"躲跌式停牌"，开始长期停牌。同时在停牌期间安抚投资者，把刚刚进行定增所增厚的公积金全部拿出来进行送股。这是乐视网最后一次送股，可以说把所有的家底都送出来了。2017 年 8 月 25 日，10 送 10 派 0.28 元。对投资者进行最后一点安慰。

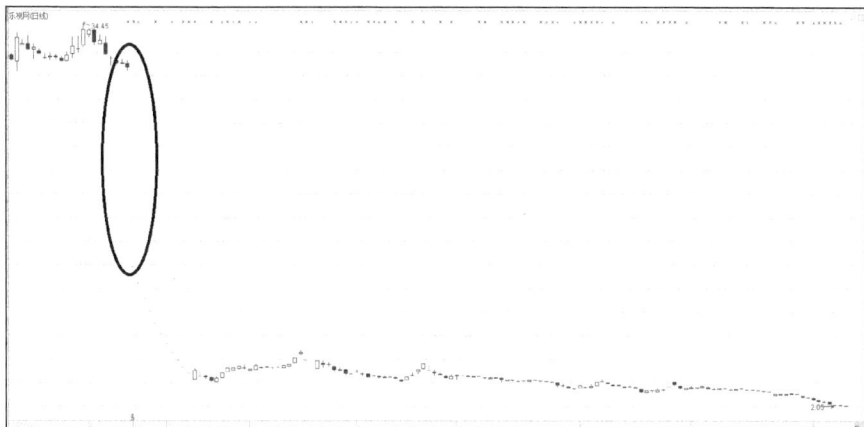

乐视网 2017—2018 年走势

但是投资者在感情上还不能接受。认为"互联网＋"是国家战略，乐视网是中国 A 股"最纯正的"互联网标的，还继续在市梦率里做梦。

在停牌的 9 个月时间里，创业板没有任何好转，反而节节下跌。乐视网在 2018 年 1 月复牌之后，连续 11 个跌停。欠的债终须要还。

当初风靡一时的"生态化反"，至今无人提及。既没有机构再写研究报告，也没有上市公司跟风"生态"模式的市值管理了。

中国上市公司中，仅乐视网号称是上市体系和非上市体系。乐视网将利润装进上市公司，获得二级市场估值。将成本置入非上市体系，虽然亏损，但由于有用户和流量支撑，也可以获得一级市场估值。

但是熊市来临，二级市场估值快速下降，一级市场自然水落船低，并且熊市阶段 IPO 趋紧，上市自然遥遥无期。

乐视体系过于依赖资本融资支撑，非上市体系的经营性现金流为负，依靠融资性现金流支撑。融资都以明股实债等回购条款约定，资金成本极高。熊市中丧失资本市场支撑以后，融资成本压垮正常经营体系。

股权融资也面临经营下滑和股价下跌双重打击。

乐视网的梦幻毁灭原因，一个是熊市本身的杀伤力，还有一个是经营泡沫的幻灭。

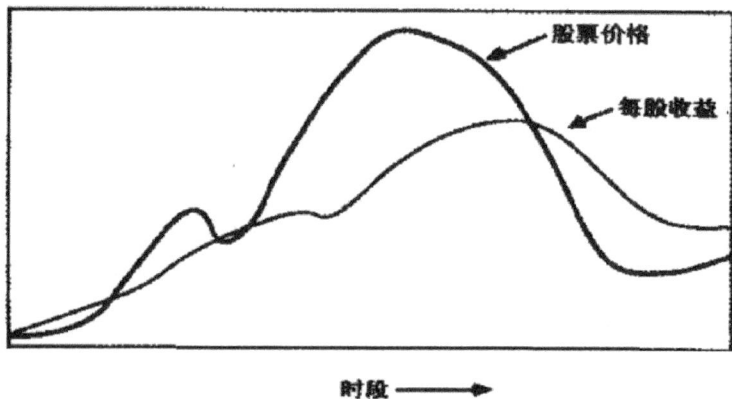

基本趋势与主流偏向

投资预期模型小结：市场预期落后于基本面变化，投资情绪与基本面预期交错波动，直至情绪过度。

总结创业板第一牛股乐视网的沉浮，大牛股诞生，需要三大周期共振：国家政策、行业周期、个股成长。

一、国家政策。2012年十八大后，新一届政府推出大众创业政策，创业板进入牛市阶段。乐视网作为创业板的代表，具备牛市大周期的基础条件。

二、行业周期。2013年新一届政府推动"互联网＋"政策，与互联网有关的所有个股都随风升天。乐视网作为互联网行业"最纯正"的标的，成为此行业的龙头。

三、个股成长。乐视网2010年上市以来，营收和利润每年都呈现翻番态势，塑造了"平台＋生态"的创新商业模式，受到用户和投资者热烈追捧。

熊市来临，股票基本面和技术面双杀，进入价值毁灭阶段。股价从哪里来，就会回到哪里去，股价会过度修正，直到下一轮牛市来临。不过，对于过度透支的乐视网来说，下一波启动至少要等待十年以后了。

正相关与反相关

比价效应属于主力同向联动关系，如华夏银行与深发展在上涨后出现的价格联动，航天机电在新能源概念中的补涨联动，都是比价效应的范畴。

正相关联动的股票一般出现在同一板块中，可以是行业相同，可以是价格相近，可以是题材相仿。

实战中，当龙头诞生后，补涨股票也有短线操作机会。当舆论深入挖掘该概念，寻找"龙头第二"时，可视为卖出时机。也可以根据换手率的大小，和补涨股票的上涨幅度等技术特征来辨别卖出时机。

正相关股票还有一类是属于市场的领先指标，例如银行股向来作为大盘启动的领先指标。宝钢股份在2002—2003年清晰的5浪上升，领先大盘见顶；华夏建通与中国联通也是先后联动关系。

正相关股票的联动效应往往容易辨别，价格启动的先后次序也易于观察。但主力兵团作战有时也会采用"反相关"的联动关系撬动股票，如在大势并不看好，或者自身资金头寸紧张的情况下，调度部分资金袭击局部热点，从而达到活跃市场的目的，这种情况以"资金跷跷板"现象为代表。实战中，主力又以"新股跷跷板"的运作居多。

反相关的股票作为观测市场的一种战术，需要有细致的观察，敏锐的盘感。尤其在市场无热点可做时，即可大显身手。

2010年以来，创业板指数与茅台的走势，形成强烈反相关性。茅台走牛，创业板走熊。创业板崛起，茅台垮台。再比如2017年大盘和雄安概念的反相关性，每当雄安启动之日，就是大盘调整之时。

正相关和反相关运用，可以在大盘不同阶段，都能找到交易的机会，而不拘泥于某一种特定手法。

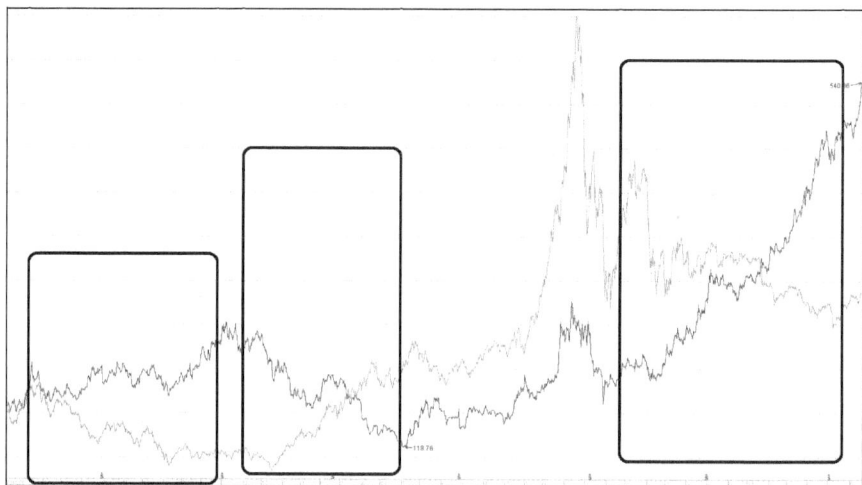

创业板与茅台叠加全景走势图

上图中，实线为贵州茅台的走势图，虚线为创业板指数走势图。从图中看到，2010年自从创业板形成指数以来，便与茅台形成反相关走势。在三个框图内，茅台上涨之日，便是创业板下跌之时。当创业板指数上涨之时，又是茅台下跌之日。

7年时间里，仅仅在2015年的资金大牛市推动下形成了共振，其余时间里，都是你涨我跌的局面。尤其在2017年漂亮50形成行情之际，跷跷板现象更加明显。

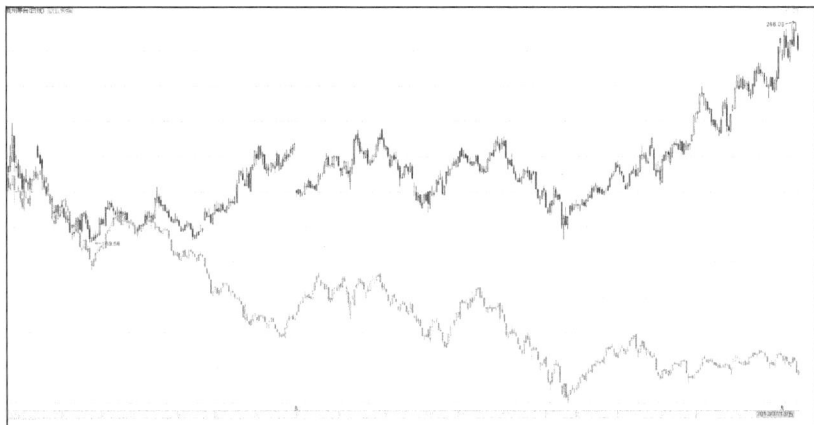

茅台与创业板"反相关"（2010—2012，实线茅台，虚线创业板）

2010 年到 2012 年茅台连年涨价。每到节日，都是断货和涨价。最高峰是 2000 元一瓶真酒难求，连一个茅台酒瓶都能卖到 200 元。

所谓跌时重质。价值股在资金追捧下，走出独立行情。而在此阶段，却是创业板绵绵下跌的熊市。

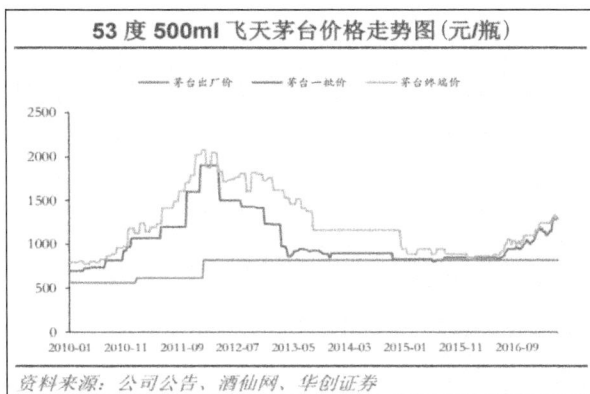

茅台酒价 2010 年—2016 年走势图

2000 元并不是中国普通老百姓能够消费的档次。这种旺盛的需求并非来自市场大众的消费。茅台以国酒的名义成为中国的爱马仕，还带动了酒仙网等一大批代理商的崛起。此时也是企业老板最痛苦的阶段。

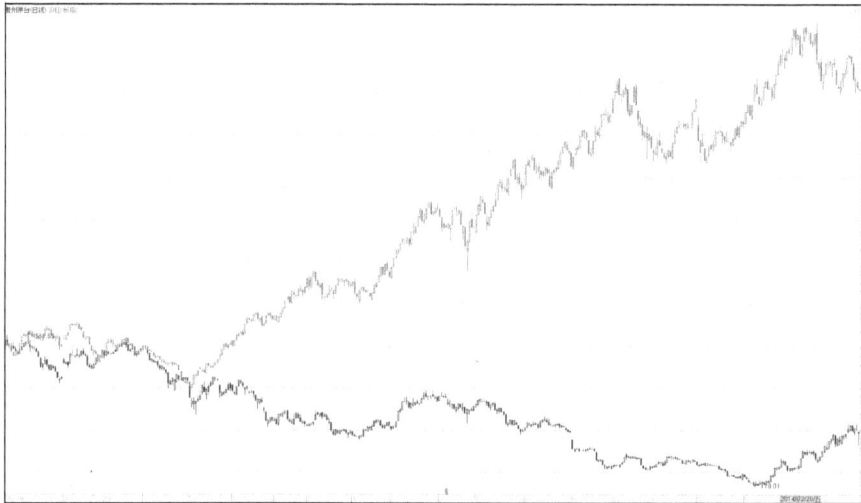

茅台和创业板"反相关"（2012—2015，实线茅台，虚线创业板）

任何事物，否极泰来。

十八大之后，习李新风，整治贪腐，打击公款消费，鼓励大众创业。历经3年大牛的白酒行业开始掉头，酒价和股价都节节下滑。贵州茅台股价从2012年最高266元跌到2014年的118元，跌幅达到60%。

而大众创业的大背景，推动了创业板的崛起。我们开玩笑比喻，企业家再也不用白酒来拉工程，于是茅台的市值填入了创业板和创业者的价值里了。

创业板的崛起当然不是茅台"垮台"导致的，但是其表现的反相关特性值得深思。

在创业板大牛市的背景下，借着大众创业的东风，绝大多数中小市值股票先后启动，从小做到大的成长逻辑，成为资金追随的市梦率。创业板出现批量十倍股。

我们2014基金年度报告的标题是《中国梦，市梦率》，并且写道："就算你留恋开放在水中娇艳的蓝筹股，别忘了寂寞山谷的角落里，创业板也有春天"，提前预示了创业板的投资机会。

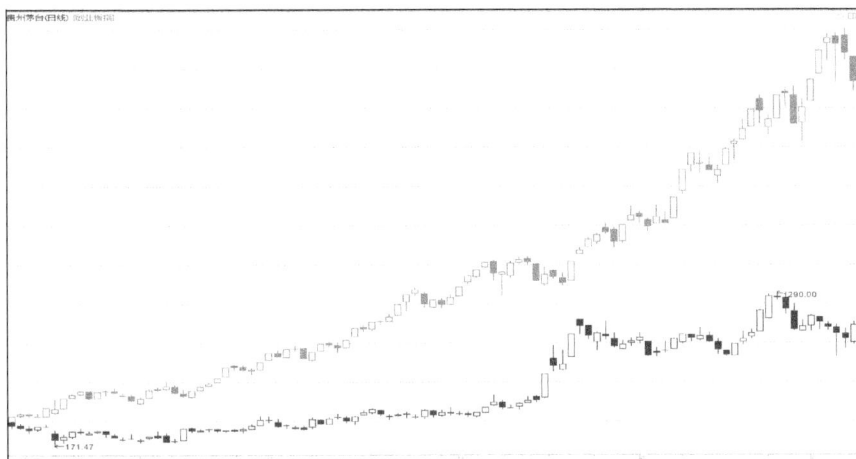

茅台创业板"正相关"周期共振（实线茅台，虚线创业板）

2014 年国家对抗通缩，实行宽松货币政策，重现"姜你军""蒜你狠"等现象，都是"加杠杆"资金推动的结果。

热钱先后涌入股市和楼市，所到之处，价格井喷。股市中只要是筹码，就大涨。越是没有业绩的，未来越有想象空间。

茅台虽然上涨较慢，但是也与创业板的小票形成共振，出现了大牛市资金推动、共同上涨的现象。

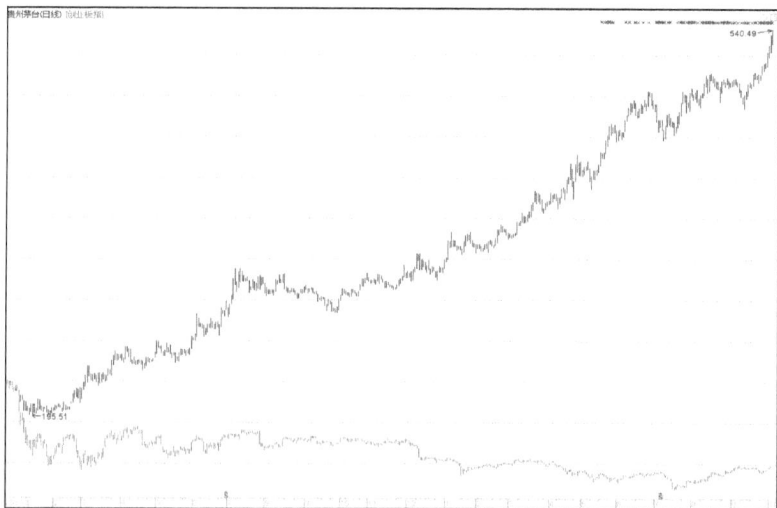

茅台创业板"反相关"（2015—2017，实线茅台，虚线创业板）

牛市退潮后，小票的业绩成长毕竟支撑不住股价的上涨。熊市周期到来，股价加倍偿还。

2016年国家的产业政策开始转往"脱虚就实"的方向。"市梦率"走到了尽头，创业板进入长时间的价值回归。

正是"就算你留恋开放在水中娇艳的创业板，别忘了寂寞山谷的角落里，蓝筹股也有春天"。

尽管也经历了降价周期，茅台以其国酒的特殊地位，冲击掉了假酒市场，以其巨大的护城河，完成门户清理。借"供给侧改革"的东风，茅台也出台"限价"和"限购"政策，坚挺的品牌价值再次成为产业王者。

从长远来看，中国股市第一品牌如果是一瓶酒，那将极大地对不起我们的民族企业。茅台的酒文化，可以代表高端，但是不会代表时尚，尤其针对年轻人和海归派。琴棋书画，都可以成为我们的超级 IP，但是白酒不会成为全民大众的消费 IP。一旦整风运动重启，茅台又会回归盘整。

任何事物都有终了之时，一旦茅台爬坡结束，便是成长股的翻身之日。

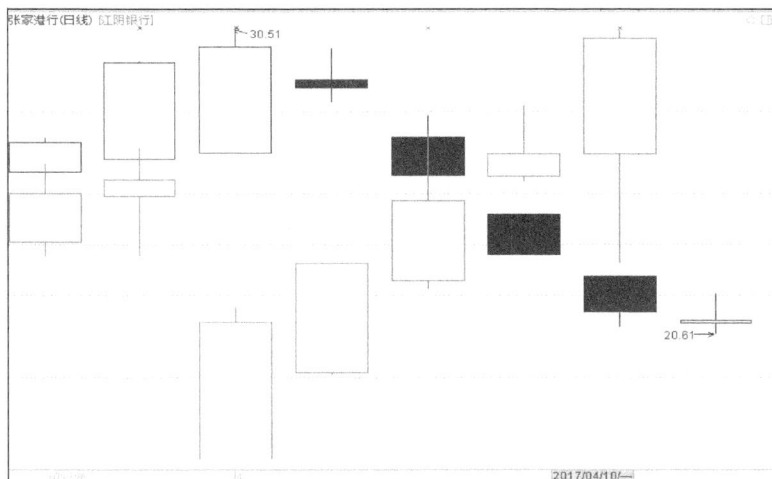

张家港行和江阴银行形成反相关

不同板块之间形成反相关运动，通过茅台和创业板的案例，我们可以用"业绩"和"题材"风格轮动来解释。

但是同一板块，相同属性的个股之间也可以形成反相关运动，这样的走势又说明什么呢？

2017年以来，江苏的城市商业银行一共上市了4支，张家港行、江阴银行、常熟银行、无锡银行。这几支股票的基本面完全一样，上市时间也差不多，按理说这4个亲兄弟银行应该形成正向联动关系。

但是实际情况是，2017年4月初，这几支江苏城商行的股票出现了完全相反的走势。这个罕见的案例，非常值得玩味。

首先是从张家港行和江阴银行的反相关走势开始的。

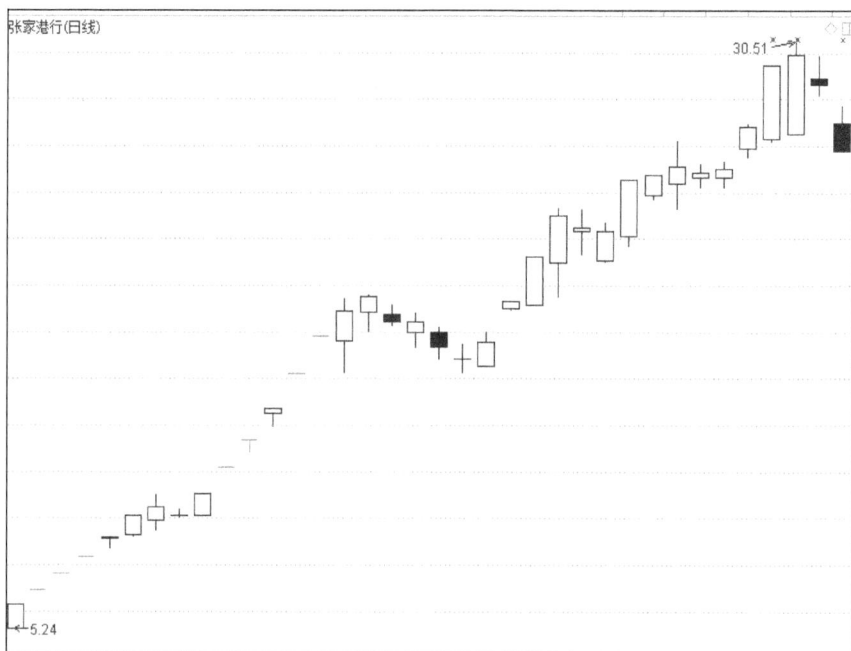

张家港行 2017 年上市后暴涨 5 倍

2017 年 1 月 24 日张家港行上市，发行价仅 5.24 元。2016 年每股业绩约 0.42 元，流通股 1.81 亿股。

张家港行（002839）上市时恰逢 2017 年春季行情起点，受到市场游资关注。至 3 月 16 日，股价暴涨 5 倍。

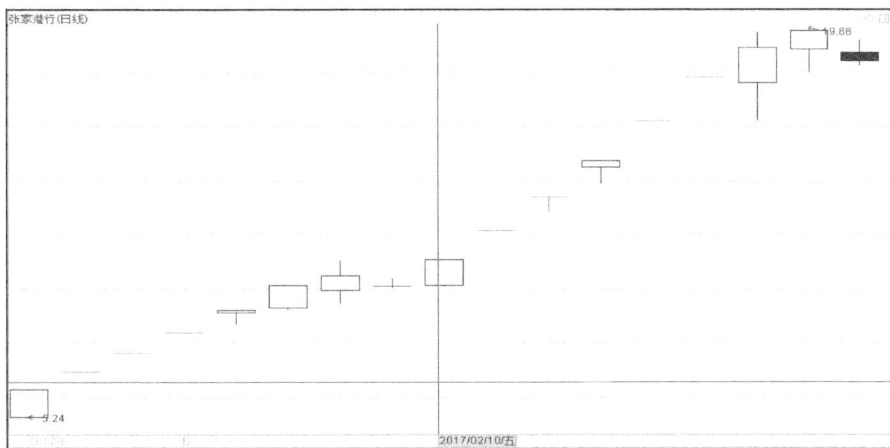

张家港行（上）和江阴银行（下）"正相关"联动

张家港行迅速上涨，带动了另一支小盘绩优银行——江阴银行（002807）的启动。两者同属银行板块，地处江苏，股价形成正相关特性。

从 2 月 10 日响应的第一个涨停开始，至 2 月 28 日，江阴银行也在短期内迅速翻番。

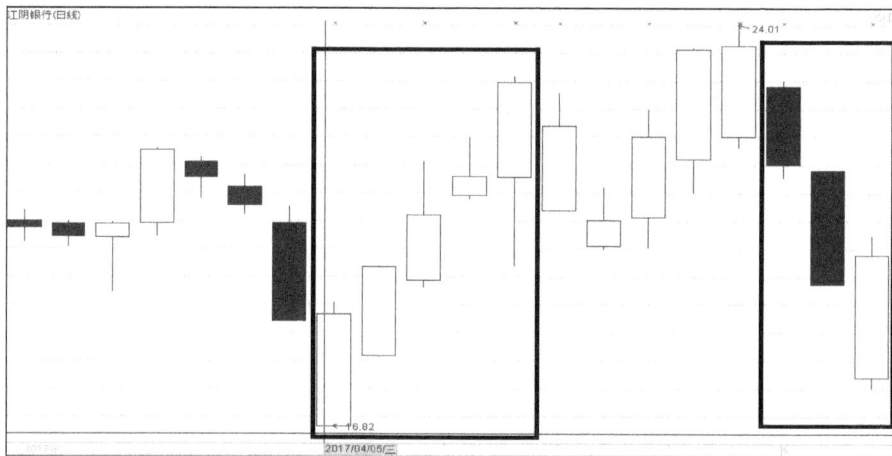

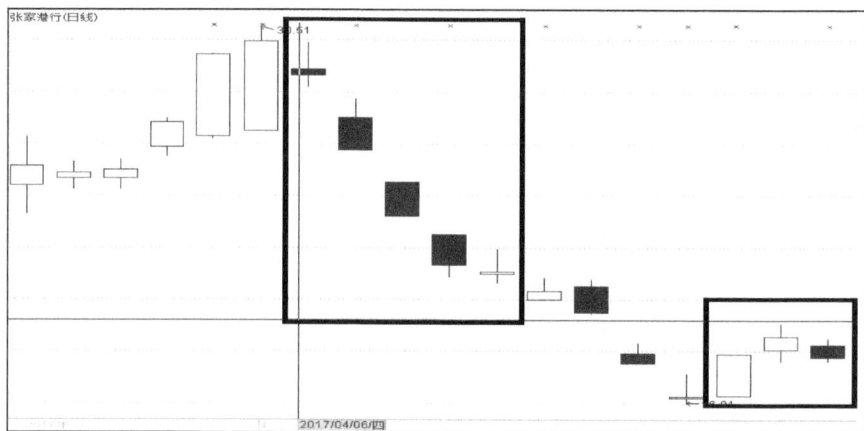

张家港行（上）和江阴银行（下）走势反相关联动

在张家港行作为新股连拉两波后（新股妖股连拉两波模式，参见下节《新股龙头实战精要》），4月6日见顶回落。但与此同时，江阴银行被游资奉为新主，继续接力妖股模式。

图中两个方框是在4月6日张家港行见顶后，和江阴银行反相关的走势。我们可以看到张家港行大跌，江阴银行大涨。而当张家港行大幅反弹之时，江阴银行开始大幅下跌。

下面我们对比两股的分时图。

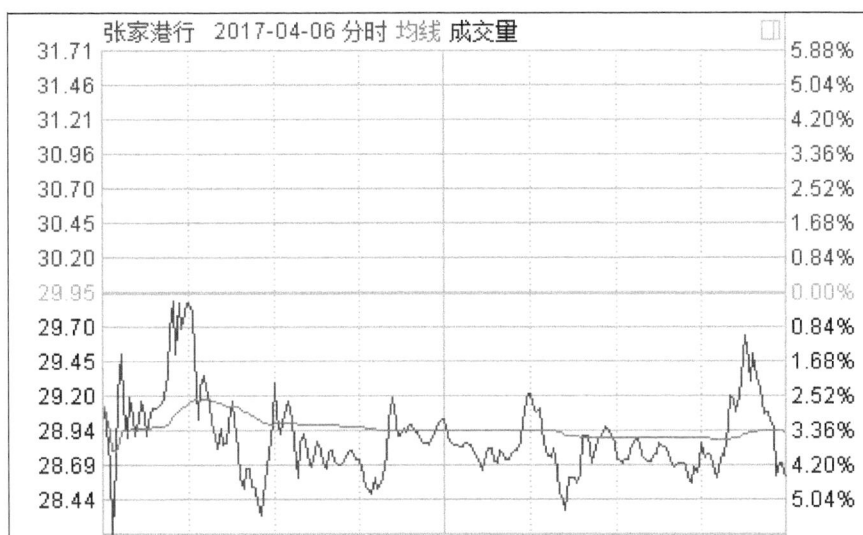

张家港行 4 月 6 日见顶分时图盘口

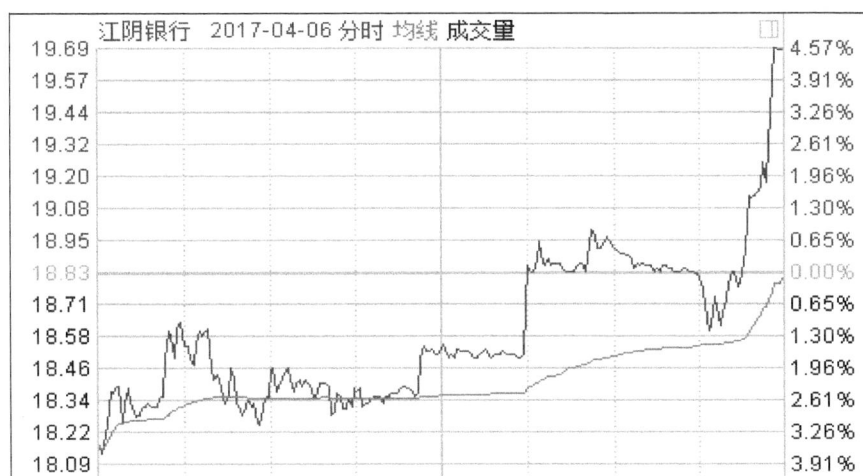

江阴银行 4 月 6 日启动分时图盘口

上面两张图是张家港行和江阴银行在 4 月 6 日的分时图。当日张家港行大跌 4%，江阴银行大涨 4%。形成反相关。

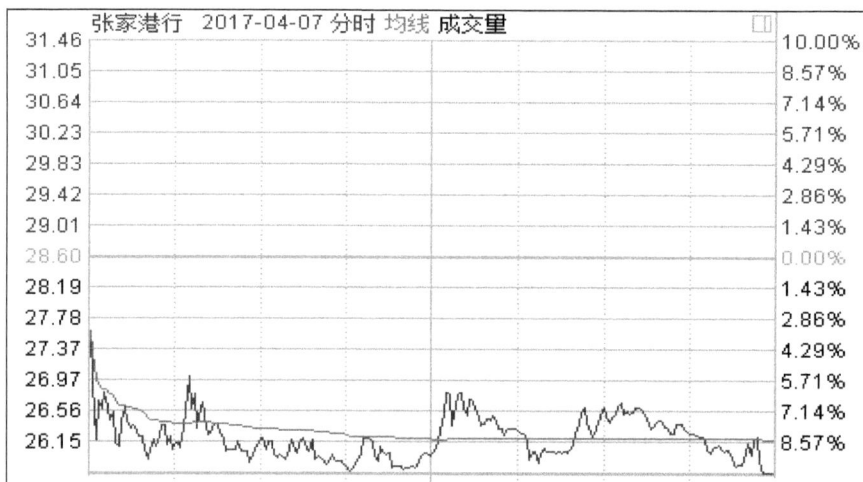

张家港行 4 月 7 日分时图

江阴银行 4 月 7 日分时图

4 月 7 日张家港行和江阴银行继续形成反相关。

张家港行全天震荡下跌，尾盘跌 9%。江阴银行全天震荡上涨，尾盘涨 5%。

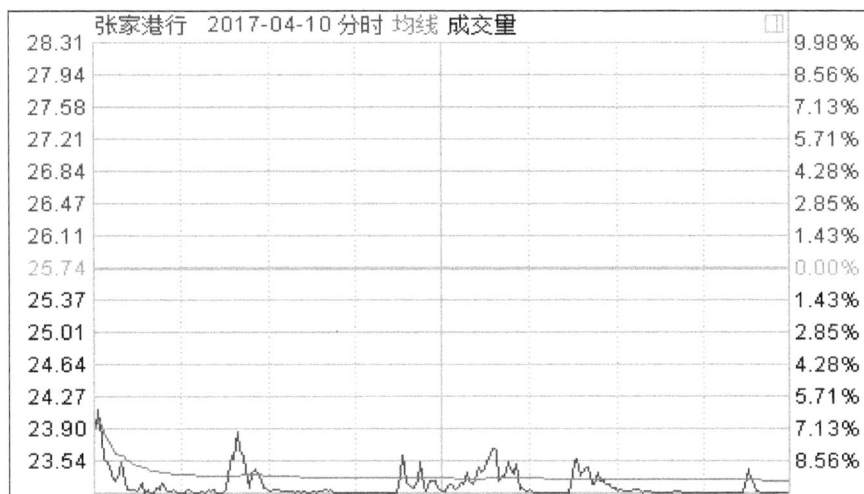

张家港行 4 月 10 日分时图跌停

江阴银行 4 月 10 日分时图逆势上涨 3%

　　4 月 10 日，两支银行股继续逆反表现。张家港行跌停，江阴银行逆势上涨 3%。

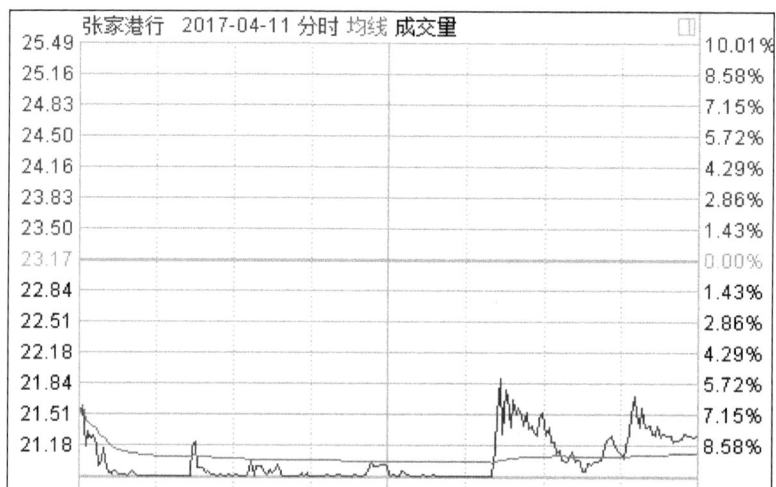

张家港行 4 月 11 日大跌

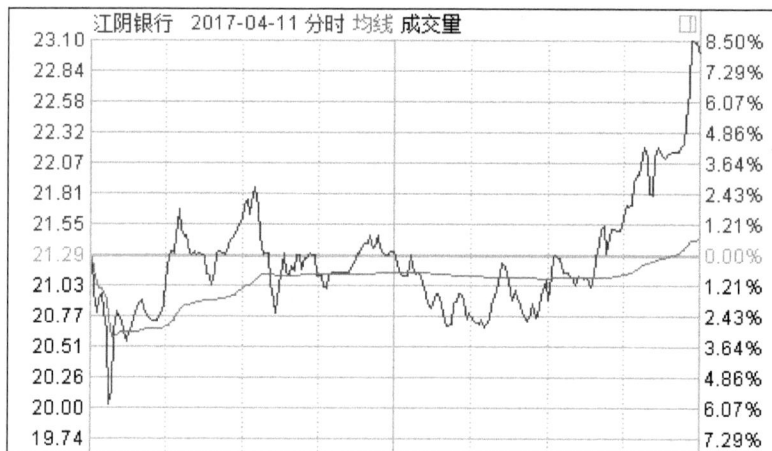

江阴银行 4 月 11 日大涨

4 月 11 日，两支银行股继续反相关。张家港行盘中大跌 8%，江阴银行大涨 8%。

在小盘城商行连番炒作之后，江阴银行进入停牌阶段。复牌后江阴银行歇火，但是主力又启动了无锡银行，并且与江阴银行形成反相关。

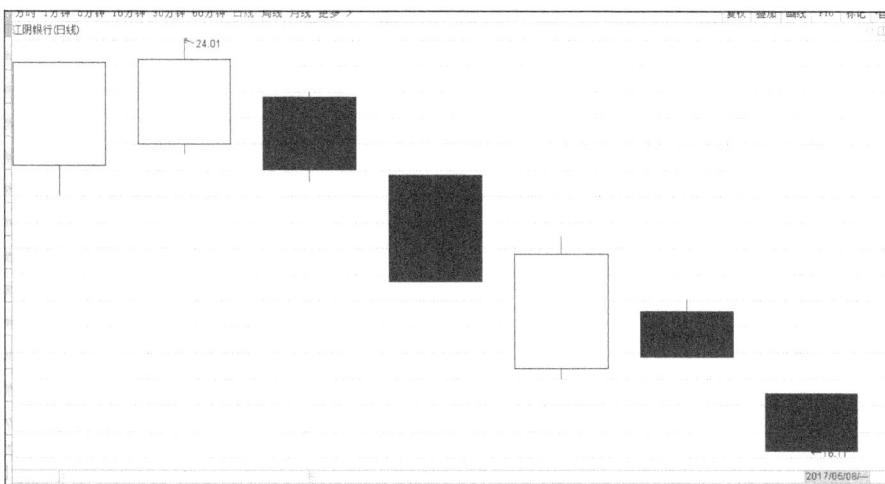

江阴银行 4 月 27 日—5 月 8 日跌 5 天

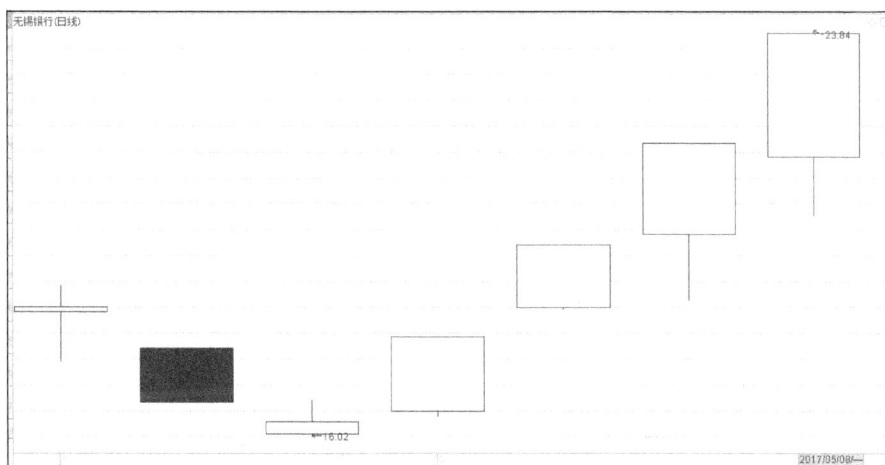

无锡银行 4 月 27 日—5 月 8 日连涨 5 天

从上述两图中看到，4 月 27 日—5 月 8 日的江阴银行和无锡银行形成了反相关行情。

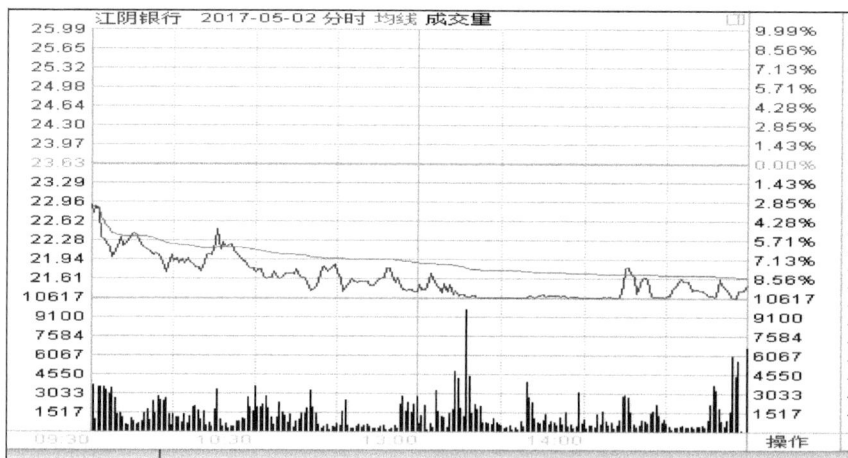

江阴银行 5 月 2 日震荡跌停

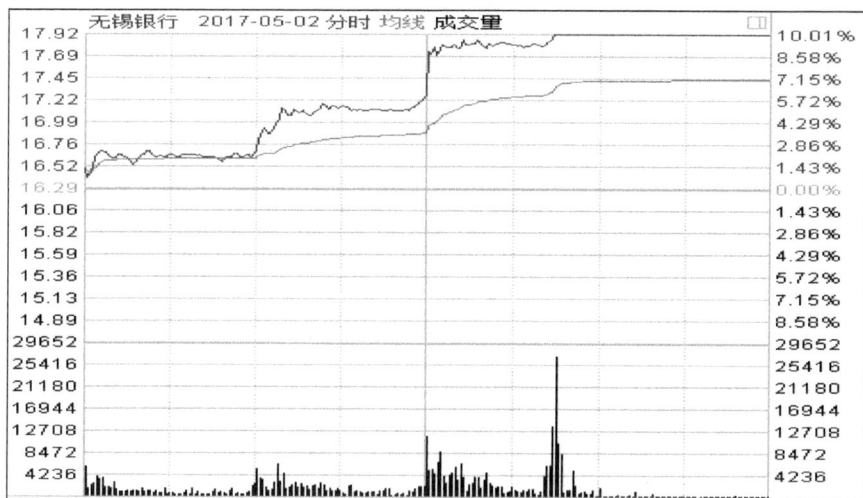

无锡银行 5 月 2 日震荡涨停

5月2日，江阴银行大幅下跌，盘中震荡收盘跌停。此时无锡银行接过热钱指挥棒，开始反相关的上涨模式。

盘口显示，江阴银行震荡跌停，无锡银行震荡涨停，形成反相关。

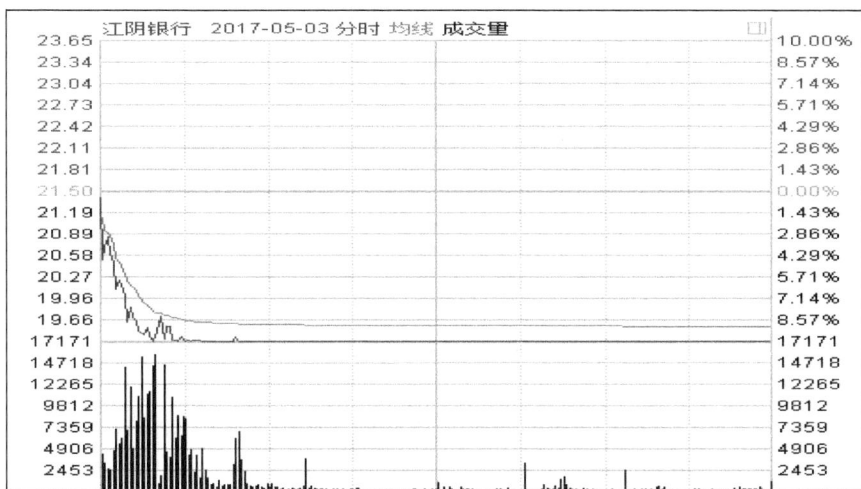

江阴银行 5 月 3 日震荡跌停

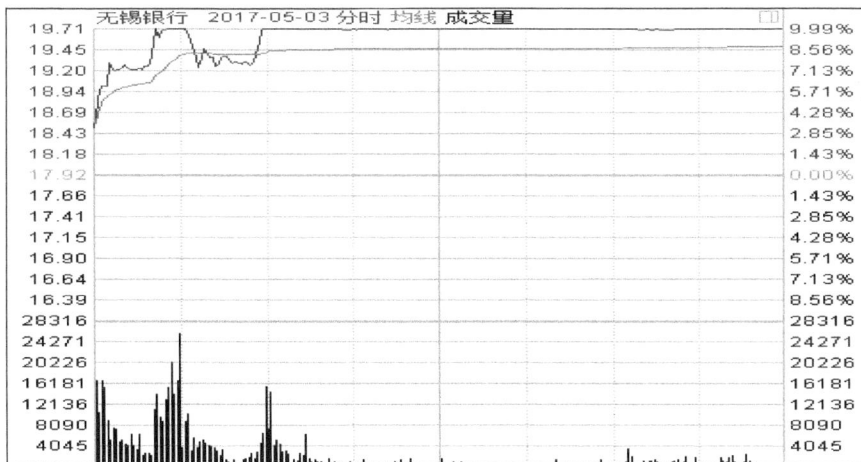

无锡银行 5 月 3 日震荡涨停

5月3日，江阴银行和无锡银行分别跌停和涨停。盘中涨跌停的时机，也大致相同，仿佛是一面镜子，将走势倒转过来。

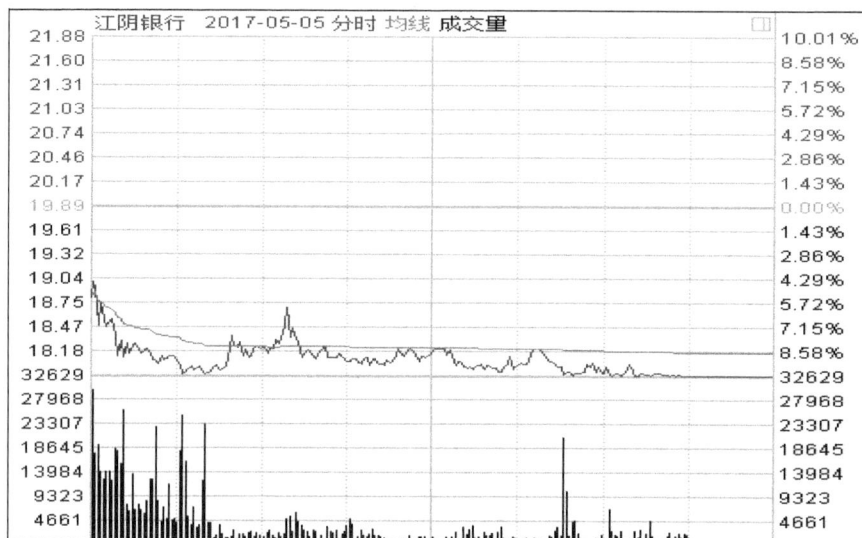

江阴银行 5 月 5 日盘中跌停

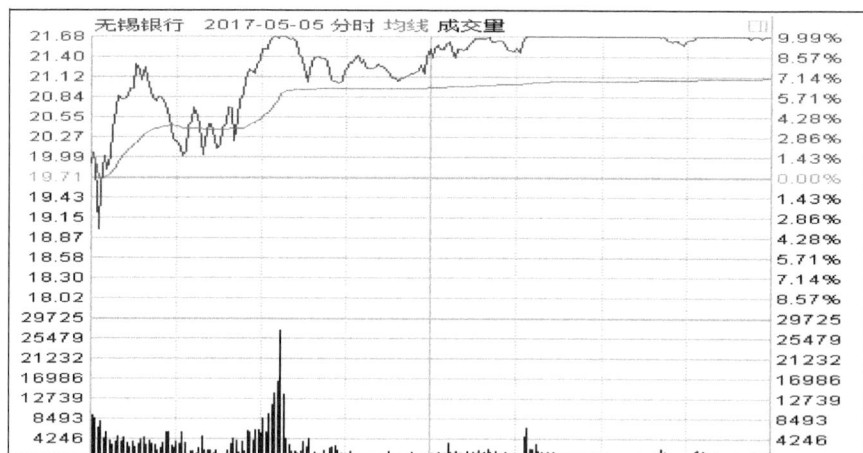

无锡银行 5 月 5 日盘中涨停

　　5 月 5 日，江阴银行和无锡银行继续反相关，像镜子一样倒过来，盘中再次分别跌停和涨停。

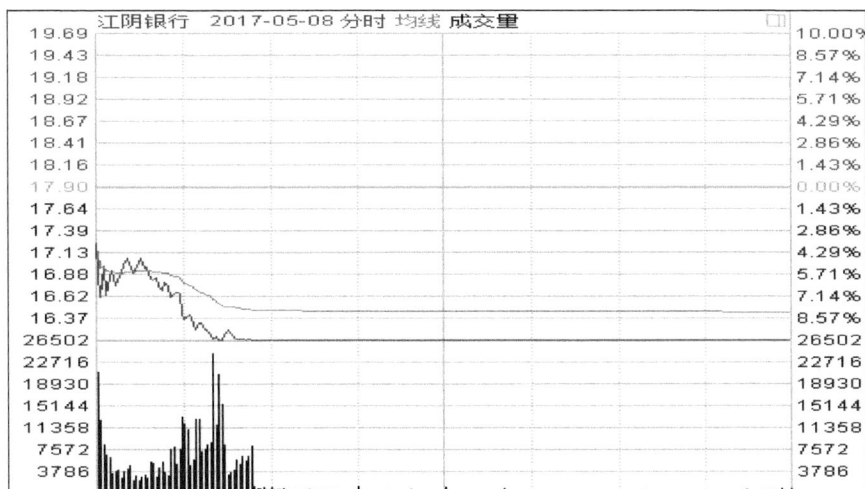

江阴银行 5 月 8 日跌停

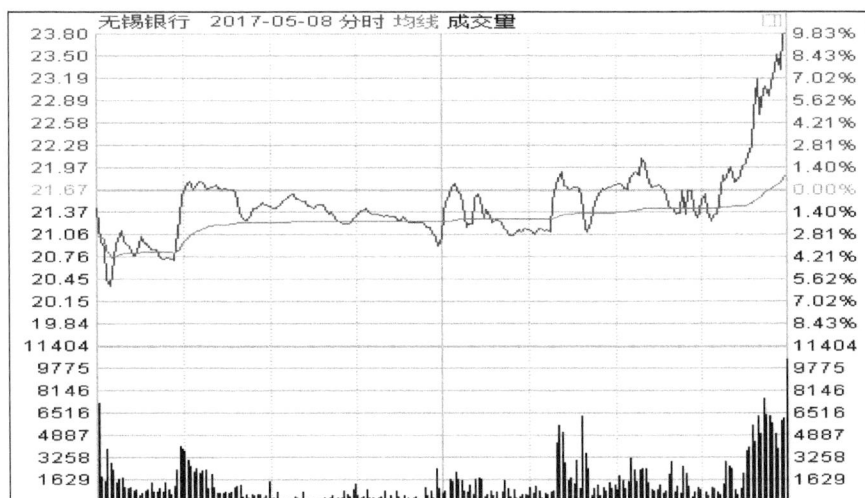

无锡银行 5 月 8 日冲击涨停

5 月 8 日，两支银行股继续延续反相关走势。

由于连续上涨，无锡银行 8 日晚因异动停牌。此时游资主力将目标又转移到常熟银行身上。

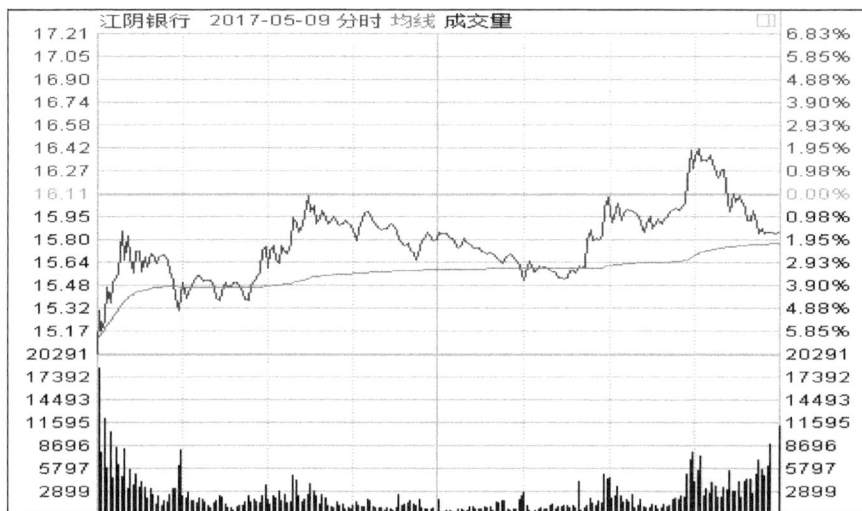

江阴银行 5 月 9 日震荡调整

常熟银行 5 月 9 日震荡涨停

5 月 9 日，无锡银行异动停牌。当日常熟银行接过涨停指挥棒，开始涨停。

启示：

1．在大盘不具备启动阶段行情的情况下，主力靠打压其他品种，拉抬某个品种，形成"跷跷板"的反相关效应。

2．由于新股无可比性，主力运作新股品种的时候，通常是采用高定位、高换手的短线手法，强行进入。

3．主力作为兵团作战，在其他新股身上也会有布局，压低其他股票价格，也是为了突出新股龙头的独立地位。

4．观察股票的角度有很多，比价效应和联动效应是观察主力方向的基本方法。

底部往往伴随着重大利空消息的释放，而并非出台利好。其实利空消息对市场影响的机理在于清洗浮筹，主力资金往往通过政策的组合拳来影响市场舆论，从而树立题材，控制股票价格。

新股龙头实战精要

新股作为"不死鸟"，每年都会诞生大量"妖股"，新股破发与新股成妖，都是每年市场诞生的极端行情模式。

新股由于不存在套牢盘，也没有天花板，一旦爆发，获利程度是惊人的。

同时新股作为管理层调控市场的工具，发行节奏和是否默许上涨，都是观察市场监管强弱程度的灵敏标尺。

新股暂停发行，是为了"呵护"市场，这本身说明大盘处于熊市。那么新股恢复发行，就是说明大盘好了，不再需要"呵护"。

当大盘好转得到监管层认定之际，市场已经走好了一段时间，并且更重要的是增量资金新入市已经明确。

老股票上方套牢盘重重，新主力往往会选择无套牢盘的新股和次新股。新股由于没有比较基准，往往炒作会非常凶猛。

由于市场信心刚刚恢复，监管层往往也对市场炒作行为"适度"放宽，这样就更有运作空间。

所以，当新股恢复发行之时，往往蕴含着暴利空间。需要识别新股龙头的手段。

一、寻找市场盲点，低调公司更容易成为黑马。

二、小盘股不看业绩，而看筹码稀缺性。

三、大盘股不看行业，而看发行时机及宏观调控。

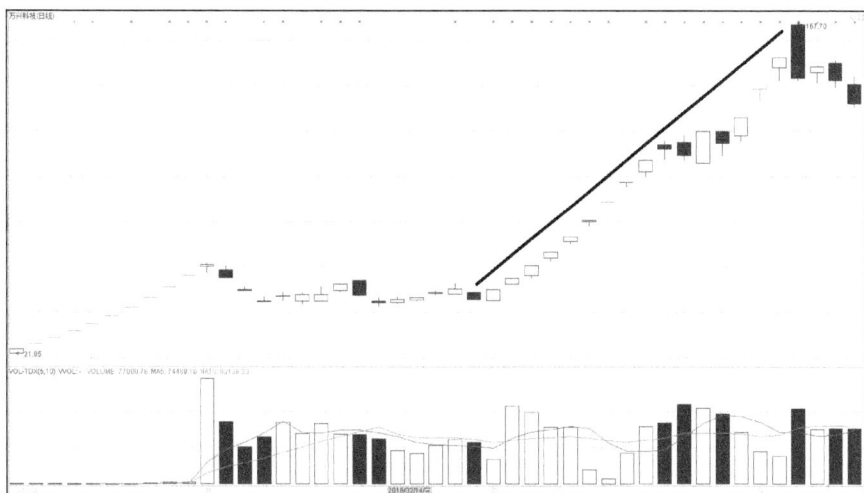

万兴科技第二波启动上涨近3倍

万兴科技作为次新股，自2018年3月1日45元启动，至4月10日167元，一个多月时间里股价上涨近3倍，几乎完成翻番再翻番的彪悍走势。

万兴科技2018年1月19日上市，公司是全球化APP应用软件提供商，面向C端，极具市场稀缺性。万兴科技是中国SEO排行榜第一名，全球SEO流量年度增长123%。

由于公司经营主业与IP和流量相关，具有成长性、新兴产业、用户流量的独特概念，成为2018年春季行情的龙头。

2018年两会期间，独角兽成为热门提案。独角兽是指估值达到10亿美元的创业公司，也就是人民币估值在65亿元以上。万兴科技总股本8000万股，流通股本2000万股，上市后总市值约40亿元左右。离独角兽的最低标准还有60%的空间。

在市场寻找春季行情热点之际，独角兽在两会期间及时出现，并且万兴科技以新股名义，成为了2018年最大黑马。

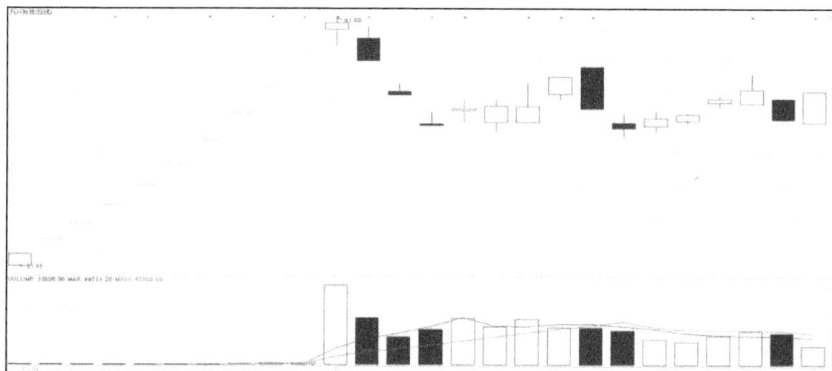

万兴科技 1 月 19 日上市后走势图

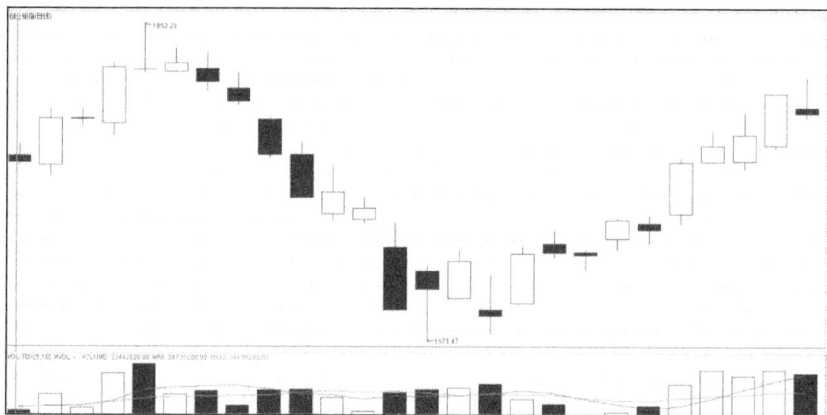

创业板指数与万兴科技同期表现

　　2018 年春节较晚，2 月 16 日才是初一。2 月乐视网复牌，连续跌停，拖累了创业板指数，也拖累了刚刚上市的万兴科技第一波的市场表现。

　　万兴科技在 2 月 1 日打开涨停之后，股价上摸到 61.6 元。随后受创业板整体影响，股价连续 3 天跌停。

　　2 月 1 日打开涨停，上涨 8.6%，换手率 72%。

　　2 月 2 日跌停，换手率 43%。

　　2 月 5 日跌停，换手率 25%。

　　2 月 6 日跌停，换手率 32%。

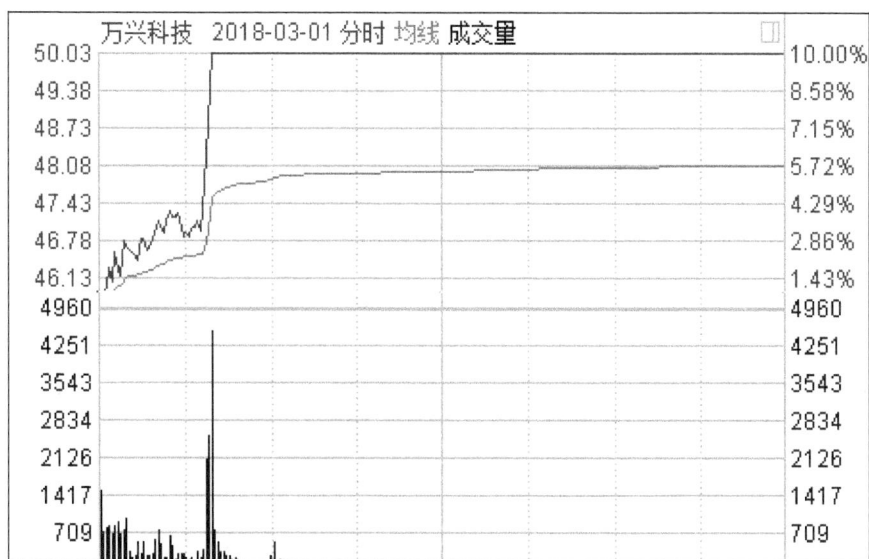

万兴科技3月1日第一个涨停，换手率17%

2018年3月，北京召开两会。这是十九大换届后，第一个两会。投资者高度关注两会最新动向。

在两会若干提案中，和股市最相关的提案就是独角兽。

万兴科技成为龙头的三个要素：

一、在新股堰塞湖尚未解决之际，独角兽弯道超车闪电上市，次新股当然作为首选目标。

二、2月创业板调整之际，上市的新股估值被压制，一旦行情来临，次新股将出现报复性上涨。

三、独角兽作为股市新生事物，A股中没有纯正标的，一旦形成气候，上面没有天花板。

第二波启动的第一个涨停换手率就达到17%。

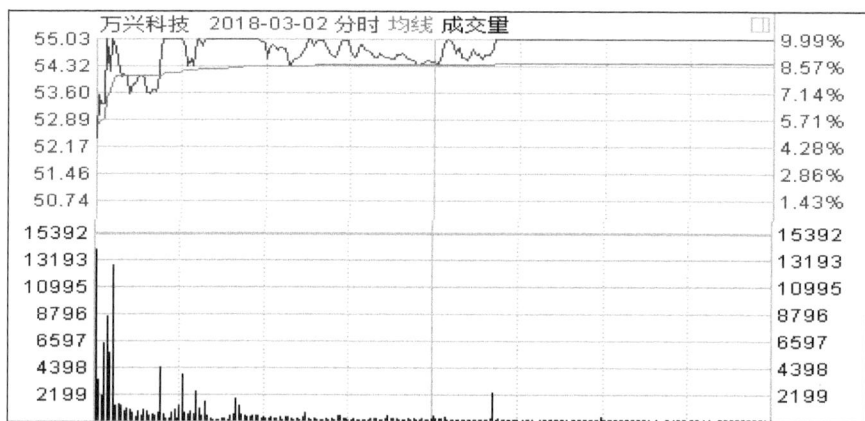

万兴科技 3 月 2 日第二个涨停，换手 53%

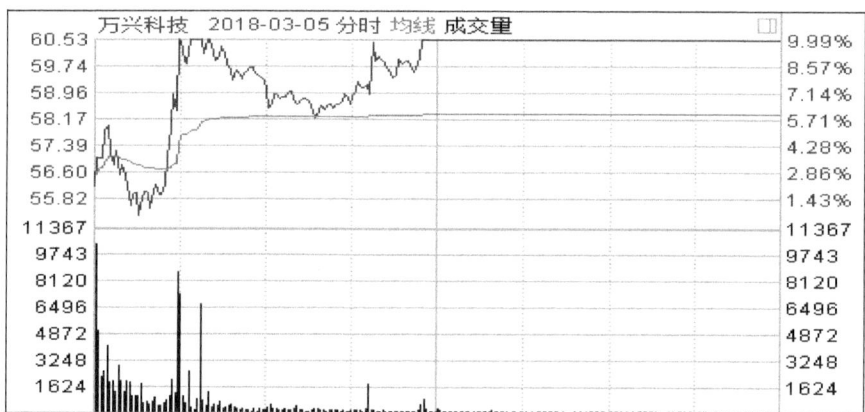

万兴科技 3 月 5 日第三个涨停，换手率 49%

由于两会在 3 月 3 日召开，市场关于独角兽的提案还处于不确定状态。尽管有风声传出，大多数投资者还没有意识到独角兽会对市场热点带来什么影响。

行情在犹豫中继续。3 月 2 日是周五，3 月 5 日是周一，万兴科技在高换手中涨停，有人出有人进，龙头效应开始显现。

3 个涨停是广告效应，唤醒市场对热点的关注，其实就是游资做广告。

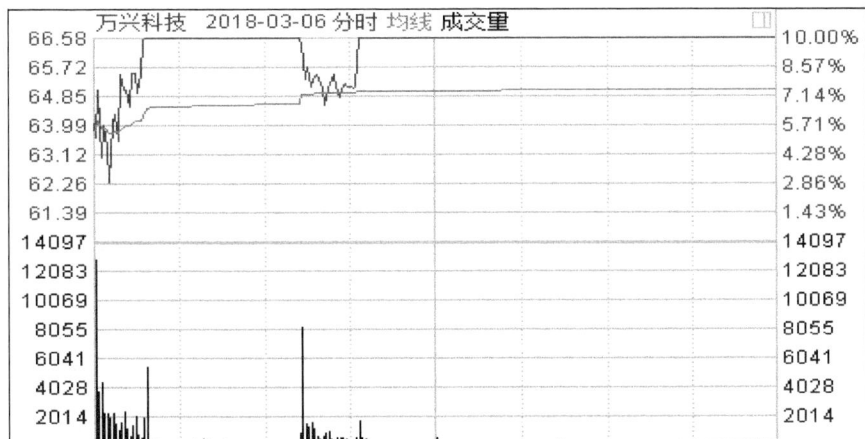

万兴科技3月6日第4个涨停，换手率39%

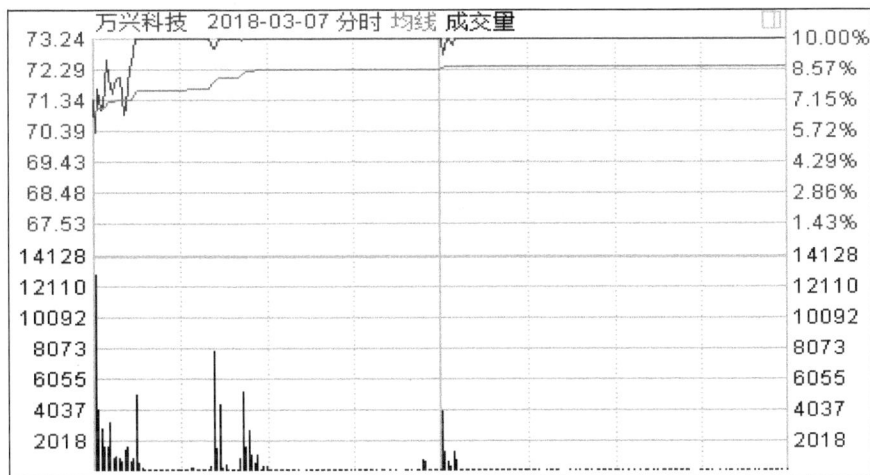

万兴科技3月7日第5个涨停，换手率39%

随后两天，万兴科技在巨量推动下，继续涨停。

每天高换手率意味着每个参与者都没有赚到大钱，进进出出，众人划桨开大船。5个涨停后，万兴科技成为市场绝对龙头。

万兴科技3月8日第6个涨停，换手率10%

万兴科技3月16日第7个涨停，换手率3%

　　该公司连续涨停后，停牌自查。停牌8天后，公司例行公告，无异常情况。

　　由于独角兽提案来自两会最高决策层，甚至证监会也表示开出绿色通道，以支持独角兽发行。这让市场认为独角兽概念，在监管方面是默许的，从而提升了该题材性质的高度和烈度。

　　万兴科技从巨量涨停，到无量涨停，这种模式意味着上升空间完全打开。无量代表着筹码的锁仓，即各路游资高度认同独角兽题材属性。

万兴科技 3 月 19 日第 8 个涨停，换手率 21%

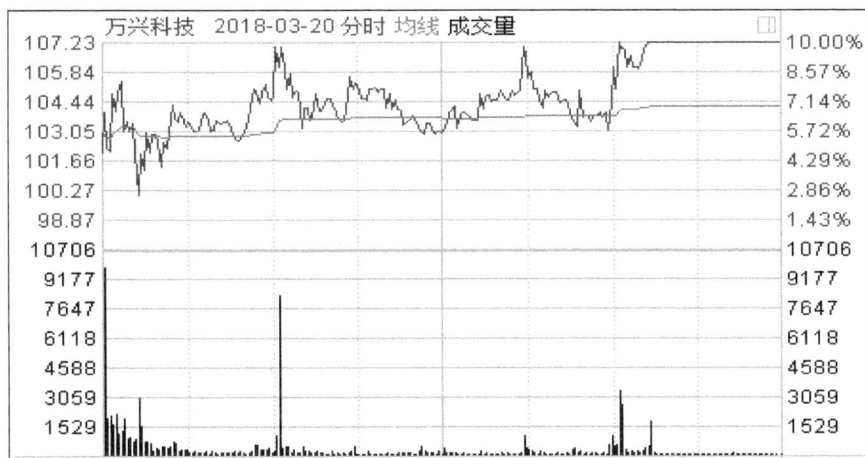

万兴科技 3 月 20 日第 9 个涨停，换手率 40%

继续第 8、9 个涨停后，万兴科技在 3 月 20 日重归高换手率。

从连续涨停的盘口来看，部分游资撤退，仅仅是盘中的回撤。稍微有获利回吐，就有新人进来承接。

只要不存在大幅跳水，就将继续延续主升模式。

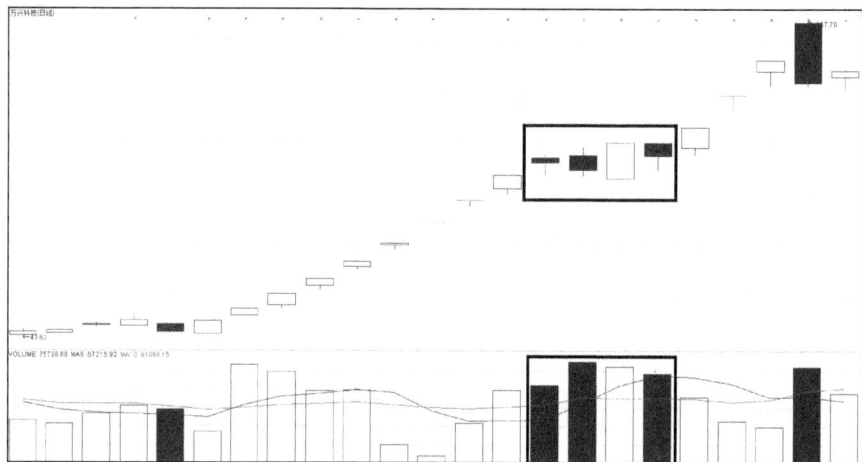

万兴科技高位平台换手充分

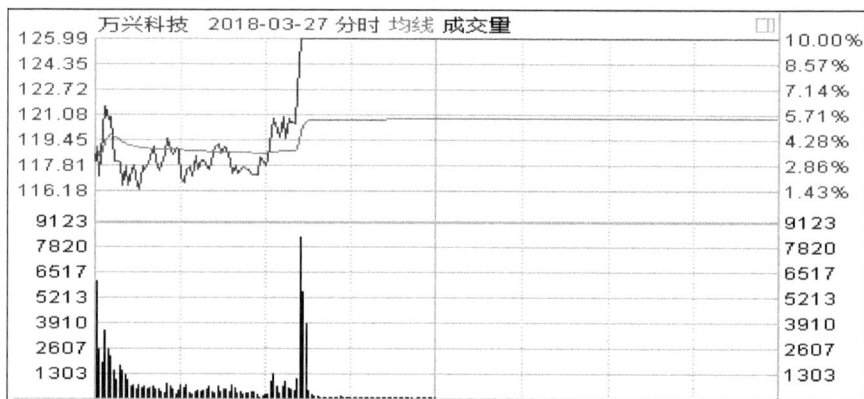

万兴科技 3 月 27 日再次涨停，换手率 36%

　　连续 9 个涨停之后，万兴科技进入高位平台整理。

　　首先，无量涨停的那 2 天，意味着行情的主升浪，各路资金一致认同，是典型的三浪三阶段。能不能构筑头部，要看盘中是否出现大幅跳水。

　　上面的平台阶段，都没有出现 10% 的跳水情况。因此整理之后，还可能继续走出 5 浪上升。

　　果然 3 月 27 日万兴科技再度发起攻击，突破新高，再次涨停。

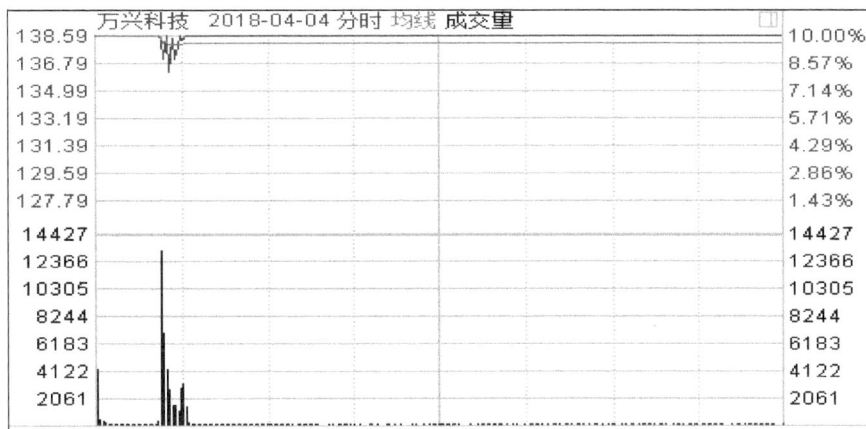

万兴科技 4 月 4 日继续涨停，换手率 23%

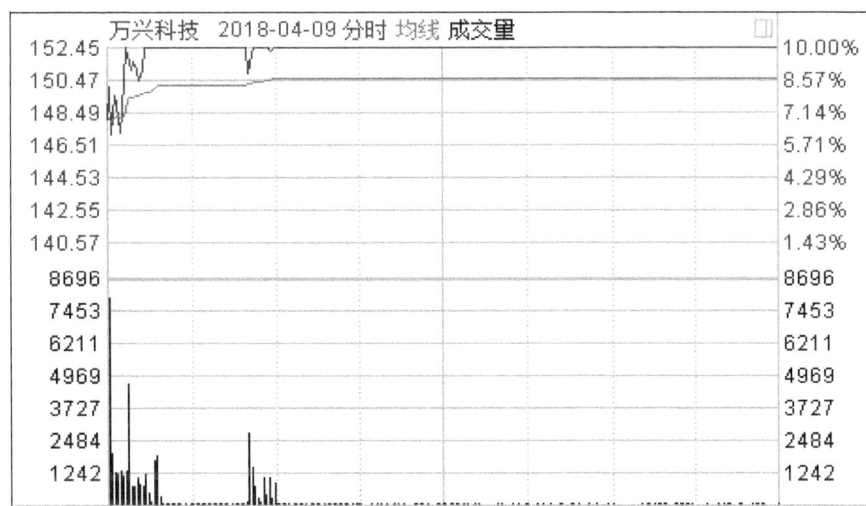

万兴科技 4 月 9 日再次涨停，换手率 20%

　　万兴科技突破高位小平台后，继续爆发独角兽能量。此时已经连续上涨 1 个月，停牌后就是涨停。在各路机构都参与一把的情况下，行情继续推高。

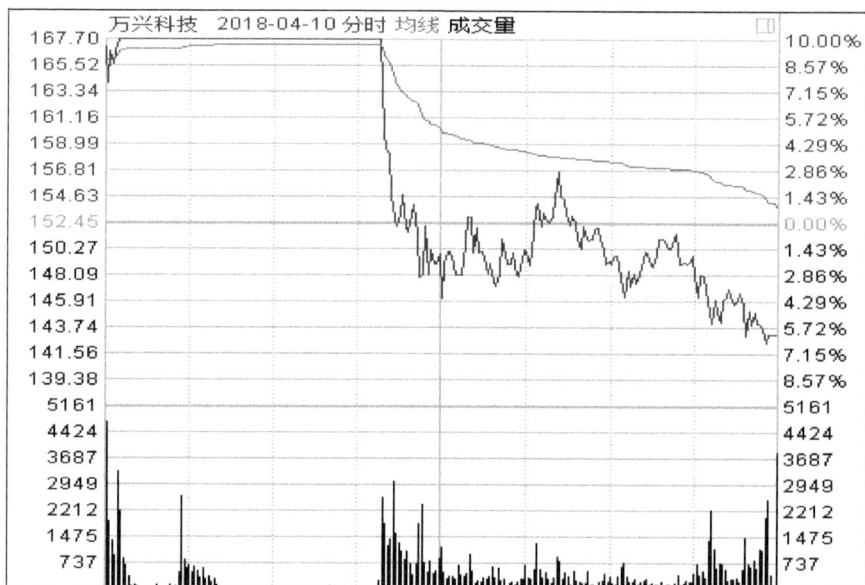

万兴科技4月10日高台跳水，行情终结，换手率52%

识别行情结束的标志就是，盘中是否大幅跳水。如果跳水幅度超过10%，这样的龙头行情就会基本结束。

4月10日，万兴科技在上午11点后突然从涨停打开，带着巨量跳水。此时行情正式结束。

综合分析万兴科技成为独角兽龙头，我们可以得出以下结论。

一、万兴科技是新股，上升空间没有天花板。

二、独角兽概念稀缺，题材属性来自最高层的顶层设计，监管层也一路绿灯，市场上下心知肚明，共同开发出该股的明星效应。

三、每一支妖股的成妖之路都是各路游资共同接力的结果，同时也是龙头游资敏锐嗅觉和快准狠狙击的结果。

2009 年 2—7 月上证综合指数

在股市大起大落中，国家往往通过新股发行节奏来调控市场。每当新股重新恢复发行，就表明大盘已经运行在良性区间，此时资金充沛，新股往往受到热钱青睐。

如何找到新股龙头？我们以 2009 年新股恢复发行的桂林三金和万马电缆为例，讲述新股战法。

2008 年进入熊市，在 4 月 3000 点附近暂停新股发行，但依然不能止住跌势。11 月 4 万亿政策出台后，大盘进入逆转，市场恢复性上升。2009 年 5 月，大盘在新股停发一年后，终于重启新股发行。

首先登陆中小板的股票是桂林三金（002275）和万马电缆（002276）。两家公司都将于 2009 年 7 月 10 日上市。桂林三金发行 4600 万股，发行价 19.8 元，公司是做西瓜霜润喉片的公司。万马电缆发行 5000 万股，发行价 11.5 元，公司是做电缆和电缆材料的公司。

桂林三金由于股票代码在万马电缆之前，被誉为新股发行第一股，市场给予了极高的预期。机构给出的桂林三金上市首日预估定价在 24 元左右，万马电缆上市首日预估定价 12.5 元。

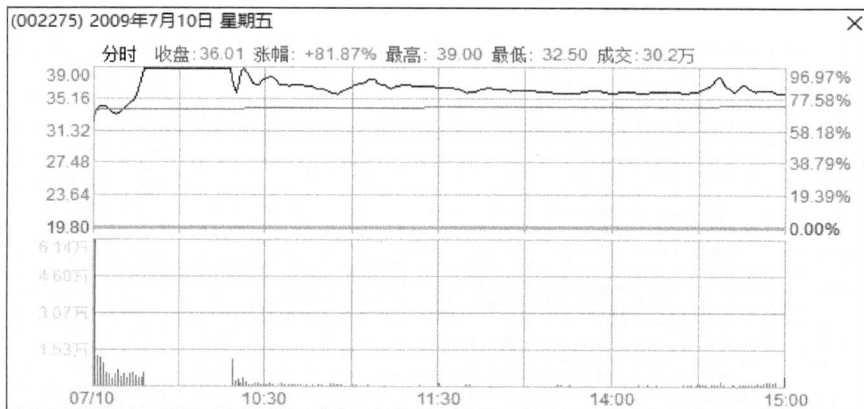

桂林三金上市首日表现

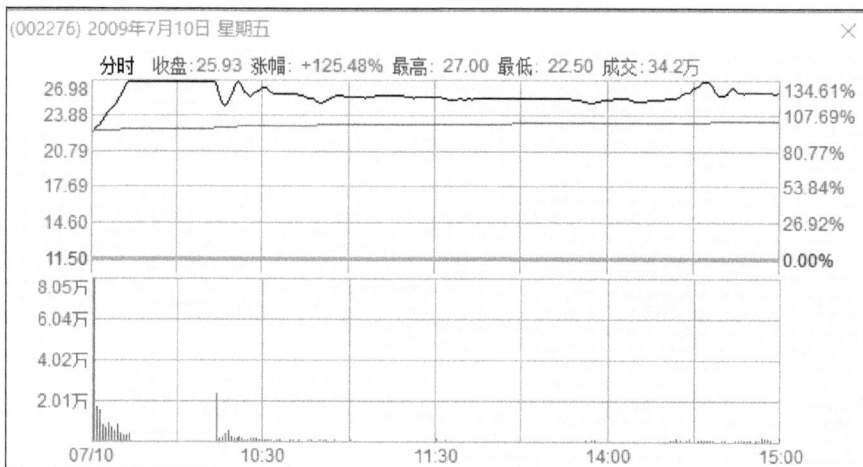

万马电缆上市首日表现

首日上市后，两支股票都有不俗表现。两支个股大幅超出市场预期开盘，桂林三金换手率82%，万马电缆换手率85%。

从盘口观察，两支股票开盘后都是高开高走，一路涨到上限。桂林三金早盘回落后进行上攻，而万马电缆早盘高开后直接攻击涨停。

在大幅超出市场预期下的高开高换手，意味着主力在快速收集筹码。

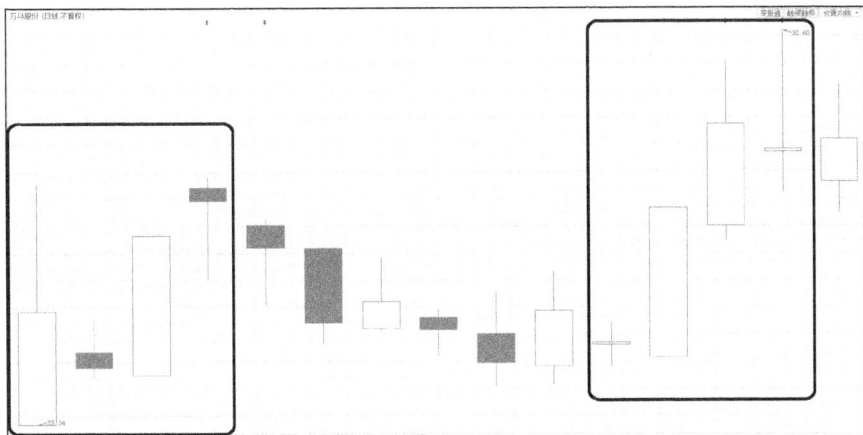

万马电缆上市后表现

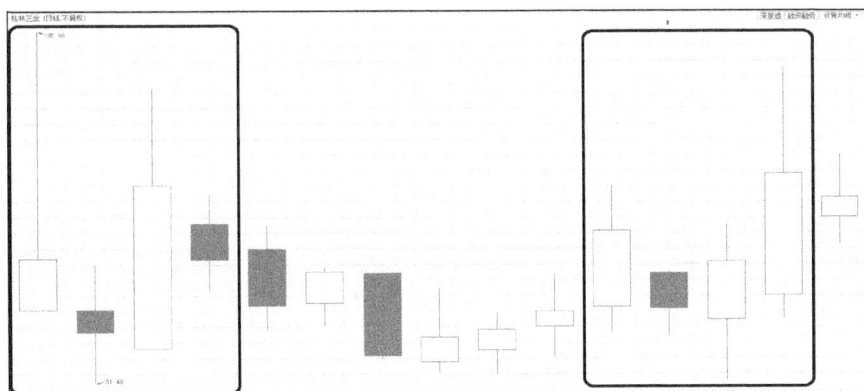

桂林三金上市后表现

　　两支新股在上市首日都受到了市场追捧，但是龙头只有一支，哪一支能够获得主力的青睐呢？

　　桂林三金由于是上市第一股，市场预期较高，参与者积极活跃。但是万马电缆由于前期低调，并且以远超市场预期开盘，显示主力更加集中，并且筹码收集更加彻底。

　　从后期的走势来看，万马电缆果然显现龙头品相。

　　图中连续拉出的两波行情（方框显示），都是万马电缆带着桂林三金走。

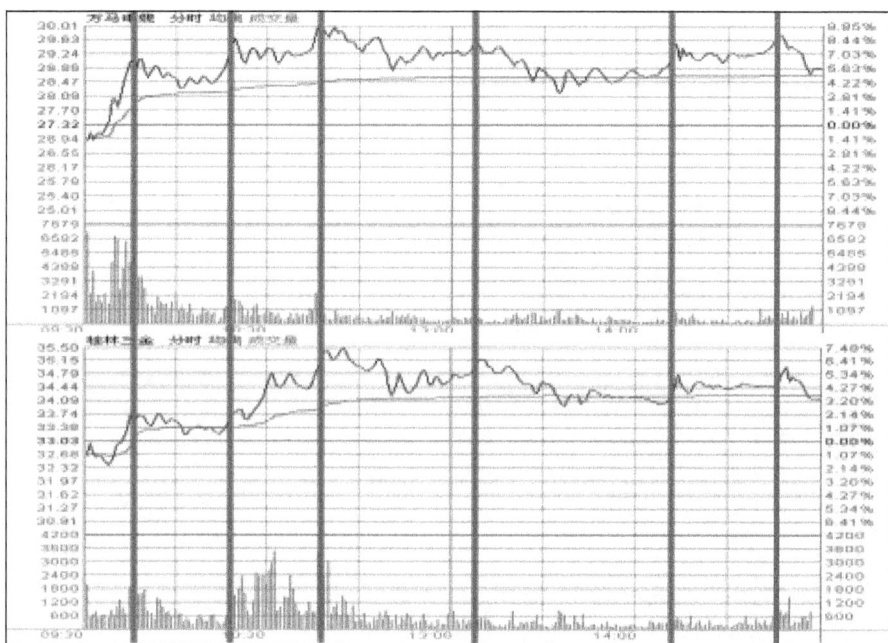

万马电缆和桂林三金分时图走势对比

从上面两支股票的盘口走势对比中，我们明显看到万马电缆和桂林三金的联动正相关属性。

两支个股虽然行业和基本面完全没有相似性，但是由于在同日上市，新股题材属性相同，构成了联动。龙头是万马电缆，从动是桂林三金。

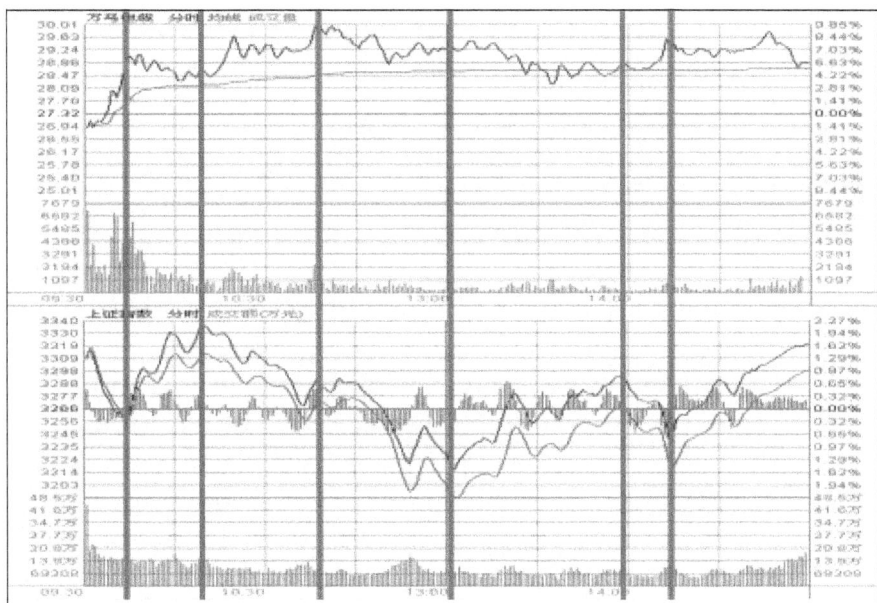

万马电缆和大盘走势形成反相关

同时还有一个有趣的现象，新股超常表现之日，往往就是大盘走弱之时。两者形成反相关性。

2009 年 7 月 30 日盘口，万马电缆一路强势冲高，但是大盘反向表现。上图中，几乎每个线段的走势，两者都是反向运动。

上述现象形成原因，一方面是，新股与大盘形成资金跷跷板，游资表现和大盘常规阴阳互现。另一方面是，新股由于不计入指数，往往在大盘不好之际，趁机表现一把，引人注目。

新股发行作为调控大盘的工具，有时也会被主力反向利用，借机发动一波行情。典型例子如 2003 年长江电力上市，和 2010 年农业银行上市。

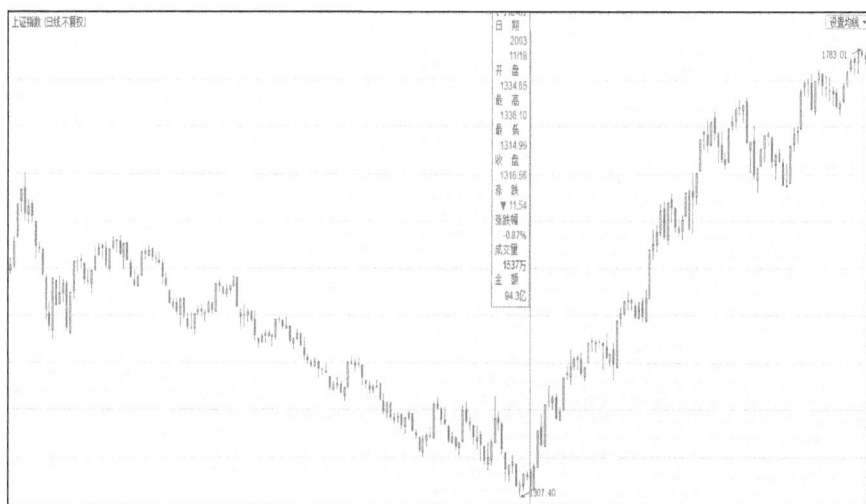

2003 年 11 月 18 日大盘见底启动

2003 年四季度，长江电力也在市场极度不看好的情况下，发行上市，并且带动大盘走出一波熊市中的超级反弹行情。

2003 年在"非典"事件影响下，全国物流停运，经济全面下滑。在基本面悲观预期情况下，又迎来了"超级航母"长江电力（600900）上市，这对本来就积弱已久的大盘更是雪上加霜。

长江电力上市即意味着三峡工程上市，如此庞大的募资和市值，让投资者认为无法承接。并且长江电力股份公司成立两年就闪电上市，市场争议极大。

上述背景说明长江电力上市，在当时是"重大利空"。

但是重大利空兑现，也就意味着重大机遇来临。长江电力上市，作为"靴子落地"，带动了大盘一波超级行情启动。以长江电力为代表的"五朵金花"相继开放，推动大盘在 5 个月时间里，从 1307 点涨到 1783 点，成就了 4 年熊市中最有力度的一次超级反弹行情。

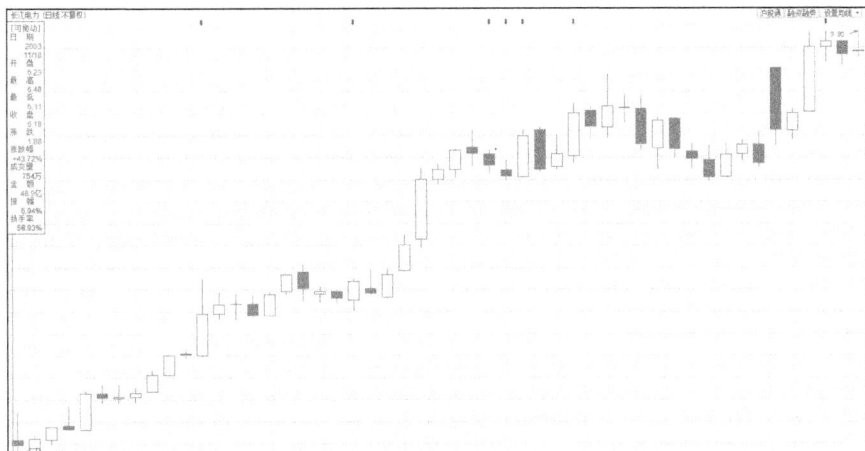

长江电力上市后带动大盘走出一波行情

2003 年 10 月 28 日，长江电力发行 23 亿股，发行价为 4.30 元。在争议声中发行上市。

2003 年 11 月 18 日，长江电力上市首日定价 6.2 元，换手率 59%，大大超出市场预期。

由于重大利空兑现，筹码轻松收集完毕，该股从上市之日，到 2004 年 2 月，上涨幅度高达 60%。

2004 年 1 月 31 日，国务院出台《国务院关于推进资本市场改革开放和稳定发展的若干意见》（国九条），为本轮超级反弹行情提供了最终解读。

但是长江电力主力却借此时机从容出货。

利空建仓，利好出货，再次成为博弈市场的利益交换之道。

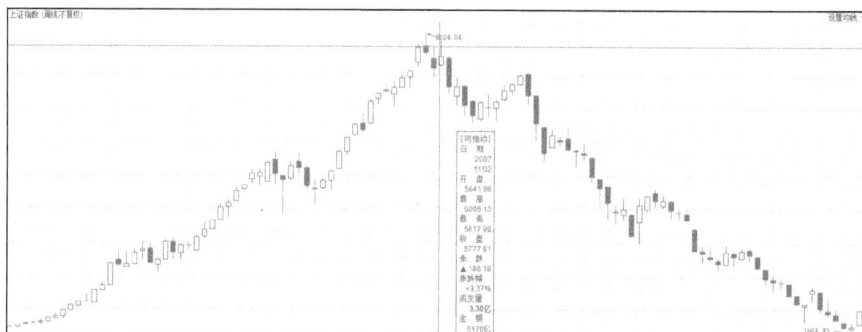

2007 年大牛市在发行中石油后终结（周线）

2007 年中国股市一路走牛，国家发行建设银行等大盘股，都阻挡不了牛市的步伐。建设银行虽大，但是 2006 年底发行过工商银行和中国银行，市场都平稳承接，建行利空并不超预期。

此时，不听话的股市需要更大的筹码对冲凶猛资金。中国石油这只史无前例的"独角兽"开始登场，作为调控大盘的工具。

中国石油上市开盘定价 48 元即成为历史最高，此时中国石油市值高达7.7 万亿元，按当时汇率计算，已经超过 1 万亿美元，成为全球第一家突破万亿美元市值的公司。10 年之后，美国苹果市值才真正突破万亿美元，而此时中国石油市值仅剩 1.4 万亿元人民币。

中国石油的作用，就是调控指数下行的工具。

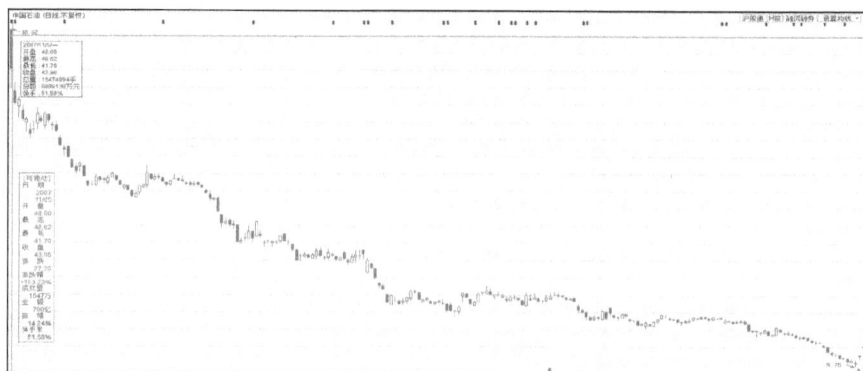

中国石油 2007 年 11 月 5 日上市（日线）

2009 年大反弹行情在中国建筑上市时终结（周线）

2009 年 7 月 29 日上市的中国建筑，也和当年中国石油上市的作用一样。成为调控指数的工具。

2008 年 11 月大盘自立冬 1664 点见底之后，反弹至 2009 年 7 月 30 日 3478 点见顶。恰逢中国建筑超级航母上市，成为调控大盘的做空工具。

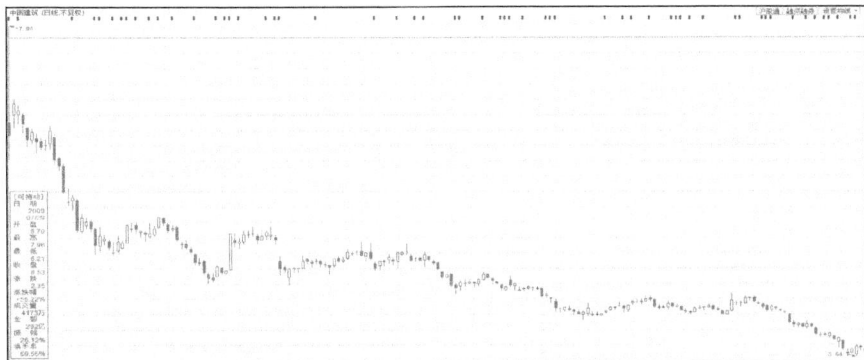

中国建筑 2009 年 7 月 29 日上市（日线）

小结：

从上述案例中看出，新股极端表现，往往是大盘转折的信号。新股和大盘表现形成反相关。即大盘不好之时，新股超预期。大盘极好之时，新股成为反转中压死骆驼的稻草。

　　每年市场都会有爆发性的题材，点燃市场热点。这正是股市的魅力所在。

超级题材实战手筋

　　2017年最大的题材就是雄安。中央对于雄安新区的保密工作做得极好，事前没有一点风声，个股也未出现任何异动。政府对雄安的政策宣传、出台时机没有任何铺垫。

　　该题材的爆发具有突发性、隐蔽性。从事后分析，即使是当初制定若干选址方案的社科院课题组，还有中央政策研究室和保定市县两级政府，都未预料到股市的反应会如此巨大。几乎所有的机构和散户对该题材没有任何准备。

　　超级题材启动的路径是，长线筹码交换到各路游资，各路游资批发给中小散户。因此超级题材至少是两波行情。

　　超级题材由于突发性，因此第一波大多数人都买不到。等买到的时候，就是放巨量的时候，长线主力开始交换给市场游资。

　　没有游资接盘的股票，很难拉出第二波。游资接盘的股票要排除个股是否埋伏有超级主力、公募基金等机构。有这样的机构，游资是拉不起来的。所以要排斥公募扎堆的股票，和基本面优秀的股票。

　　所以散户跟庄游资参与第二波，而不要成为接盘侠的重要参考，就是要敢于找基本面更坏而不是更好的股票去买入。

　　如果在启动前夕，还有利空袭击的股票，则更加具有龙头品相。比如业绩突降、重大诉讼、机构爆仓、证监会查处等。

　　从0分到60分，肯定比从80分到100分更具有诱惑。雄安题材远远超过前海题材本身就说明了，最大的机会来自最差的基本面。因此雄安题材中的龙头，就应该是基本面最差的个股。

人民网　人民网 >> 北京频道 >> 国内资讯

人民日报：设立雄安新区是中国历史上影响千年的大事

2017年04月04日17:04　来源：人民网-人民日报

[摘要]设立雄安新区是以习近平同志为核心的党中央作出的一项重大的历史性战略选择，是千年大计、国家大事，将成为促进京津冀协同发展新的增长极，成为贯彻落实新发展理念的创新发展示范区。

设立雄安新区是影响千年的大事

4月2日雄安政策突然宣布，在股市清明节休假4天时间里，几乎所有的舆论都在研究雄安到底是什么？

不仅仅是搬迁。当天就有全国的炒楼团杀进保定，开始扫楼。清明节期间保定的高铁票和客车票销售一空，酒店一房难求。

一夜之间，雄安成为最火的地区。作为保定郊县的雄安成为全国的中心，保定市成了雄安的郊区。

是夜，保定市政府出台紧急政策，楼市交易全部冻结。

可怜了那些当地大学生，把保定的房子刚刚卖掉，然后在北京贷款创业，结果两头挨套。

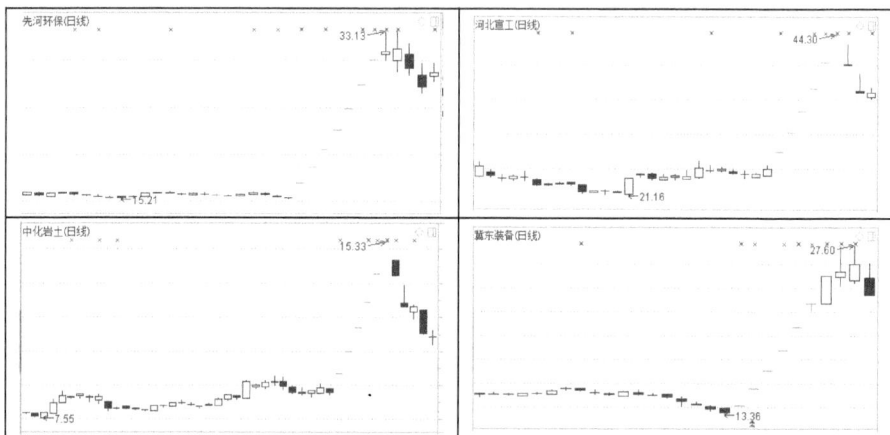

雄安第一波 4 大领涨股走势

4 月 5 日，过了清明小长假开盘以后，全部 52 支河北股（扣除了 4 支停牌股票）、北京天津的建筑股、环保股等数十支股票全部涨停。

在随后的几天，先河环保、河北宣工、中化岩土、冀东水泥 4 支个股保持了连续的大涨态势，成为"雄安风暴"的四大龙头。

雄安风暴中近百支股票连续大涨，如此庞大的资金消耗了市场热钱，形成了大盘跌、雄安涨的反相关性，出现了当时市场只有"雄安"和"非雄安"两大板块的罕见现象。

连涨 5 天之后，交易所对带有雄安题材的股票集体停牌，提示风险。经过短短七八个交易日的爆炒以后，长线筹码大幅换手，多数股票也开始降温，进入调整阶段。

雄安还会有第二波吗？

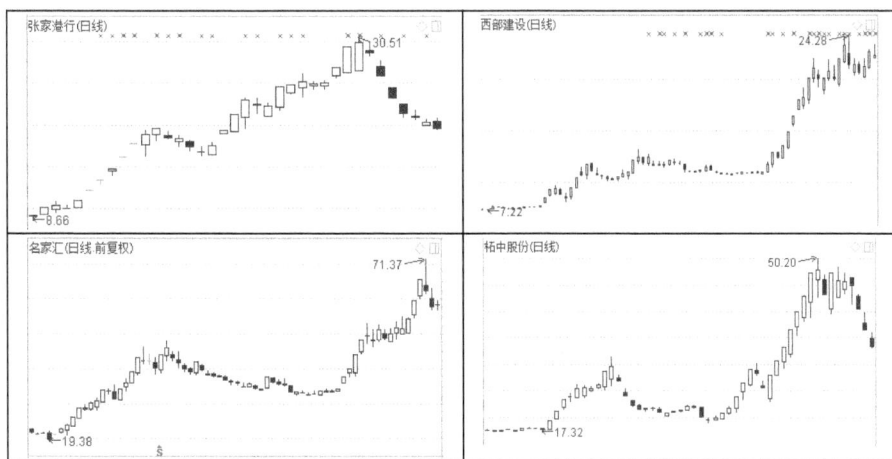

雄安题材之前的领涨板块龙头走势图

在炒作雄安题材之前，市场的热点在"一带一路"（5月要召开中国一带一路大会），领涨的股票是西部建设，最大涨幅为202%，其次是天山股份涨130%。其他如次新股龙头张家港行涨225%，填权的名家汇从填权开始算涨206%，军工的湖南天雁涨111%，老庄股柘中股份涨172%，借壳题材黑豹涨314%。而且强势龙头品种，都出现了两波拉抬走势。

上述几个龙头的平均涨幅是2倍，维持时间是3个月。因此无论如何，在千年雄安的龙头股中，涨幅不应该低于2倍。同时从上涨时间来看，第一阶段的雄安整体上涨30%，维持时间10天左右，领涨股先河环保和河北宣工都只有不到一倍的上涨。前面的几个龙头题材和千年雄安相比，谁的力量更大是不言而喻的。

所以雄安股票从时间和空间看都应该还有第二波的兴起，需要找到龙头是谁。

2017 年 4 月大盘出现大幅调整

　　由于这一"千年一遇"题材的突发性，导致整个市场的热钱全部席卷到雄安概念中来。同时也使市场资金失血，4 月的中小创不少股票暴跌30%，雄安概念抢了最大的风头。此时除了雄安，别的股票都是风险。

　　雄安股票在连续跌停被打开之后，出现了大幅放量，除了老机构外都还没有赚到钱。也就是说经过连续涨停后，新进入的游资接走了国家队、社保公募等长线机构手中的筹码，对游资而言这就是一个新的筹码，击鼓传花是新进游资的赚钱套路。

　　新进的游资进入混战，借助媒体的造势，批发给散户，这就是第二阶段特点。

　　由于雄安经过第一阶段的充分挖掘，涉及的股票数已经超过百支。更高的市值和更宽的范围上，不可能再掀起更大的资金追逐（因为没有更大的突发预期消息了）。所以后市必定会进入分化阶段，龙头品种掀起第二波，其他品种进入漫长回调阶段。

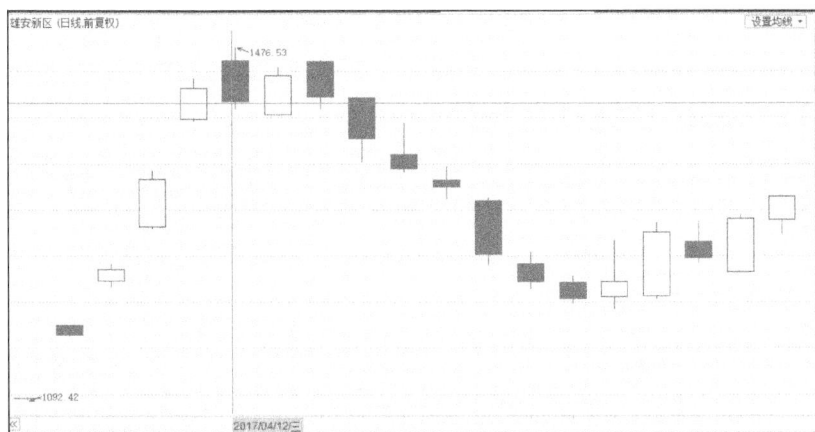

雄安板块 4 月 12 日见顶

连涨一周之后，大部分雄安题材股票进入回落。主要原因有三。

1、河北股票大多数属于传统类股票，这几年大多数没有业绩。河北板块对研究机构而言，去的较少，相对陌生，继续爬高缺乏基本面支持。

2、席卷雄安的资金消耗了大量的热钱。雄安概念清明后刚刚推出的时候，当日百股涨停，连续数日强攻，热点无法支撑如此庞大的板块面积，短线资金有休整要求。

3、个股进入到分化阶段。

冀东装备（*ST 冀装）第一个涨停是 5%

冀东装备（*ST 冀装）在雄安新区设立日恰好长期停牌后复牌，因 ST 首日复牌后涨幅只有 5%，比别的雄安股票少涨半个涨停。

由于 ST 股票没有大型公募和社保资金建底仓的筹码（公募机构投资体系，以价值和基本面为导向），因此这样的"事件驱动型"机会出现后，不会出现大型机构的大量抛压。

同时冀东装备（*ST 冀装）在停牌前期，股价大幅下跌（上图中圆圈部分），不存在消息公布前埋伏的"老鼠仓"。

上述原因，导致了冀东装备（*ST 冀装）在雄安新区概念股分化阶段，具备再次启动行情的条件。

下面我们讲解冀东装备（*ST 冀装）复牌日后的逐日走势分时盘口，与消息面公告的资金动向，解读冀东装备（*ST 冀装）成为分化阶段第二波龙头的成因。

4月5日 *ST冀装只涨5%

4月5日，*ST冀装复牌，在雄安概念影响下涨停，涨幅只有5%。

4月6日，*ST冀装公告摘帽停牌。7日复牌，恢复名称冀东装备，涨幅恢复10%。

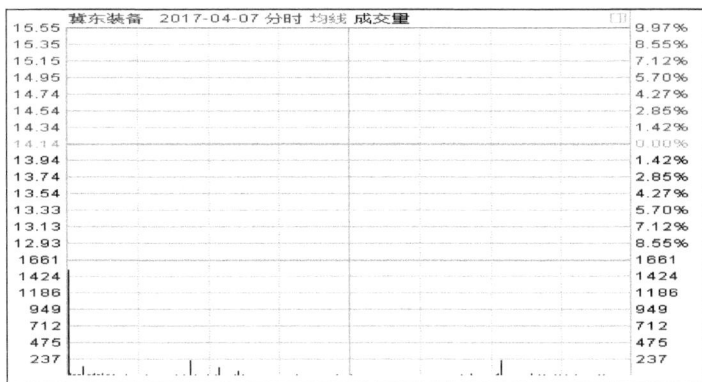

4月7日摘帽后继续打板点停

此时，冀东装备不仅比别的雄安概念少涨一天，而且第一个涨停也只有5%。

注意这个5%的启动之前，一直都是ST，且长期处于停牌。该股不属于公募扎堆的品种，游资具备推动该股的力量。

全天点停情况下，出现买卖完全对称的交易情况

在此之前的一个交易日，也就是 4 月 12 日周三，深交所龙虎榜揭示，银河证券石家庄红旗大街营业部卖出 5942.13 万元，而中投证券厦门展宏路营业部买入 5942.13 万元。

在 4 月 11 日冀东装备的大宗交易公告中，买卖双方以涨停价 18.82 元成交 1666.13 万元。买方营业部是中投证券厦门展宏路营业部，卖方营业部是银河证券石家庄红旗大街营业部。

4 月 12 日进行两笔大宗，正好是买卖双方，成交价格是涨停价格 20.70 元，共计成交 4276 万元。

正好又是上述这两家营业部。可以判断这两个席位的买卖是有关联的。

如果下一个交易日打开涨停，应该还有机会。这就是"首开涨停，无脑买入"。

4 月 13 日周四和 4 月 14 日周五，冀东装备被交易所限令停牌自查。

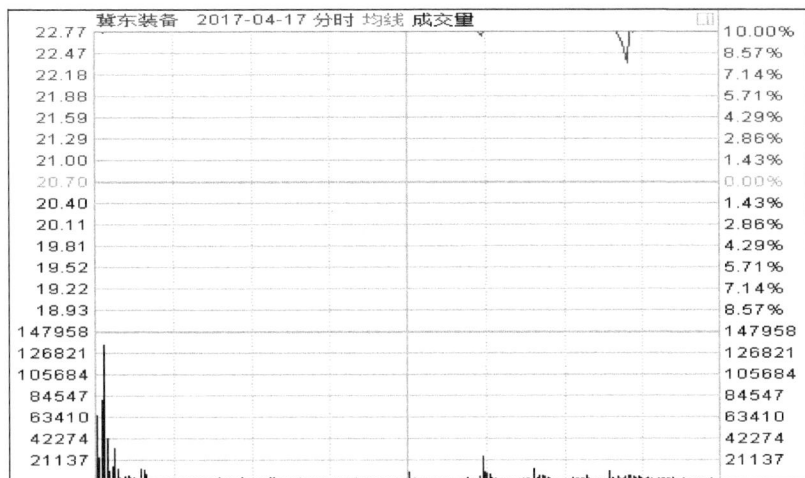

冀东装备 4 月 17 日第一次打开涨停

冀东装备下午在雄安热点退潮的情况下，在下午 2:20 被打开一个口子。龙虎榜显示，买入前 5 名营业部合计 15 112.45 万元，占总成交比例 9.33%；卖出前 5 名营业部资金合计 25 755.25 万元，占总成交比例 15.90%。

买入额最大前五名	买入量（万元）	卖出额最大前五名	卖出量（万元）
华鑫证券宁波沧海路	4036.89	国信证券北京三里河	7625.20
中信证券上海恒丰路	3049.36	中投证券厦门展鸿路	6719.43
国泰君安上海江苏路	2787.03	长城证券杭州文一西路	4589.01
国泰君安上海四平路	2588.27	申万宏源沈阳白山路	3753.87
国泰君安上海陆家嘴东	2420.68	安信证券揭阳临江北路	2786.59

龙虎榜显示买盘较为分散，表明是多路资金进入的结果。而前一交易日进场的中投证券厦门展宏路营业部卖出额减去前一交易日的大宗交易和买入席位，获利 900 多万元，表明该机构做了短线，已经全部退场了。

这种有条件拿到筹码的机构，都不敢持有，多空分歧极大，因此一波行情不存在特别暴利的机构，也不会遭到特大的抛压盘改变行情性质。

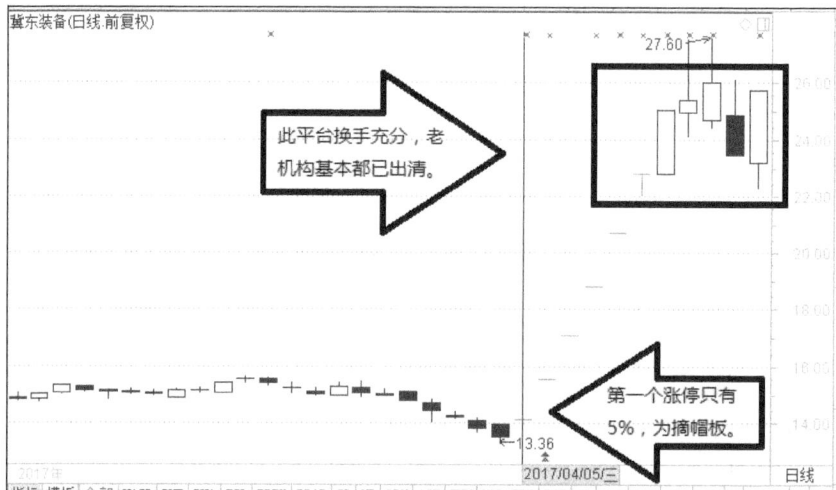

冀东装备第二波启动前蓄势

冀东装备在启动前是下跌趋势，突发消息刺激后，第一个涨停由于是 ST，所以只涨了 5%，相当于比别的股票少一个涨停。

同时由于 ST 的身份，前期没有大型公募等机构驻扎其中，该股的筹码容易收集到。

根据冀东装备 2017 年 3 月 31 日的一季度报告显示，十大股东中只有一支农行 - 广发基金，持有 120 万股，占 0.5% 的股份，除此之外再没有别的公募基金。

这 2000 多万元的市值对游资而言简直微不足道，个人大户都可以接走，不会形成大量的抛压。

冀东装备在换手放量时，价格在 23 ～ 26 元，距离启动前的低点 13.36 元，连一倍的涨幅都不到。

从 10 元涨到 30 元，比 50 元涨到 150 元看上去更容易被人接受。由于预期差的存在，低价股的预期更强。

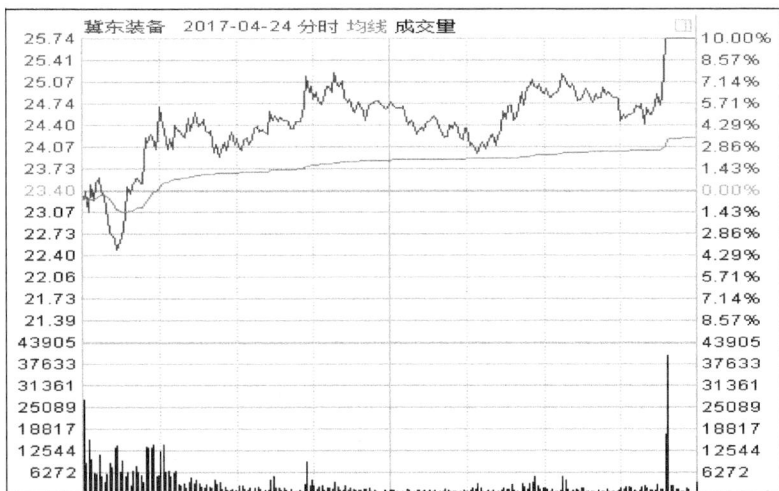

冀东装备 4 月 24 日分时图

冀东装备 4 月 24 日龙虎榜，买入前 5 名营业部资金合计 25 974.52 万元，占总成交比例 15.56%；卖出前 5 名营业部资金合计 23 803.11 万元，占总成交比例 14.26%。

买入额最大的前 5 名	买入额（万元）	卖出额最大的前 5 名	卖出额（万元）
华福证券上海遵义路	13 767	华融证券北京金融大街	13 748
机构专用	4412.00	兴业证券成都航空路	2938.88
招商证券深圳工业七路	2405.84	华泰证券厦门厦禾路	2911.86
安信证券上海虹桥路	1951.44	中信证券湖北分公司	2105.27
华鑫证券南京中山北路	1897.93	申万宏源南宁英华路	1552.78

买入席位和卖出席位大致均等，游资博弈，机构换筹。

买盘出现 4412 万净买入的机构专用席位。龙虎榜公布后，出现机构买入席位的股票，次日通常有较大的短线机会。

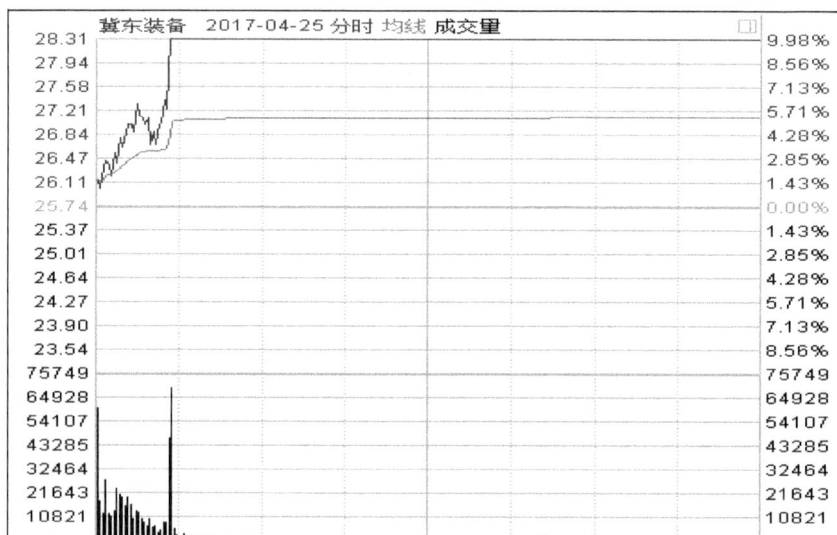

冀东装备 4 月 25 日分时图

买入额最大的前 5 名	买入额（万元）	卖出额最大的前 5 名	卖出额（万元）
首创证券厦门厦禾路	16 008	华融证券北京金融大街	16 008
中泰证券深圳欢乐海岸	9266.23	华福证券上海遵义路	14 743
中信证券上海淮海中路	7149.57	财通证券常熟枫林路	4276.65
中信证券深圳总部	6032.34	申万宏源沈阳白山路	4188.56
宏信证券深圳深南大道	3800.62	招商证券深圳工业七路	2636.74

　　冀东装备 4 月 25 日龙虎榜，买入前 5 名营业部资金合计 42 287.00 万元，占总成交比例 27.40%；卖出前 5 名营业部资金合计 41 930.09 万元，占总成交比例 27.17%。

　　同日显示，冀东装备大宗交易平台以 27.60 元的成交价成交 580 万股，成交金额达 16 008 万元。

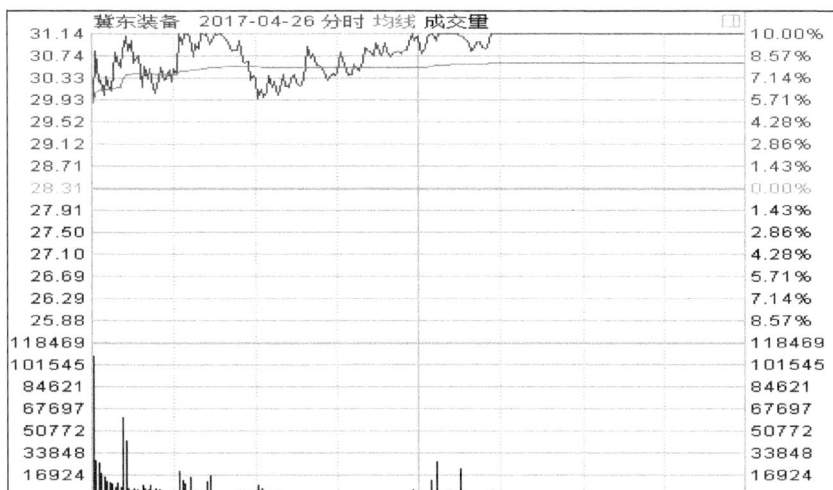

冀东装备 4 月 26 日分时图

4 月 26 日，冀东装备继续大幅高开，早盘多次攻击涨停，到下午封住涨停。

冀东装备 4 月 26 日龙虎榜，买入前 5 名营业部资金合计 14 637.09 万元，占总成交比例 6.30%；卖出前 5 名营业部资金合计 49 726.94 万元，占总成交比例 21.39%。

买入额最大的前 5 名	买入额（万元）	卖出额最大的前 5 名	卖出额（万元）
中信证券上海古北路	4189.58	申万宏源沈阳白山路	23267
浙商证券绍兴解放北路	3505.21	首创证券厦门厦禾路	17 709
财通证券温岭中华路	2354.23	中泰证券深圳欢乐海岸	3190.31
东兴证券泉州温陵北路	2319.43	机构专用	2626.66
华泰证券台州中心大道	2200.76	海通证券蚌埠中荣街	1859.29

龙虎榜席位显示，两笔巨额抛出，达到 4 亿元的交易量。

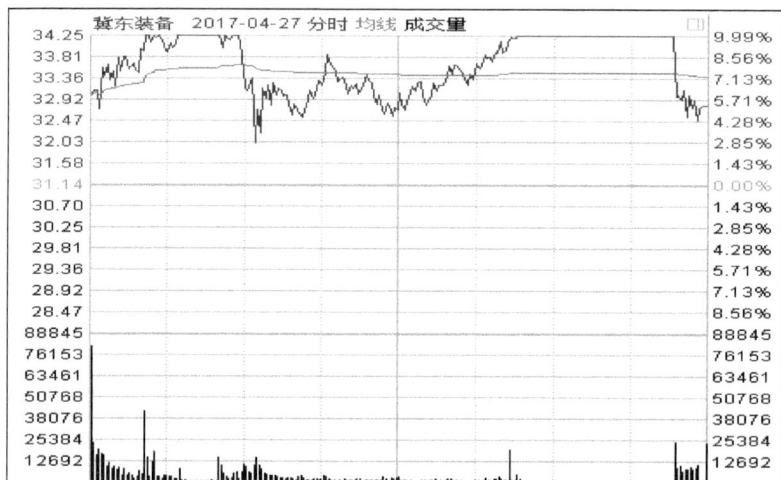

冀东装备 4 月 27 日分时图

4 月 27 日，冀东装备高开后冲击涨停，在涨停板附近持续换手，尾盘受大盘影响跳水，K 线形态收出十字星，全天成交 26.9 亿元，换手率 35%。

龙虎榜显示，买入前 5 名营业部资金合计 25 521.44 万元，占总成交比例 9.49%；卖出前 5 名营业部资金合计 22 480.44 万元，占总成交比例 8.36%。

买入额最大的前 5 名	买入额（万元）	卖出额最大的前 5 名	卖出额（万元）
银河证券杭州天城东路	6566.41	中信证券上海淮海中路	8637.13
华泰证券常州高新科技园	4227.84	浙商证券绍兴解放北路	3732.74
中信证券上海古北路	4131.79	机构专用	2674.03
东兴证券泉州温陵北路	2980.58	财通证券温岭中华路	2617.35
华泰证券南京中山北路	2772.10	华泰证券浙江分公司	2418.57

龙虎榜上显示，当天买卖大致持平，表明多空力量均衡，在高换手推动下，该股应还有 10 元上升空间。

冀东装备 4 月 28 日分时图

4 月 28 日，冀东装备震荡走高，下午封住涨停，盘中打开一次。当日成交 24 亿元，换手率 30%。

龙虎榜显示，买入前 5 名营业部资金合计 21 994.57 万元，占总成交比例 9.09%；卖出前 5 名营业部资金合计 22 625.66 万元，占总成交比例 9.35%。

买入额最大的前 5 名	买入额（万元）	卖出额最大的前 5 名	卖出额（万元）
中信证券上海溧阳路	5076.76	银河证券杭州天城东路	8330.19
招商证券深圳工业七路	4715.72	东兴证券泉州温陵北路	5055.53
银河证券北京阜成路	4103.01	华泰证券常州高新园	2784.79
光大证券深圳金田路	3668.40	中信建投绍兴胜利东路	2629.90
浙商证券绍兴解放北路	3491.30	华泰证券台州中心大道	2498.40

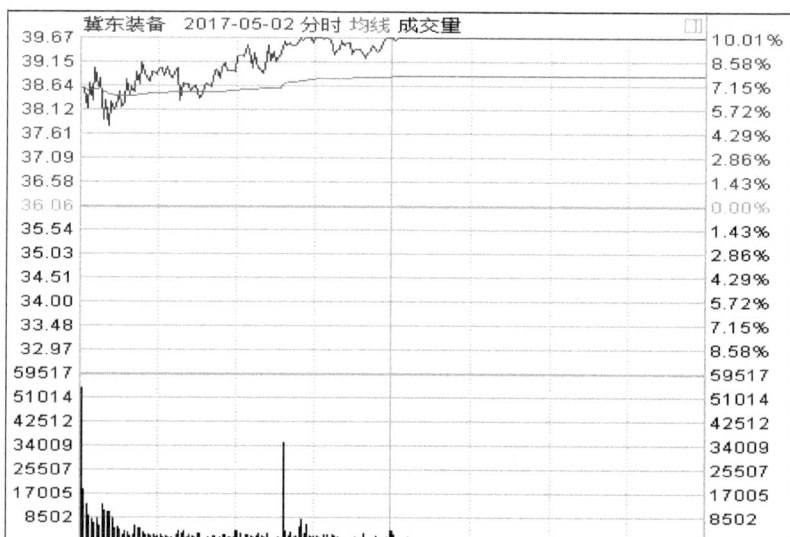

冀东装备 5 月 2 日分时图

5月2日，冀东装备继续高开，下午封住涨停。全天成交 16 亿元，换手率 18%。

冀东装备 5 月 2 日龙虎榜，买入前 5 名营业部资金合计 14 885.37 万元，占总成交比例 9.36%；卖出前 5 名营业部资金合计 17 079.63 万元，占总成交比例 10.74%。

买入额最大的前 5 名	买入额（万元）	卖出额最大的前 5 名	卖出额（万元）
招商证券深圳工业七路	3719.23	中信证券上海溧阳路	5445.17
上海证券深圳民田路	2593.84	招商证券深圳工业七路	4870.14
国信证券南昌八一大道	2031.83	光大证券深圳金田路	3829.58
华泰证券台州中心大道	1808.94	海通证券北京中关村南街	1459.78
国海证券桂林中山中路	1733.36	国元证券宣城叠嶂西路	1410.89

冀东装备 5 月 3 日分时走势

5 月 3 日，冀东装备高开后进入震荡，尾盘收跌。全天成交 27 亿元，换手率 30%。

冀东装备 5 月 3 日龙虎榜，买入前 5 名营业部资金合计 15 624.27 万元，占总成交比例 5.64%；卖出前 5 名营业部资金合计 20 368.83 万元，占总成交比例 7.35%。

买入额最大的前 5 名	买入额（万元）	卖出额最大的前 5 名	卖出额（万元）
海通证券许昌建设路	2795.39	浙商证券绍兴解放北路	4106.23
中信建投绍兴胜利东路	2593.21	招商证券深圳工业七路	3814.64
光大证券深圳金田路	2493.40	上海证券深圳民田路	3801.35
长江证券广州天河北路	2023.79	国信证券南昌八一大道	3544.08
东北证券白山通江路	1980.69	海通证券北京中关村	2943.59

冀东装备 5 月 15 日见顶

冀东装备 5 月 15 日成交 33.6 亿元，换手率 34%。高换手聚集人气，但此时冀东装备已是强弩之末。

盘中出现的最高价 45.80 元，是自 4 月 24 日第二波启动以来，翻番的价格。

买入额最大前 5 名	买入额（万元）	卖出额最大前 5 名	卖出额（万元）
广发证券顺德建设南路	5266.34	中信建投绍兴胜利东路	7520.68
银河证券绍兴营业部	5181.36	方正证券深圳别墅路	5958.94
银河证券北京阜成路	4602.65	国联证券无锡五爱北路	3178.55
中信证券上海淮海中路	3806.65	国元证券上海虹桥路	2925.89
华泰证券浙江分公司	3041.97	国金证券上海金碧路	1916.83

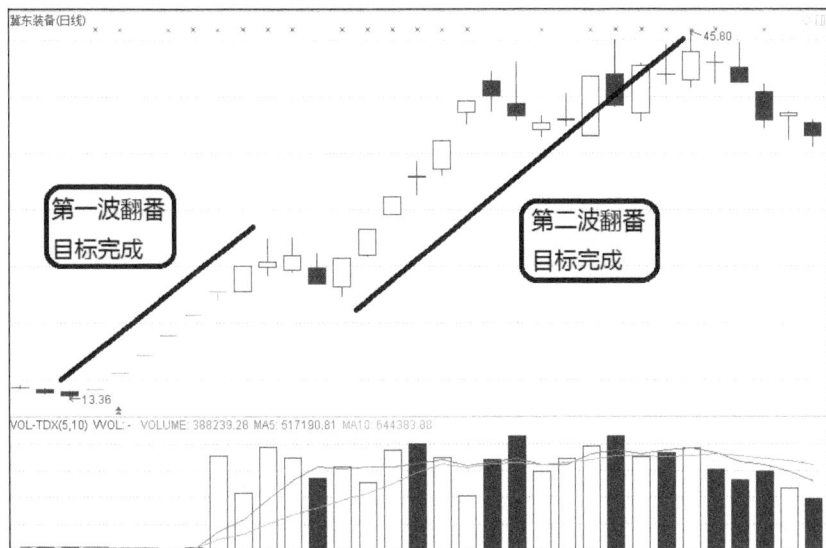

冀东装备完成两波上涨目标

第一波冀东装备在停牌前最低点 13.36 元，到 4 月 19 日的最高点 27.56 元，股价完成一倍升幅。

第二波 4 月 24 日最低点 22.28 元，到 5 月 15 日 45.80 元，股价再次上涨一倍。

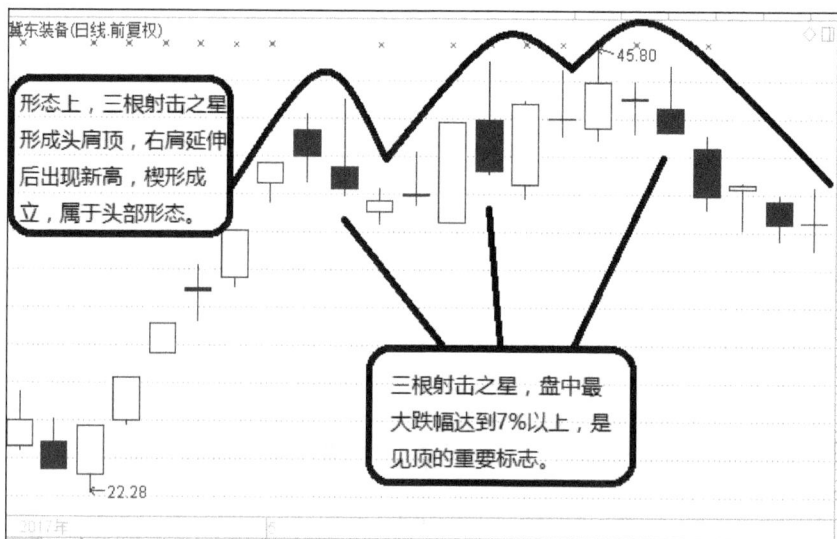

冀东装备头部形态

5月4日、5月10日、5月17日出现了三根射击之星。这三根星的当日盘中高台跳水跌幅达到7%以上，是高点的判断依据。连续三次出现，意味着复合头部已经形成。

由于右肩略高，属于变形的头肩顶形态，也可以理解为楔形结构，属于重大头部形态。

冀东装备 5 月 4 日分时图

5 月 4 日平开后震荡走高，午盘后突然大幅跳水，最高价 43 元，单波跳水幅度达到 10%，收出射击之星 K 线。

收盘报 38.2 元，全天收跌 4%，换手率 38%。

5 月 10 日分时图走势

5 月 10 日高开后震荡走高，10:45 见到全天最高价格 45 元后逐波走软，午盘前后跳水，单波跳水幅度达到 8%，收出射击之星 K 线。

收盘报 39.15 元，全天收跌 6%，换手率 38%。

5 月 17 日分时走势图

5 月 17 日低开后震荡走高，10 点前后见到最高价 44.8 元后回落，全天震荡走低，单波跳水幅度 5%，收出射击之星 K 线。

收盘报 41.24 元，下跌 4%。全天换手率 23%。

定式：

高换手和大幅跳水，上述三根射击之星 K 线组合，形成重要头部。

冀东装备 4 月到 8 月走势对比

上证综合指数 4 月到 8 月走势对比

由于雄安题材横空出世，抢尽大盘风头，造成大盘失血。二季度市场只有两大板块，"雄安"和"非雄安"。当雄安板块见顶之际，就是大盘见底之时。雄安龙头和大盘形成反相关性。具体理论和战法请参见《正相关与反相关》

冀东装备作为雄安龙头，自 4 月 5 日起涨，至 5 月 15 日结束。而上证综指自 4 月 7 日见顶，至 5 月 11 日见底。两大指标形成反相关性。

2017-06-30 较上个报告期退出前十大股东有

中国证券金融股份有限公司	28262.26	2.66	无限售 A 股	退出
全国社保基金一零六组合 MORGAN STANLEY & CO.	5964.03	0.56	无限售 A 股	退出
INTERNATIONAL PLC.	3905.42	0.37	无限售 A 股	退出
全国社保基金一零五组合	3645.49	0.34	无限售 A 股	退出
全国社保基金一一五组合	3600.00	0.34	无限售 A 股	退出

河钢股份中报显示证金全部退出

2017-06-30 较上个报告期退出前十大流通股东有

中国证券金融股份有限公司	6573.43	2.22	A 股	其他	退出
招商财富—招商银行—中民 1 号 专项资产管理计划	3092.83	1.05	A 股	基金专户	退出
长城国融投资管理有限公司	3092.73	1.05	A 股	其他	退出
申万菱信基金—工商银行—创盈定增 60 号资产管理计划	3091.87	1.05	A 股	基金专户	退出
全国社保基金——八组合	2041.68	0.69	A 股	全国社保基金	退出

华夏幸福中报显示证金全部退出

4 月 11 日，河钢股份、华夏幸福、唐山港等多支雄安概念股票遭大单卖出。

其中，河钢股份首单砸盘是 9900 万股，从股东名册看到，证金退出十大股东，一季度持股占总股本比例为 2.66%。华夏幸福、唐山港中报显示，证金也退出十大股东榜。

这种有大型公募基金扎堆的股票，是无法启动第二波行情的。

小结：

超级题材爆发后，龙头品种的主导力量是游资而不是公募和社保基金。

各路游资哄抬第二波龙头的条件，是不能有某路机构持有特别暴利的底仓，否则无法拉动暴利的市值。众人划桨开大船的结果，就是各赚一部分利润之后走人，形成了每天非点停打板，各路人马进进出出，换手率极高的强硬盘口。

游资的特点是，进场后打得起来就做，打不起来就止损。这时候还要考虑老基金和国家队的减仓。

因此超级题材全面释放过一波行情之后，再次全面启动第二波行情，是不现实的。必然出现一部分个股的强势和一部分个股的撤退。主力游资在分化行情中，将筹码批发给散户。此阶段的特点是高换手，大幅震荡。

资金在博弈中，本质是长线和短线的筹码交换。超级题材在行情的爆发期，也往往处于行情的尾声阶段。

当行情全面由散户接盘后，并不是马上要跌，而是散户拿到筹码没有能力拉升股价，也就没有新的跟风盘。各种技术止损出来，最后会形成多杀多的一个阶段，直到散户抛尽或者起涨行情跌回原形，才会有新游资再度介入。

谭咏麟在"水中花"中唱到：

我看见水中的花朵，强要留住一抹红，奈何辗转在风尘，不再有往日颜色。

我看见水光中的我，无力留住些什么，只在恍惚醉意中，还有些旧梦。

一般突发性超级题材会出现龙头和两波上涨的情况。下面我们介绍近几年最大黑马的形成机理和技术特点。

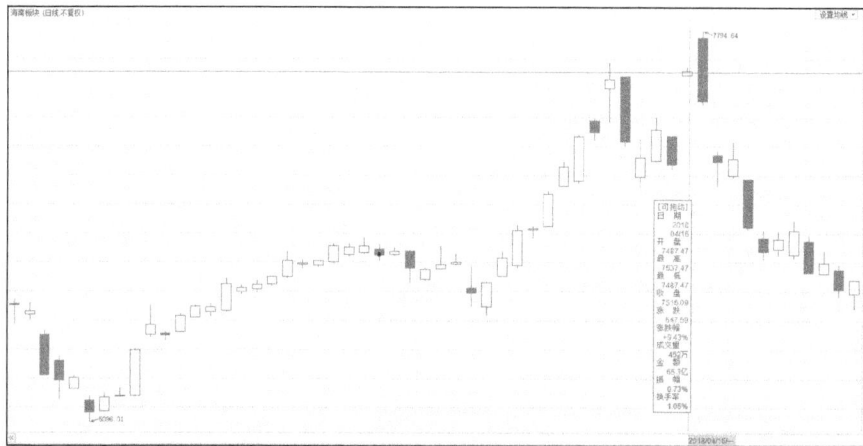

海南宣布自贸区后整个板块见顶回落

雄安概念诞生一周年后，海南自贸区的设立也具有突发性。但是海南自贸区概念能重演 2017 年雄安一幕吗？

2018 年 4 月 13 日，习主席在结束博鳌论坛后，参加了海南特区成立 30 周年大会，在会上宣布，海南建立自贸区和国际旅游岛。

时值雄安设立特区一周年，很容易让人回想起一年前雄安概念如火如荼崛起的情形。

虽然 2018 年是中国改革开放 40 周年，并且是海南建立特区 30 周年，又有国际旅游岛和自贸区概念，但是这个题材属性和雄安有本质不同。

第一、雄安政策的宣布更具有隐蔽性，外界的风声做到滴水不漏。保密工作做得好，使得雄安政策爆发力更强。

第二、雄安政策出台前，京津冀板块和基建板块都没有任何表现，没有老鼠仓，所有投资者都站在同一起跑线上。

但是海南板块不一样。海南特区成立 30 周年，习主席亲自出席，市场已有充分期待。同时从上图看到，海南板块在政策宣布前，整个板块指数已经有了充分反应，海南板块指数从 2 月的 5100 点，到政策宣布时的 7500 点，整体涨幅高达 50%。

因此，该政策出台，极可能是整个板块"见光死"。

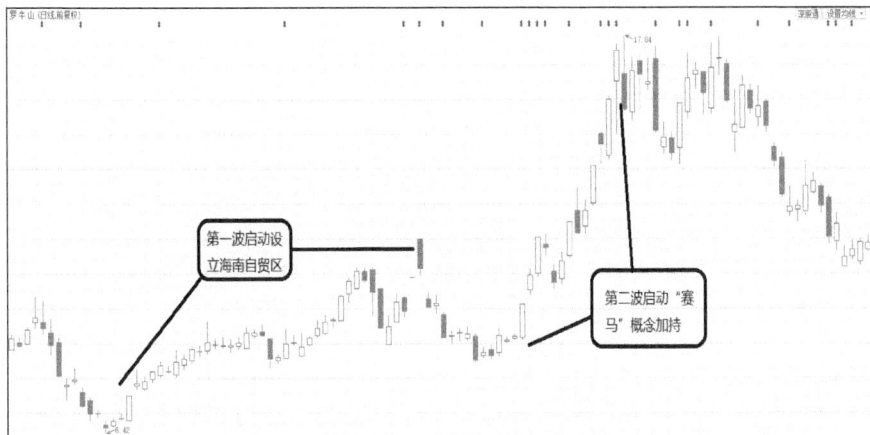

罗牛山作为海南自贸龙头，启动两波

虽然海南自贸区的题材属性不及雄安，但是海南设立赛马场，却是前所未有的概念。罗牛山因建立赛马小镇抢占了风口，成功启动了第二波。

2018 年 5 月 8 日罗牛山公告，全资子公司罗牛山马术投资的"海南国际赛马娱乐文化小镇"项目已获得《海南省企业投资项目备案证明》，总投资约 287.8 亿元。

罗牛山 2018 年一季度总资产为 65 亿元，而项目投资 288 亿元将是巨大的投入，对于原来的养殖业而言，相当于是彻底转型。

第二波行情，随着一纸公告开始启动，两周内从 9 元上升到 17 元，创出历史新高。这就是低价股的魅力。

小股票对题材的响应力度要强于大股票。海南自贸区概念在"见光死"之际，市场及时切入更震撼的"赛马"概念，从而启动罗牛山作为龙头，拉升了第二波。

所以，真正龙头品相的个股，要敢于在打开第一个涨停的时候买进（首开无脑买）。

而第二波则是分化的过程。当市场逐渐找到逻辑后，个股将按照题材的强度依次排队。

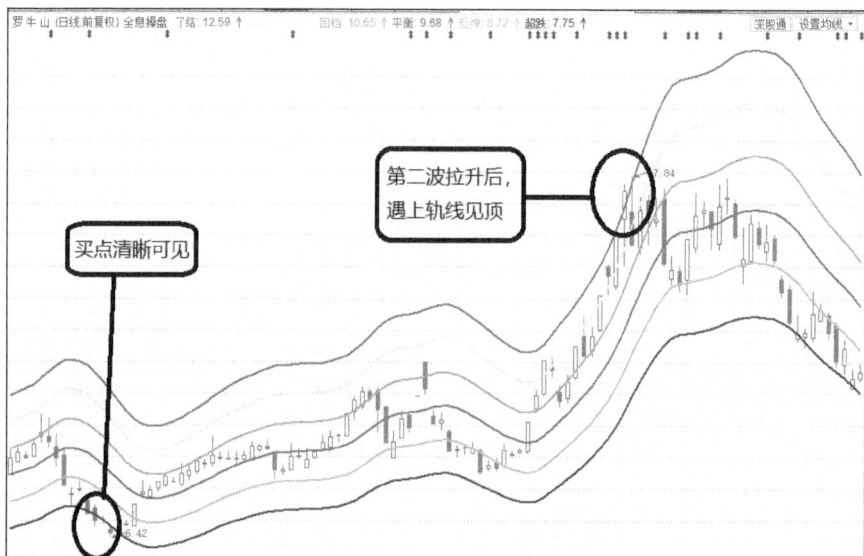

第二波拉升后，
遇上轨线见顶

买点清晰可见

全息操盘线显示罗牛山买卖点

实战中，我们可以看到罗牛山创出历史新高后，股价遇到全息操盘线的上轨线，随后出现见顶回落。

小结：

突发题材的本质就是炒预期，因此基本面根本不需要历史业绩支撑。"预期差"是推动价格上涨的内因，而绝不是业绩好是推动价格上涨的内因。

业绩永远代表的是过去，而当前的股价已经反映了过去的业绩。上涨的推动来自预期差，也就是业绩改善的能力。如果市场都已经认同接受了业绩改变向好的预期，那么预期差就不存在。即使未来真正能够兑现业绩变好，该股也毫无投资价值。

这就是为什么牛市中白马股不涨的原因。

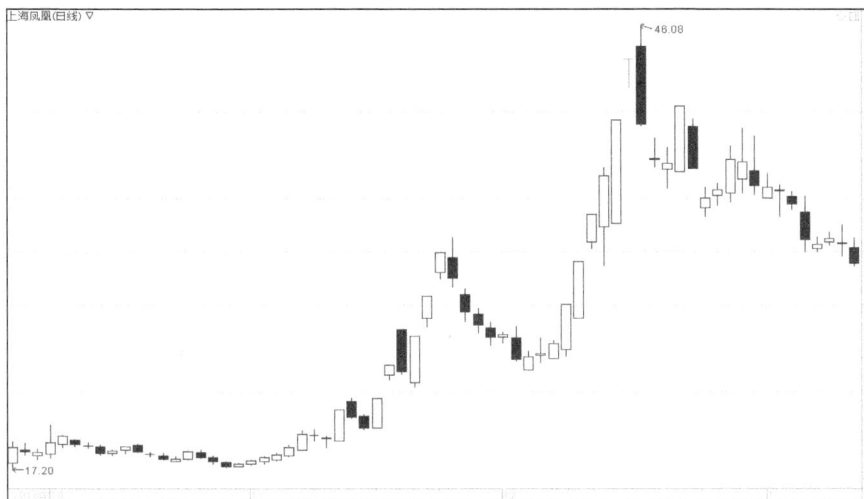

2016 年最大黑马上海凤凰

2017 年超级黑马上海凤凰，是在共享单车概念下催化爆发的，该股也走出两波拉升行情。

2016 年共享单车横空出世，五颜六色的自行车占据了大街小巷，让中国重返自行车大国。共享单车龙头摩拜和 OFO，成立不到一年时间里，估值竟然超过 10 亿美元。

一级市场的火爆，自然传递到二级市场，二级市场迅速挖掘相关热点。共享单车龙头 OFO 在 2016 年通过上海凤凰下了 2 万辆自行车订单。商业模式改变了行业业态，OFO 的正式订单，使上海凤凰具有了"为掘金者卖铲子"的盈利机会，并且成为正宗的共享单车概念龙头。

从 2016 年 11 月 10 日第一个涨停以来，上海凤凰一个月 11 个涨停，股价从不到 20 元，上涨到 46 元，创出上市 20 年来的历史新高。

上海凤凰成为龙头的原因是：A 股中自行车公司上海凤凰和深中华市值不足 50 亿元，但是一级市场摩拜 OFO 等估值超过 10 亿美元，极大提升了老牌 A 股的估值空间。

同时自行车行业属于夕阳行业，多年以来没有炒作，一旦拥有超级题材，具有黑马爆发潜质。

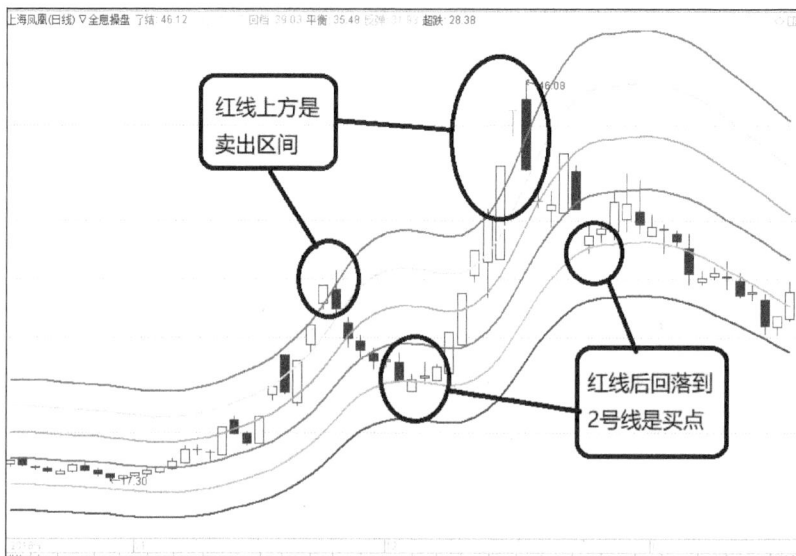

上海凤凰技术操作要点

从上图中看到，上海凤凰自从 2016 年 11 月 10 日涨停启动以来，股价上冲到全息操盘线的最上部的线段，遇到阻力回落，6 连阴后股价回落到全息操盘线的 2 号线。

在 2 号线获得支撑后，股价再次启动，随后展开主升浪，8 天时间，股价 5 个涨停。直到 12 月 19 日冲高到 46.08 元后，出现回落。其中 42 元上方，刚好是全息操盘线的最上轨。

特别需要注意的是，此类超级题材，往往会走出两波行情。第二波行情作为末升浪，上涨幅度一般会超过上一波幅度。

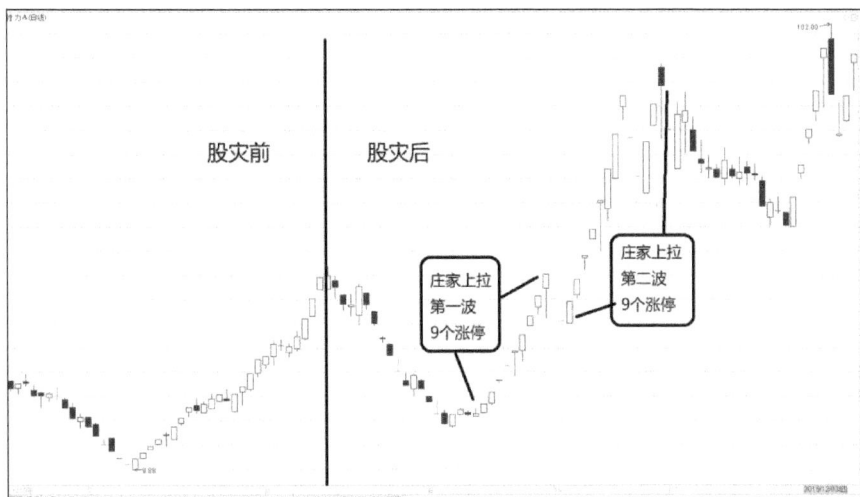

2015 年最大黑马特力

2015 年年中股灾之后，特力股票被庄家强行拉升。9 月 14 日开启第一个涨停，随后连拉 8 阳，9 个交易日里连续 9 个涨停，股价回到股灾前的历史高位。

下跌两个跌停之后，特力启动第二波。14 个交易日里，11 个涨停，2 个跌停，总体依然是 9 个涨停。

此波上升除了庄家强行拉升以外，超级概念是"国企改革"。从操盘手法上看，两波上升，依旧是形成对称上涨空间。

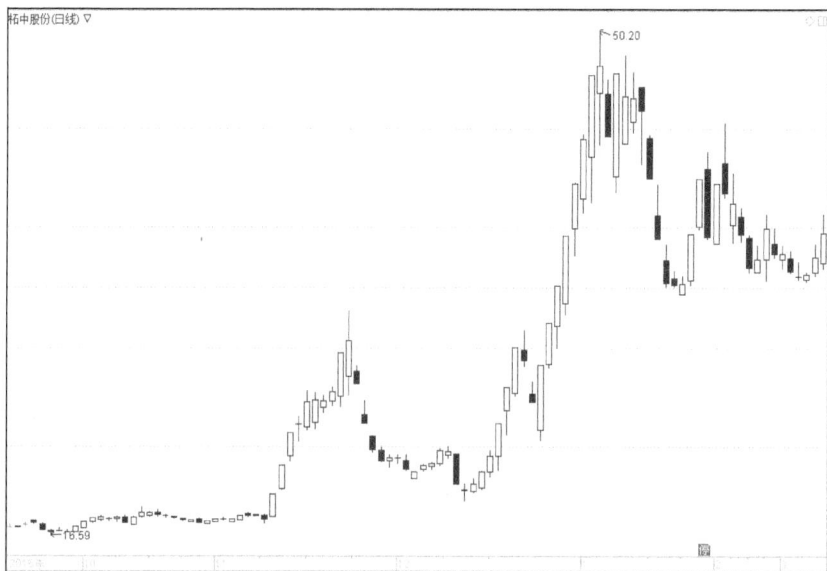

2017 年特大黑马柘中股份两波拉升

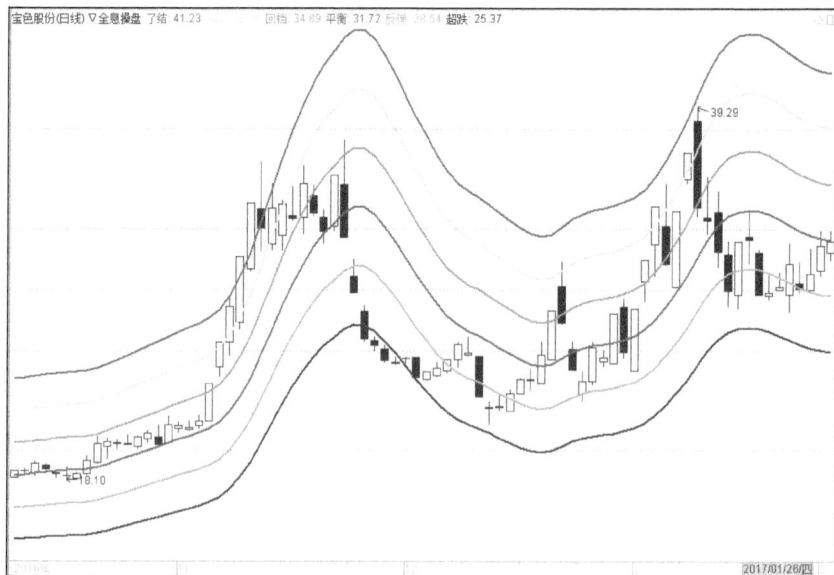

柘中股份技术买卖点提示

突发利空使得个股连续跌停，在跌到某个阶段后，长线筹码和短线资金开始完成交换，个股获得流动性。必须营造某种短线赚钱效应，热钱才会进场承接。暴跌是一个筹码再分配的过程。

超跌反弹操盘精要

涨多了会跌，跌多了会涨，这是一个简单原理。

突发利空促使个股连续跌停，同时熊市中"躲跌式"的上市公司复牌后也会连续跌停，所谓"跑得了和尚跑不了庙"。在连续跌停中，何处是底？又是什么样的资金会进来抢反弹，完成筹码交换？报复性下跌会带来报复性反弹，跌到何处才算超跌呢？

暴跌是筹码再分配的过程。跌停的数量越多，关注打开跌停的投资者就越多。跌到某种程度之际，筹码就要开始交换。必须营造某种短期的赚钱效应，才能促使更多短线资金进场承接筹码。

短线勇士不断尝试掀翻跌停的着力点。某个跌停板上突如其来的成交量被视为短线游资"集结号"，次日游资会迅猛拉起跌停。在冲击涨停之时，将昨日跌停杀入的筹码交还给市场。

所以突发消息带来的连续跌停，是一个长线和短线筹码交换的过程。长线资金认错退场，短线资金进入抢反弹，承接筹码。

突发利空影响的个股，通常涨幅都已经较大，这对其估值影响是极其致命的。暴跌之后必有暴涨，历史规律显示，从上一个平台下来的价格，达到"腰斩再腰斩"后，股价就会进入一波反弹（ST股票除外）。

大部分长期牛股突然爆雷之后，公募基金会给以新的估值判断。这个"公允价值"是一个重要参考，其估值已经充分考虑了流动性问题，因此股票一般会在"公允价值"之上找到着陆点。

我们在本部分通过重庆啤酒和乐视网两个案例，揭示筹码从长线到短线的切换过程，以及操作要点。

重庆啤酒 2009—2011 年周线走势

乙肝是我国社会负担最大的传染病，目前约有一亿乙肝病毒携带者，占我国人口比例 8% ~ 10%。乙肝疫苗是我国医疗界要攻克的最大疫苗市场空间。

1998 年重庆啤酒投资了重庆佳辰生物公司。佳辰生物与第三军医大学联合开发研制的国家一类新药——治疗用（合成肽）乙型肝炎疫苗，代表着重庆啤酒公司具有了生物疫苗概念。

2008 年熊市以后的 5 年，沪深股市还处于大调整阶段，但是医药股已走出独立行情。重庆啤酒作为生物医药板块代表，涨幅高达 15 倍。

2011 年底，重庆啤酒投资的治疗性乙肝疫苗二期临床结果，已送样中国药品生物制品检定所进行检定，进入"揭盲"阶段。

此前多家券商报告进行了预测，平安证券研报保守测算乙肝新药上市后第一年可以实现近 5 亿元销售收入和 2 亿元净利润，上市后 10 年内每年将可能有 30% 左右的增长率，产生数百亿元的销售收入。

重庆啤酒揭盲前突然拉升

重庆啤酒的市场形象，13 年来股价已经完全捆绑在了未来乙肝疫苗的研发成果上。在揭盲前夕，股价突然拉升到 80 元的高位。

临近揭盲，各大财经新闻作为头条焦点关注，券商医药研究院严阵以待，报告充满乐观预期。

此时即使揭盲成功，也就是 3 个涨停作为谢幕演出。如果揭盲失败，作为十倍牛股，报复性下跌也是惊人的。所以，作为广为预期的焦点事件兑现之时，应做了结操作。2001 年 6 月 23 日申奥成功对大盘见顶的原理如出一辙。

日期：2011-11-24 总成交金额：42854.27万元，总成交量：573.79万股					
排序	营业部名称	买入金额/万	占总成交比例	卖出金额/万	占总成交比例
买入金额最大的前5名					
1	华泰证券股份有限公司上海国宾路证券营业部	7596.80	17.73%	0.00	0.00%
2	中信证券股份有限公司上海浦东大道证券营业部	6064.92	14.15%	0.00	0.00%
3	安信证券股份有限公司上海世纪大道证券营业部	1519.51	3.55%	0.00	0.00%
4	中国银河证券股份有限公司宁波柏路证券营业部	709.51	1.66%	0.00	0.00%
5	海通证券股份有限公司南京广州路营业部	603.71	1.41%	0.00	0.00%
卖出金额最大的前5名					
1	机构专用	0.00	0.00%	3778.00	8.82%
2	东北证券股份有限公司客户资产管理部	0.00	0.00%	2066.20	4.82%
3	国泰君安证券股份有限公司长春市长春大街证券营业部	0.00	0.00%	1089.47	2.54%
4	安源证券股份有限公司上海妙境路证券营业部	0.00	0.00%	799.88	1.87%
5	国盛证券有限责任公司赣州红旗大道融龙商厦证券营业部	0.00	0.00%	765.50	1.79%

揭盲前夕 11 月 24 日成交龙虎榜

日期：2011-11-25 总成交金额：129975.70万元，总成交量：1576.23万股					
排序	营业部名称	买入金额/万	占总成交比例	卖出金额/万	占总成交比例
买入金额最大的前5名					
1	中信证券股份有限公司北京安外大街证券营业部	3419.13	2.63%	0.00	0.00%
2	海通证券股份有限公司南京常府街证券营业部	3147.75	2.42%	0.00	0.00%
3	中国银河证券股份有限公司宁波大庆路商路证券营业部	2134.43	1.64%	0.00	0.00%
4	广发证券股份有限公司武汉和平大道证券营业部	2013.94	1.55%	0.00	0.00%
5	齐鲁证券有限公司上海建国中路证券营业部	1877.40	1.44%	0.00	0.00%
卖出金额最大的前5名					
1	华泰证券股份有限公司上海国宾路证券营业部	0.00	0.00%	8451.02	6.50%
2	中信证券股份有限公司上海浦东大道证券营业部	0.00	0.00%	6737.68	5.18%
3	浙商证券有限责任公司武义中兴街证券营业部	0.00	0.00%	4943.21	3.80%
4	机构专用	0.00	0.00%	3667.41	2.82%
5	机构专用	0.00	0.00%	3311.33	2.55%

揭盲前夕 11 月 25 日成交龙虎榜

对比两天龙虎榜，机构专用席位显示公募基金处于出货状态，封板涨停的游资也进行了出货。

龙虎榜显示前一天大笔买入的游资买一和买二，在次日全部净卖出。分别获利 840 万元和 670 万元。

放量拉升意味着有主力资金的出货行为。

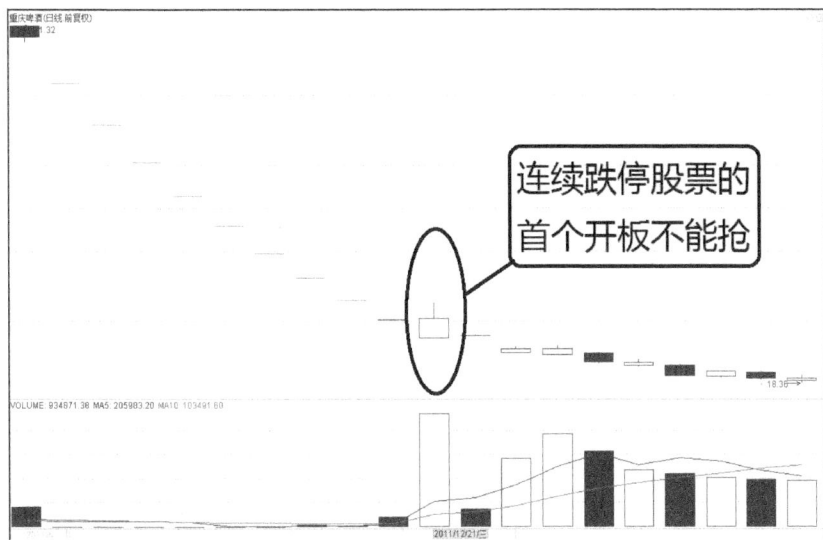

重庆啤酒揭盲失败后连续跌停

可是事与愿违，揭盲的结果是：不用药组（即所谓安慰剂组），反馈有效率28%，用药600μ组的反馈有效率30%，用药900μ组的反馈有效率29%。相信聪明的读者一眼就能辨别出，用药的疗效和不用药没什么差别，而且900μ的疗效反而低于600μ组，似乎药物越多疗效越差。

重庆啤酒12月8日发布公告，佳辰生物研制的治疗用（合成肽）乙型肝炎疫苗Ⅱ期临床研究疗效指标初步统计结果：安慰剂组的HBeAg转阴同时抗HBe转阳的血清转换应答率（即主要疗效指标）28.2%；而使用了佳辰生物乙肝疫苗的两组受试者，600微克组应答率30%，900微克组应答率29.1%。

上述结果显示：接受疫苗和不接受疫苗的结果相差甚微。甚至大剂量900微克效果还略低于600微克的受试者。疫苗疗效失败。

光环褪尽，重庆啤酒只剩下啤酒的价值。

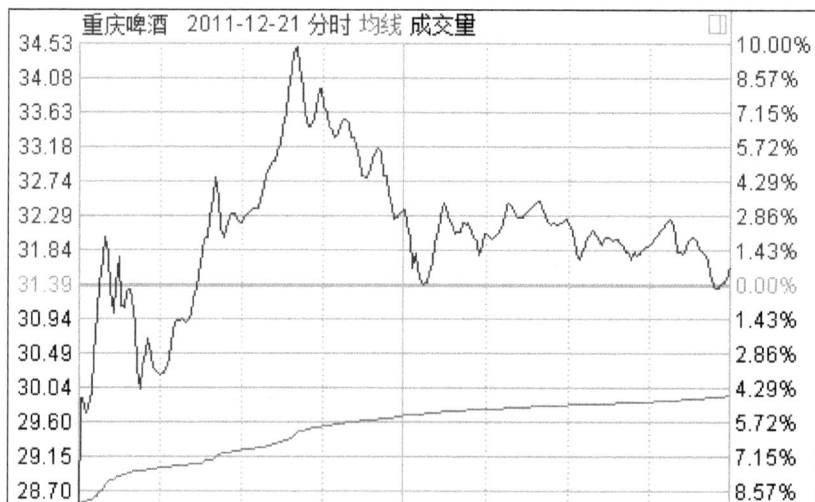

重庆啤酒 2011 年 12 月 21 日连续跌停后首次开板

开板首日分时图显示，开市后重庆啤酒巨量打开跌停，10:50 直接推到涨停板。走势凌厉，市场游资博取超跌反弹的短线机会，带量攻击。

重庆啤酒 12 月 21 日龙虎榜

但当日龙虎榜显示，长线主力公募基金借机集体撤退。第一个打开跌停时，不能抢反弹。

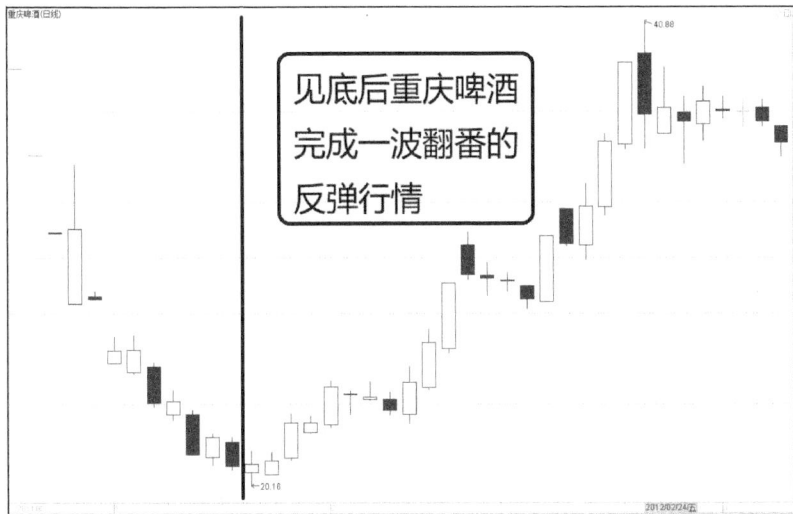

重庆啤酒腰斩再腰斩后，股价翻番

打开首个跌停后几个交易日，重庆啤酒继续下跌，公募主力进行出货，短线游资进行承接。在 10 个跌停之后，重庆啤酒从最高的 81 元跌到 20 元，已经只剩下 1/4 的市值。

此时进入到"腰斩再腰斩"阶段，技术超跌后的反弹契机来临。

重庆啤酒在 2012 年 1 月 19 日到 2 月 24 日，迅速发动了一波翻番行情，其间还包括春节休市的 5 天。

按照量度升幅计算，20.16 元到 40.88 元的波段空间刚好一倍，完成反弹目标。

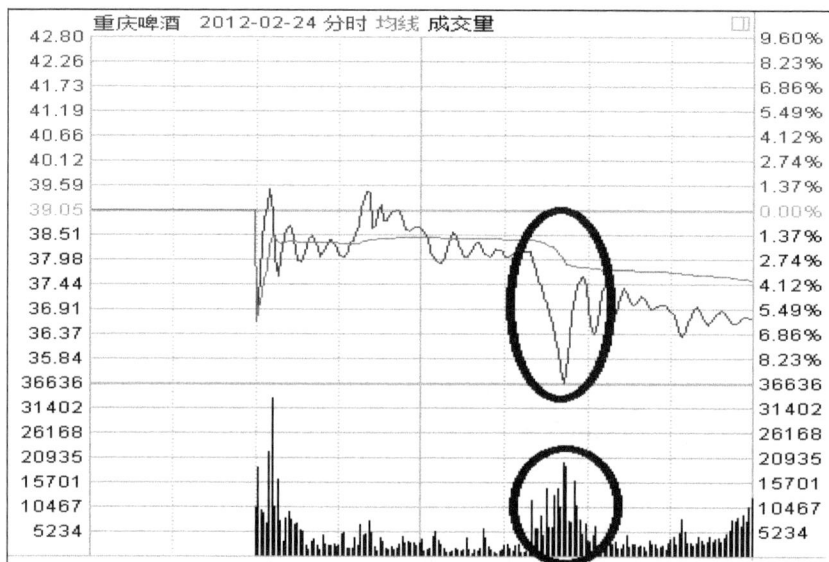

重庆啤酒 2 月 24 日分时图盘口

　　短线游资连续发动行情之后，到2012年2月24日下午突然跳水，从-2%一路探底至跌停，并且放出巨大成交量。

　　这样的盘口一定要记住，是游资主力出货的标志手法。其他多数的妖股，都是以这样的跳水模式终结拉升的。

　　反弹行情结束后，长线资金和短线资金都已退场，重庆啤酒进入长期绵绵下跌熊途。直到2014—2015年新牛市到来后，才勉强走出一波行情。但是由于在此之前大幅炒作过，重庆啤酒难以再次启动新行情，重新回到啤酒的估值。

　　即使重庆啤酒按照啤酒的估值，在2016年以后的消费白马启动周期，涨幅也远远不及其他兄弟股。

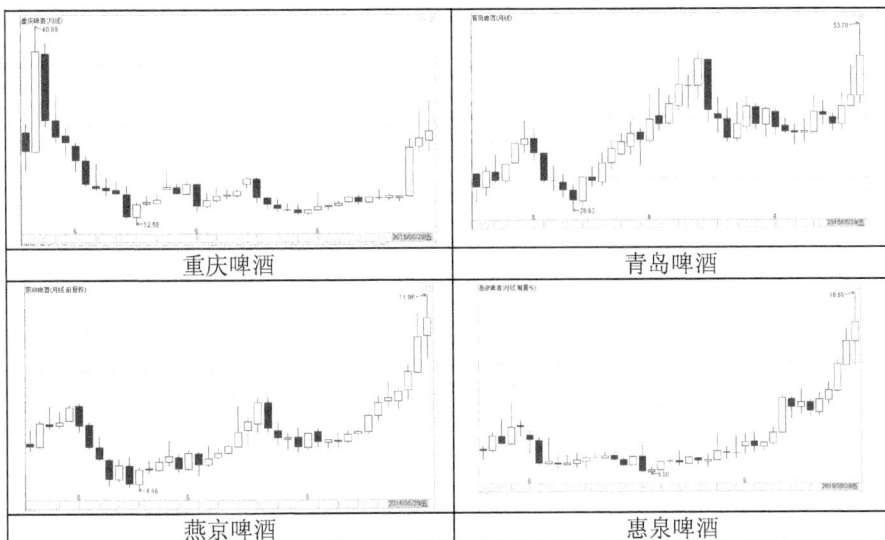

重庆啤酒进入绵绵下跌熊途

重庆啤酒由于恶炒，2012 年以后启动的小票牛市与该股绝缘。在其他啤酒股都大涨 3 倍的情况下，重庆啤酒上升幅度不到 100%。

从上图对比中可以看出，重庆啤酒与其他啤酒股（青岛啤酒、燕京啤酒、惠泉啤酒）相比，市场表现远远落后。无论是 2014 年的小票行情，还是 2016 年后启动的消费白马行情，都与重庆啤酒无关。

从重庆啤酒案例中，我们可以总结出：市场本来炒作的就是预期，揭盲后无论利好是否兑现，在长期上涨后，都应该在兑现时点及时了结。

下一个案例的乐视网，也说明了这一问题。

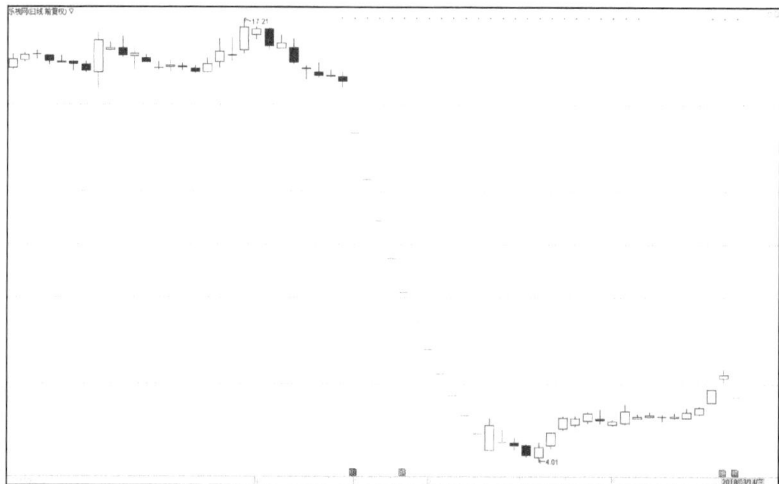

乐视网（300104）也是热门跳水股票

乐视网是创业板上轮牛市中的绝对龙头股，连年业绩翻番加高送转，使乐视网在创业板牛市中抢尽风头。股灾后，创业板进入杀估值、杀互联网阶段，乐视网开始爆出欠款行为，四面楚歌。在舆论质疑声中，乐视网进入躲跌停模式。

乐视网也通过定增承诺、高送转等手段刺激和维护市值，但是熊市中激进，实际上是在消耗资源，最终崩盘。复牌后，乐视网在熊市中补跌，从高峰期 1600 亿元市值，直线下降，缩水到 150 亿元的时候，诞生了一波反弹行情。

大量定增基金和两融资金深陷其中。基本面被爆恶化以后，博时、易方达等基金纷纷调低估值，以 3.91 元和 3.92 元作为获得流动性的公允价格，该估值可作为内在价值判断依据。

乐视网在停牌之前，股价收在 15.5 元附近。以"腰斩再腰斩"计算，也应该在 3.8 元附近酝酿反弹机会。

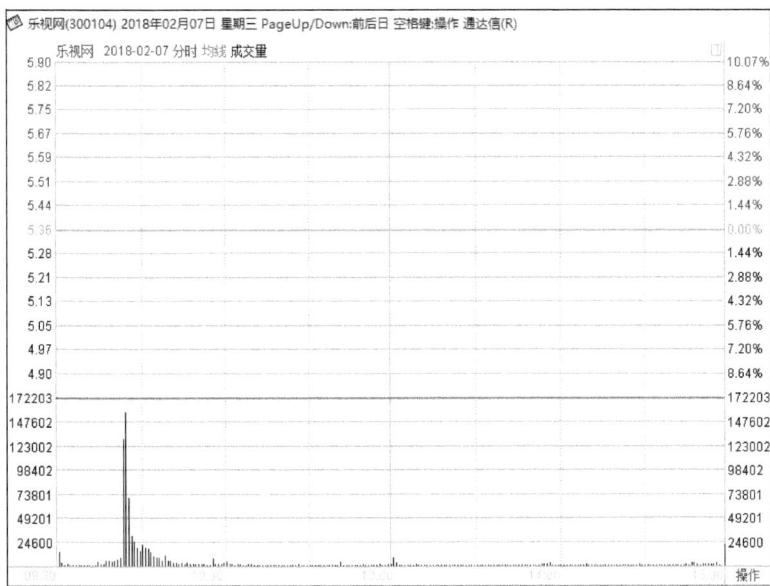

乐视网复牌后连续 11 个跌停，2 月 7 日打开跌停

2018 年 2 月 7 日，乐视网 10:00 前后出现巨量撬动跌停。从席位看，是游资开始分批进入。席位显示机构在退场。

日期: 2018-02-07 总成交金额: 39641.46万元，总成交量: 8224.37万股					
排序	营业部名称	买入金额/万	占总成交比例	卖出金额/万	占总成交比例	净额/万
买入金额最大的前5名　买入总计 3857.78 万元，占总成交比例 9.73%						
1	东方证券股份有限公司杭州龙井路证券营业部	1447.01	3.65%	0.00	0.00%	1447.01
2	网信证券有限责任公司沈阳兴华南街证券营业部	802.53	2.02%	0.00	0.00%	802.53
3	华泰证券股份有限公司南京解放路证券营业部	545.96	1.38%	0.00	0.00%	545.96
4	兴业证券股份有限公司杭州清泰街证券营业部	520.17	1.31%	3.47	0.01%	516.70
5	海通证券股份有限公司杭州文化路证券营业部	504.27	1.27%	0.00	0.00%	504.27
卖出金额最大的前5名　卖出总计 19595.57 万元，占总成交比例 49.43%						
1	光大证券股份有限公司北京东中街证券营业部	1.16	0.00%	6241.71	15.75%	-6240.55
2	国泰君安证券股份有限公司深圳益田路证券营业部	1.54	0.00%	5825.41	14.70%	-5823.87
3	广发证券股份有限公司深圳南东路证券营业部	30.17	0.08%	4620.76	11.66%	-4590.59
4	机构专用	0.00	0.00%	2168.41	5.47%	-2168.41
5	华泰证券股份有限公司深圳侨香路智慧广场证券营业部	4.96	0.01%	735.82	1.86%	-730.86

乐视网 2 月 7 日龙虎榜

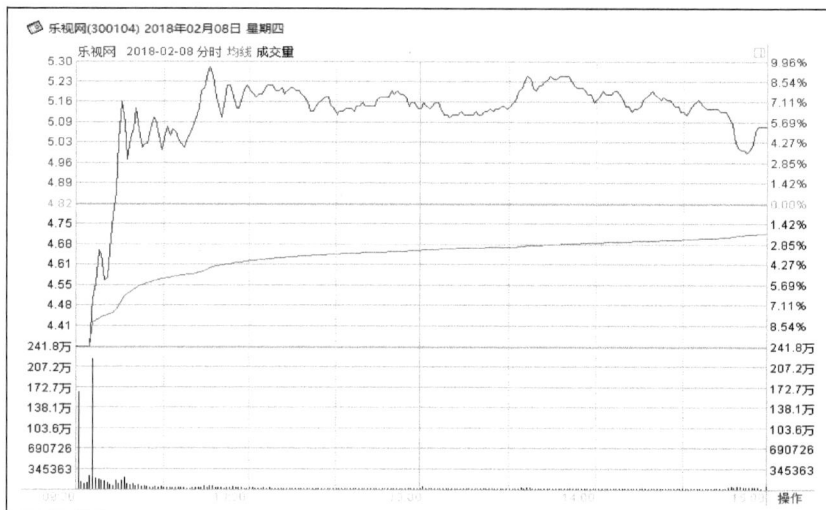

乐视网 2 月 8 日游资继续暴力承接

2 月 8 日龙虎榜显示机构在继续退场

停牌增加了上述资金的成本。复牌后也没有任何重大重组事项。

2017 年 4 月 15 日停牌，到 2018 年 1 月 24 日复牌，长达 3 个季度。停牌主要内因是躲进 "防空洞"，等待春天再度来临，通过外围大势行情启动，来化解自身危机。

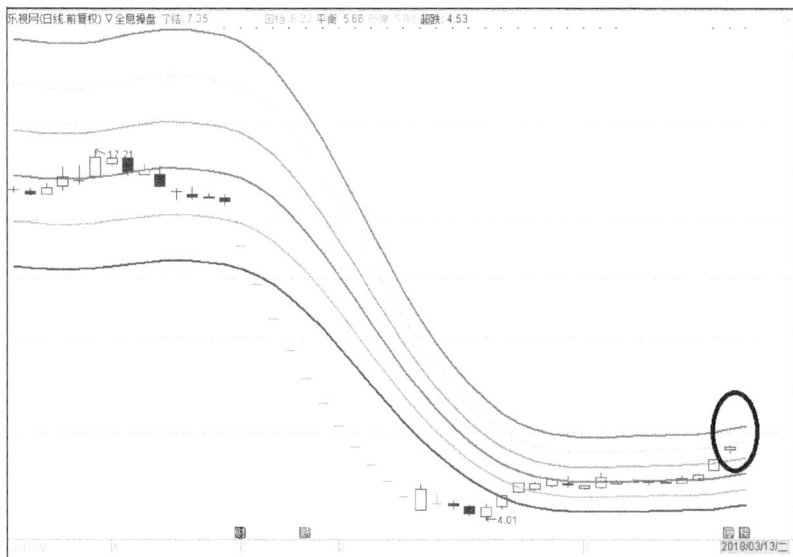

乐视网反弹结束遇到全息操盘线

乐视网从 2018 年 2 月 14 日 4.01 元，到 3 月 14 日 6.77 元，不到一个月时间里反弹了 60% 以上。

着陆价格在 4 元，从暴跌之前的平台 16 元计算，正好符合"腰斩再腰斩"的反弹模式。并且在反弹之后，股价上触全息线的 2 号线见顶，反弹幅度高达 60% 以上。

乐视网聚集短线资金抢反弹，其中有两个因素。第一，乐视网市值仅剩十分之一。第二，下跌完成"腰斩再腰斩"。这个"深 V"就是行情在震荡中带来的机会。

所以说，机会都是相对的。没有"危"就没有"机"。股市大多数情况下都是震荡，因此众所周知的利空突然兑现，就是扫货之机，这时候考察的只是勇气而

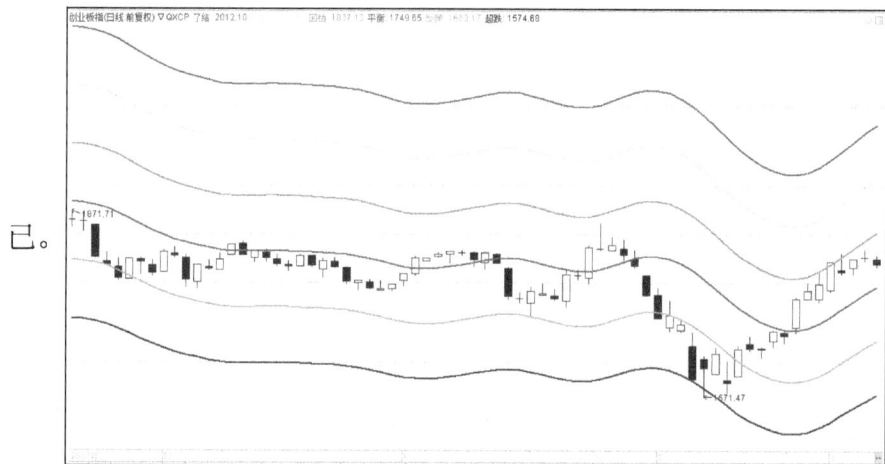

创业板指数见到全息线最下轨见底

已。

乐视网连续跌停，直接带动了创业板指数在 1 月 29 日大幅下跌。随着乐视网在 2 月 8 日正式打开跌停之后，创业板指数也随之见底回升。

主力机构通过将乐视网这个创业板蓝筹股的炸弹引爆，完成了创业板的最后清洗。创业板也借此走出了一个"深 V"的挖坑行情。

如下图，创业板指数遇到全息线下轨后见底，进入春季反弹行情。

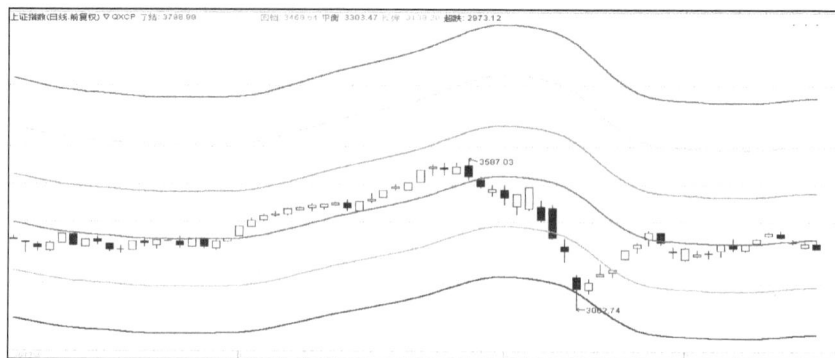

上证综指也同步发出了见底信号展开春季行情

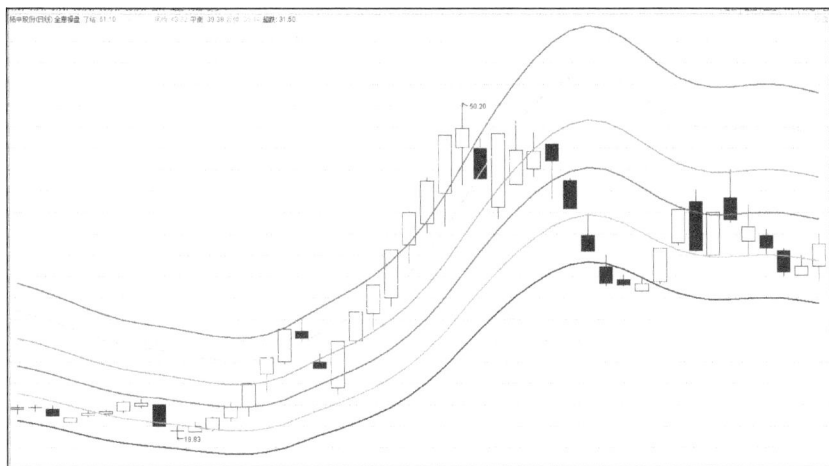

柘中股份深幅调整后迎来双涨停

不少妖股在连续拉升之后，也会进入深幅调整。如柘中股份（002346）在 2016 年 12 月连续暴拉，股价翻番。2017 年 1 月 19 日出现 3 个跌停，但是股价触及全息线的最下轨，由此进入反弹模式。

跌多了会涨，涨多了会跌，是投资不变的真理。通过本部分案例我们可以看到，无论牛市还是牛股，突然遭遇改变基本面的重大利空，第一时间还是要坚决走掉。在其后的反弹中，即使有短线盈利空间，也以借势退出为主。短线交易也要以快进快出为主。

小结：

腰斩再腰斩，是爆炸利空袭击后，个股下跌目标的量度跌幅。此时方具备反弹契机。

下跌途中，一个跌停打开时不能抢。

反弹以 50% 为目标。分时图出现巨量跳水，标志反弹行情结束。

私募基金管理模型

机构资金需要专业资产管理人员提供战略资产配置方案，以达到收益和风险组合的最佳匹配。

对于专业的机构资金管理人来说，能正确审时度势是必备的素质，特别是要能提前于市场给出答案。优秀的基金管理人在 2015 年 5 月就有责任对过热的行情性质做出正确判断，并能动态把握好市场运行的节奏和力度。

一个成功的资金管理人要学会充分利用市场波动，跟随趋势，跟随热钱。热钱属于热点，可以是汇市，可以是楼市，可以是股市，也可以是局部的板块等。

由于目前市场的变化，机构博弈力量加强，大资金所主导的市场，必然应以跟踪市场的资金流向作为进退依据。所以，私募机构的立足点应该是市场的跟随者，而不是行情的制造者。切不可因自身有一定的资金实力而傲视市场，从而导致陷入流动性陷阱之中。

进行项目投资必须经过决策层论证，重点应该是在风险控制方面，而不是在项目本身的涨跌趋势，尤其是对长线盘的项目研判。

每个投资者都有自己的价值观和投资体系，适合自己的才是最好的。本节将介绍我们私募机构的投资体系，希望投资者在决策过程中有效借鉴，并不断实践和完善。

我们用三句话来代表机构资金管理的核心内涵。

一、解读政策真正含义，诠释幕后真实原委。

二、洞察主力交易步骤，透析资金真正意图。

三、破译机构操盘密码，把握股票启动瞬间。

综合起来就是：基本面选股—消息面选时—技术面选点。

本节通过 2015 年大牛股之首金证股份的案例，来讲解我们私募选股、选时、选点的投资模型。

金证股份董事长杜宣 2006 年股改

早在 2006 年，金证股份股改阶段，我们就深度参与了上市公司财经公关，推出了大量分析报告，建立了良好的长期合作关系。

2012 年十八大以后，各项改革创新扑面而来。我们意识到金证股份面临重大战略机遇，在金融创新、股权激励、市值管理方面先人一步，完成上市公司战略布局，为后来启动市场第一牛股奠定了基础。

金证股份成为市场最大牛股，在于四大周期共振：大牛市周期、互联网风口、基本面逆转、技术面超跌。

上市公司也收获了四个层面的成功硕果。

一、业务层面：通过剥离退出经营不善业务，聚焦主业，集中优势资源，做大做强"金融 IT"主营业务。

二、组织层面：形成平台型公司，吸纳外部企业和团队，孵化内部创业团队，推动业务团队成为优质子公司。

三、激励层面：股权激励实现公司与员工个人共同成长。2013 年至 2015 年，公司顺利完成三期股权激励行权。

四、资本运作层面：融资方面，2015—2017 年公司实施两次定增。投资方面，2015 年 10 月 5.3 亿元收购联龙博通。公司还与腾讯等进行合作，快速推进公司战略不断落地和发展。

金证股份股改财经公关建议书.doc	大小: 161 KB	
修改日期: 2009/3/15 11:29	作者: pw	
G金证（600446）经营发展进入快车道...	大小: 51.5 KB	
修改日期: 2008/2/26 16:20	作者: 微软用户	
G金证：牛市推动证券软件龙头高速成...	大小: 45.5 KB	
修改日期: 2008/2/26 16:07	作者: 微软用户	
金证股份股权激励方案设计.doc	大小: 831 KB	
修改日期: 2008/1/14 11:50	作者: 微软用户	
G金证：三季报点评1.doc	大小: 35.5 KB	
修改日期: 2007/11/7 17:37	作者: 微软用户	
G金证 - 强烈买入.doc	大小: 40.5 KB	
修改日期: 2007/11/7 17:37	作者: 微软用户	
G金证研究报告.doc	大小: 48.5 KB	
修改日期: 2007/11/7 17:37	作者: 微软用户	
G金证：经营发展进入快车道.doc	大小: 44.5 KB	
修改日期: 2007/5/30 11:19	作者: 微软用户	
金证股份股权激励方案设计.doc	大小: 442 KB	
修改日期: 2007/3/26 10:17	作者: 微软用户	

2006 年以来金证股份系列内部投资报告

自 2006 年以来，我们对金证股份进行了多次调研，撰写了大量投资报告，参与了金证股份股权激励、市值管理的方案设计，对公司的战略规划深度参与，加深了对上市公司基本面的了解。

通过价值重塑、价值传播、价值实现三个阶段，实施了市值管理运作，使金证股份在牛市中展现出王者风范，以 3 年 50 倍的涨幅，名列 2013—2015 年创业牛市中涨幅榜冠军。

关于市值管理的具体运作模式，我们已经在前面进行了详细介绍。主要包括：观念认识、体制机制、人才团队、组织变革、手段技术、激励约束。

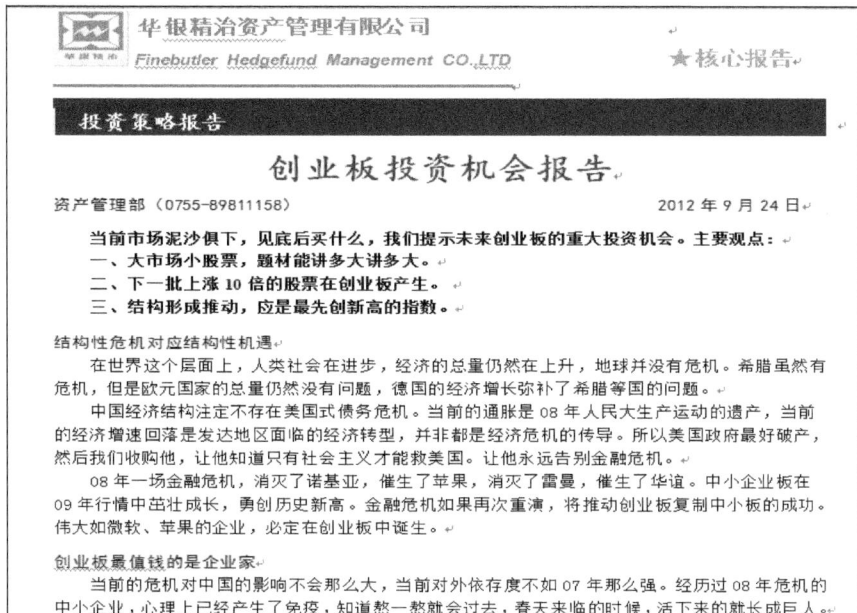

华银精治资产管理有限公司
Finebutler Hedgefund Management CO.,LTD
★核心报告

投资策略报告

创业板投资机会报告

资产管理部（0755-89811158）　　　　　　　　2012 年 9 月 24 日

当前市场泥沙俱下，见底后买什么，我们提示未来创业板的重大投资机会。主要观点：
一、大市场小股票，题材能讲多大讲多大。
二、下一批上涨 10 倍的股票在创业板产生。
三、结构形成推动，应是最先创新高的指数。

结构性危机对应结构性机遇
　　在世界这个层面上，人类社会在进步，经济的总量仍然在上升，地球并没有危机。希腊虽然有危机，但是欧元国家的总量仍然没有问题，德国的经济增长弥补了希腊等国的问题。
　　中国经济结构注定不存在美国式债务危机。当前的通胀是 08 年人民大生产运动的遗产，当前的经济增速回落是发达地区面临的经济转型，并非都是经济危机的传导。所以美国政府最好破产，然后我们收购他，让他知道只有社会主义才能救美国。让他永远告别金融危机。
　　08 年一场金融危机，消灭了诺基亚，催生了苹果，消灭了雷曼，催生了华谊。中小企业板在 09 年行情中茁壮成长，勇创历史新高。金融危机如果再次重演，将推动创业板复制中小板的成功。伟大如微软、苹果的企业，必定在创业板中诞生。

创业板最值钱的是企业家
　　当前的危机对中国的影响不会那么大，当前对外依存度不如 07 年那么强。经历过 08 年危机的中小企业，心理上已经产生了免疫，知道熬一熬就会过去，春天来临的时候，活下来的就长成巨人。

创业板投资机会报告

　　一届政府一波牛市，我们认为十八大后股市有望走出一波行情。在茅台等蓝筹股已经上涨的情况下，新行情将不会属于这些老牌逻辑。我们的目标放在历史上还没有启动过的创业板上。

　　创业板 2010 年设立以来，监管层不断提示创业板投资风险，尤其是 2012 年 9 月监管层提出创业板股票直接退市制度，为创业板股票出清了基本面。

　　创业板退市政策出台后，创业板指数大幅下跌。我们认为这是一次重大的反向机遇，2012 年 9 月 24 日为客户提供了《创业板投资机会报告》。

　　当前市场泥沙俱下，见底之后买什么，我们提示未来创业板重大投资机会，主要观点：

　　一、大市场小股票，题材能讲多大讲多大。

　　二、下一批上涨 10 倍的股票在创业板诞生。

　　三、结构上形成推动，应该是最先创出新高的指数。

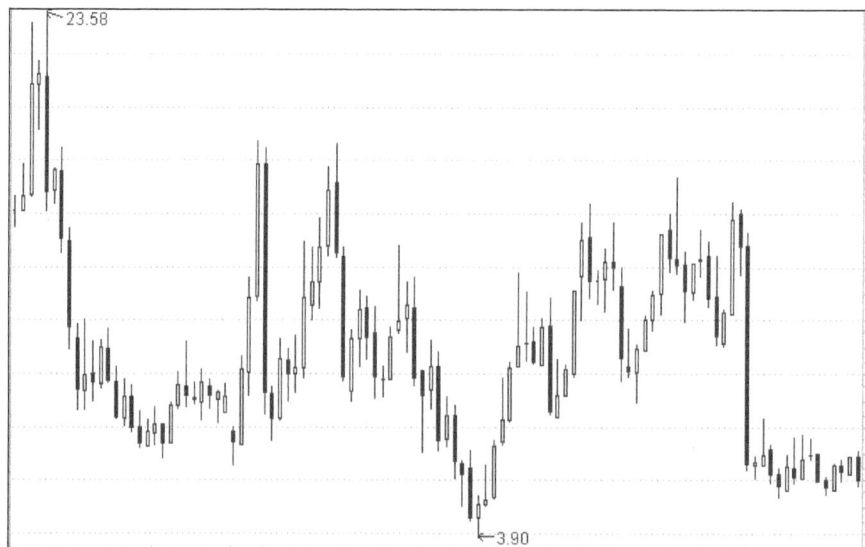

金证股份 2002—2012 年上市十年月线

金证股份自 2002 年 12 月上市，十年以来市值基本没有成长。随着股市牛熊周期波动，2012 年底股价基本回到 2005 年大牛市的起点。

金证股份虽然不是创业板股票，但是盘小质优，公司面临转型突破。牛市一旦到来，金证作为证券标的，上升力度极可能比创业板公司更加猛烈。

凭借我们对金融行业的深刻理解，以及对金证股份的了解，该股作为重点投资对象，进入我们的重点股票库。

我们首先从策略着手，目标公司应该是在历史上未经大幅炒作过的企业。如果基本面扎实，就存在运作空间，进入到选股调研范围。

发现市场的盲点是投资成功的关键。所谓的低估就是发现市场还没有发现的上市公司基本面变化，并提前介入。规模资金运作某支股票，一定要对企业有非常深刻的了解，并建立起有效的沟通渠道。

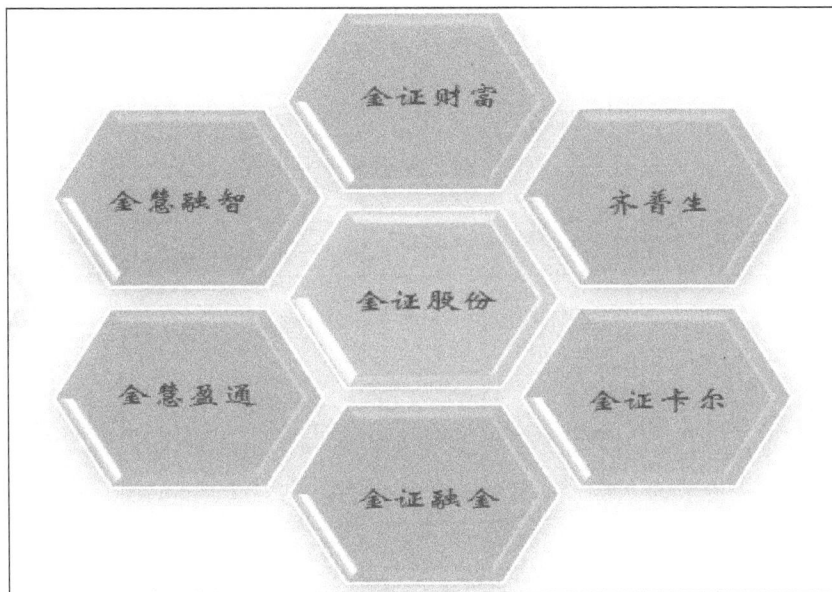

金证股份业务构成

金证股份是中国两大金融证券软件开发商之一。上市十年的发展，金证股份在主业上还停留在证券业务方面，与竞争对手恒生电子抗衡。在基金、信托、银行等泛金融软件业务方面，恒生电子拉开了与金证股份的差距。恒生电子2012年末市值是金证的6倍。

恒生电子在2012年二级市场对金证股份逐渐增持到5%，意图进入金证股份董事会，进一步展开要约收购。

金证股份在公司战略方向上，开展了主业以外的业务延伸，在汽车电子、系统代工等方面开展了多元化经营。多元化公司在牛市中可以借助多种题材沾光炒作，但是在熊市中不值钱。

为此，我们在市值管理方面为金证股份设计了如下方案。

一、从业务重塑着手，聚焦金融转型。

二、树立市值管理框架，确定资本经营战略。

三、公司定位财富管理行业的创造者。

四、重塑考核目标与股权激励。

券商	2012	2013e	2012PE	2013PE	目标价
光大	0.22	0.3	31	22	8
德邦	0.225	0.262	27	23	8.1
国都	0.258	0.321	27	21	7.9
湘财	0.195	0.232	35	25	8.5

2012 年金证股份的券商评级

金证股份在研究报告方面，几乎没有大行推荐。我们罗列了在 2012 年覆盖金证股份的研究报告，仅有光大证券等 4 家券商进行了推荐，并且对金证股份未来目标价格仅仅看到 8 元多，这对于金证股份 2013 年在 10 ～ 20 元波动来说，还是过于保守。

金证股份确实被低估，并且低估的股票在风口来临的时候，才能爆发惊人的能量。

所以熊市做白马，牛市做黑马。

恒生电子在熊市中尽显白马风范，金证股份在牛市到来时尽显黑马特质。"金证"这两个字，对于牛市到来后的新股民而言，名字长得比恒生更像牛股。

一、对 2013 年后牛市周期启动的预判。

二、对中小创等黑马型股票布局。

三、互联网金融风口的全新理解。

四、对市值管理创新模式的认识。

我们认为金证股份又到了新一轮启动周期，这一波将更猛烈地展开行情，超过以往的投资机会。我们对金证股份坚定不移看好，将充分享受未来牛市盛宴。

我们与申万、银河、国信、华泰、天风等主流券商研究员深度交流，阐述对上市公司的投资逻辑，金证股份逐渐获得认同，大行开始纷纷推出研究报告。

机构投资者恳谈会	百位投资者调研
机构路演策略会	浙大总裁班调研

在 2013 年以后，金证股份接受了 80 多场机构调研和反向路演，接待了上百位公募基金、保险机构、券商分析师、私募总监的现场调研。

经过充分展示，金证股份逐渐摆脱了沉闷的市场表现，股价突破 14 元重要阻力区间后，创出历史新高，打开了上升空间。

随着市场表现走好，更多的券商研究员进行了覆盖跟踪。2013 年金证股份全年涨幅 150%；2014 年全年涨幅 215%；2015 年最大涨幅 6 倍，即使经历了股灾，全年也有 218% 涨幅。

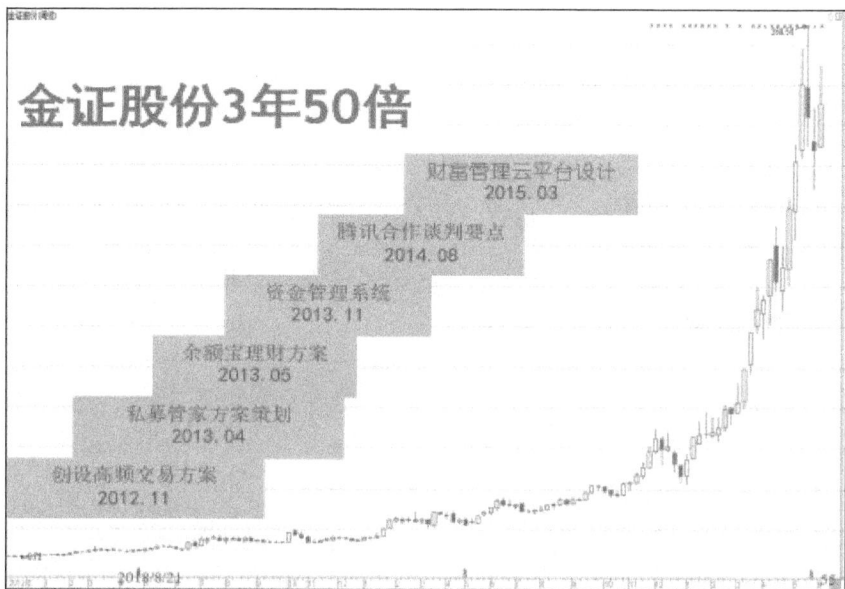

金证股份 2012−2015 年重大发展战略

2013 年国家开始推出各项创新，2014 年开始推行互联网＋战略，2015年鼓励大众创业。李总理在两会上表示，愿意给互联网等新兴业态做广告，同时考察中关村 3W 咖啡。这些来自顶层的信号，激发了市场对互联网、金融创新的投资热情。

由于做好了充分战略规划布局，金证股份几乎迎合了市场每一波热点，一浪接一浪，不断创出历史新高，成为 2013 年后的最大牛股。

同时良好的证券环境，也给金证的基本面带来了极好的发展机遇。通过产融互动运作，2012—2015 年，金证股份发生了如下战略裂变。

市值：从 18 亿元增长到 250 亿元。

并购：5.3 亿元收购联龙博通，增资人谷科技、新三板股权基金。

融资：2015 年 2.4 亿元，2016 年拟 25.4 亿元。

股东：引进平安战略投资 20 亿元，占 7%。

"全息操盘线"在金证股份的实战应用

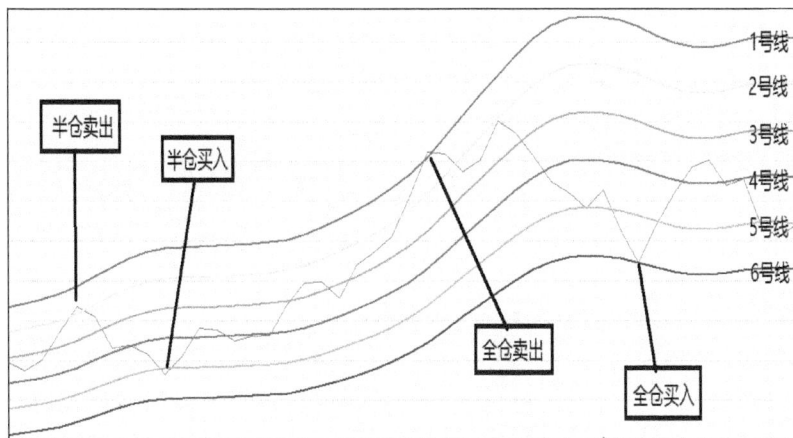

"全息操盘线"操作模型

　　股价的长期走势由基本面决定。中短期走势，由市场供求关系决定。我们可以通过价格变化曲线建立数学模型，通过系统指标来包络估值区间，以找到价值中短期的波动范围。

　　全息操盘线体系的功效，是找到股价中短期的震荡区间。由于盘整是股价运动的常态，所以股价在绝大多数情况下，都在全息操盘线的 1 号线和 6 号线内运行，可以在区间内进行低吸高抛操作。

　　上图是"全息操盘线"的基本模型，一共分为 6 个线段指标。从上至下依次按照 1 号线—6 号线的顺序进行排列。

　　交易原则为：

　　1 号线是全仓卖出的价格，6 号线是全仓买入的价格。

　　2 号线是半仓卖出的价格，5 号线是半仓买入的价格。

　　下面我们通过"全息操盘线"来解析 2013—2015 年金证股份的买卖时机问题，找到"技术面选点"的体系。

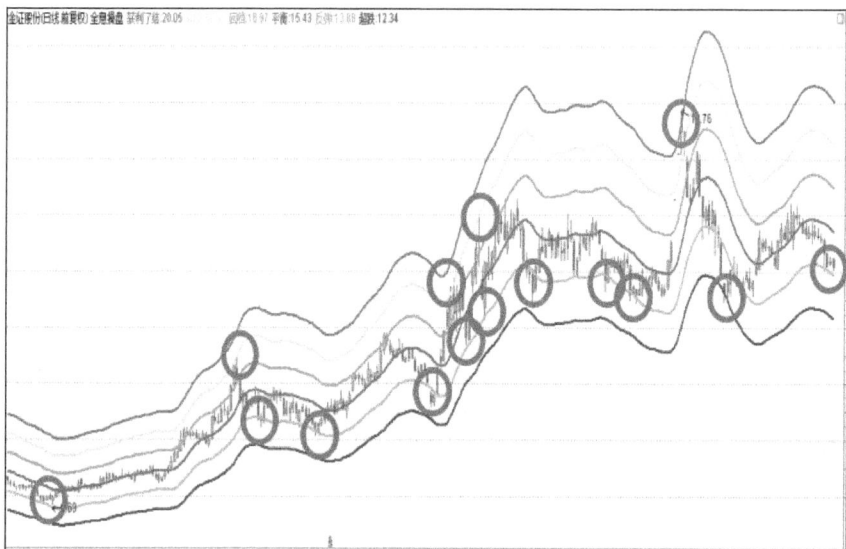

金证股份2013年全息操盘线买卖信号

2012年9月—2013年年初，金证股份开始突破底部调整区间，震荡盘升，上行带量，回调缩量，具有典型的牛市初级阶段特征。

2013年6月下旬钱荒发生后，央行开始对市场释放流动性，对金融创新也开始采取鼓励态度。

7月初金证股份为阿里开发的余额宝，在天弘基金上线，引发了市场轰动。金证股份4个涨停，形成重要突破，创出历史新高，开启牛市征程。

2013年10月14日，金证股份冲击19.76元高位，正好是全息操盘线的上轨覆盖区域，并且超出0.46元。此上轨是阶段性大顶，金证股份进入调整。11月1日，金证股份回落探底12.93元，击穿全息操盘线下轨覆盖区域0.32元，全息操盘线提示大底信号，金证股份又可以进行买入操作。

纵观2013年全年走势，金证股份的股价全部被全息操盘线包围。根据包路线低吸高抛，获利不菲。

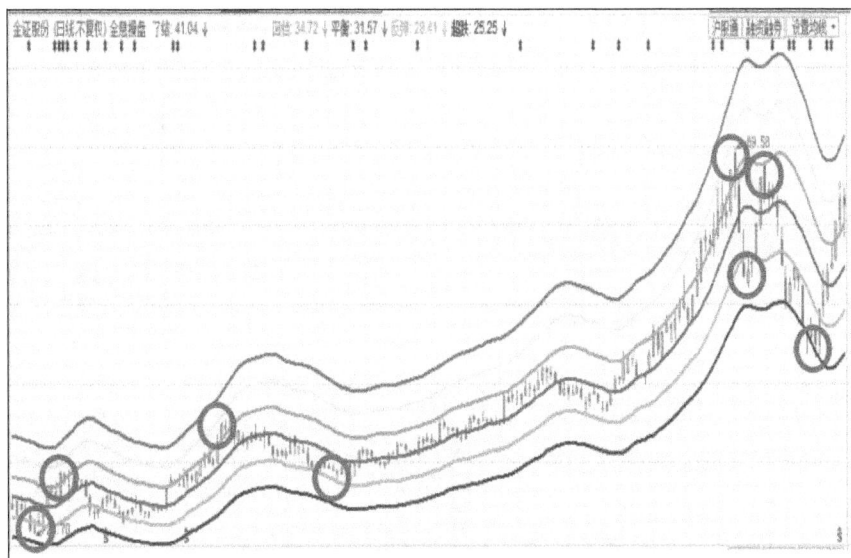

金证股份 2014 年全息操盘线买卖信号

上图显示，金证股份 2014 年的价格走势，也被全息操盘线包围。5 号线只要被触及，可以半仓买入。1 号线只要触及，可以全仓卖出。而最下轨的 6 号线是全仓买入的价格线。

2014 年，金证股份从 22 元起步，一路上升到 69 元，回调到 45 元之后，触及下轨线，再次出现绝佳买点。

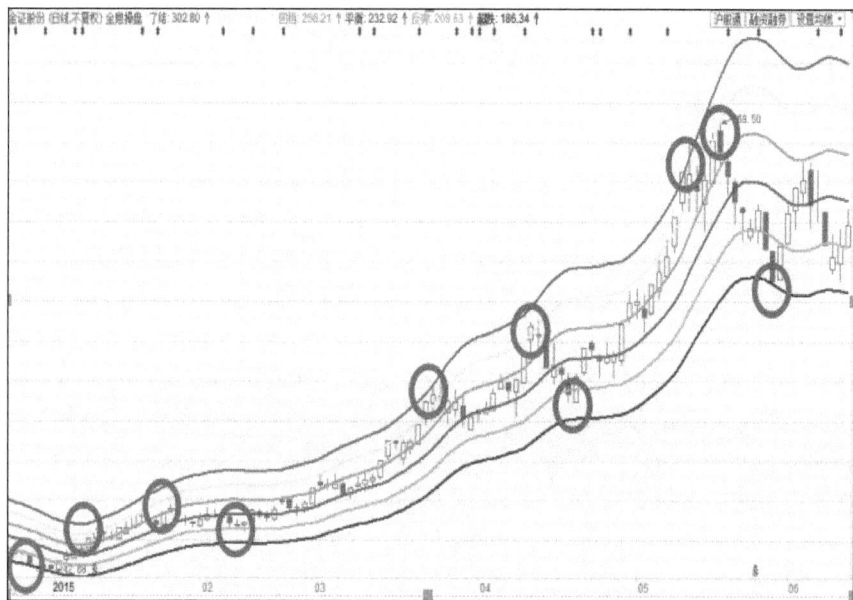

金证股份 2015 年全息操盘线买卖信号

2015 年 5 月李总理再次视察中关村调研 "3W 咖啡"，这为股市互联网概念打入强心剂。金证股份升至 269 元高位，并触及最上轨操盘线，出现大顶卖点。

金证股份从 2013 年 5 元底部，到 2015 年 269 元顶部，股价全被全息操盘线包络，最上轨（卖点）和最下轨（买点），成为低吸高抛波段操作的神来之笔。

我们在 2015 年获得私募排名的较好名次，就是来自金证股份的贡献。

综合金证股份的实战案例，总结出我们私募基金的投资体系：

基本面选股，

消息面选时，

技术面选点。

后面将介绍私募机构的投资过程，揭示运作机制、投资流程、配比原则，给读者以借鉴。

私募机构资产运作机制

我们通过研究部、投资委员会、交易部三个独立部门来完成整个投资过程。其中，研究部负责提供基础调研报告、技术测评报告；投资委员会负责决策和风险控制方案；交易部负责下单执行。

投资体系通过"基本面选股＋技术面选点"实现。

基本面选股是指，核心股票必须要到上市公司实地调研，与企业高层充分沟通，了解企业未来经营和成长情况，排除投资隐患，对企业的长期价值进行判断。作为回报，我们通常为企业经营管理提供战略规划报告，对企业二级市场走势，提供技术分析报告。

技术面选点是指，在某些特定阶段，如定向增发、反收购等特殊时段，上市公司有意影响二级市场价格，此时受消息面影响，市场存在交易机会。

调研上市公司一般经过以下几个步骤：

1．确定调研对象，收集信息，整理分析，明确调研的目的。

2．实地调研，考察上市公司经营状况、生产及销售等环节。

3．公关调研，与管理层如董事长、总裁、董秘、证代、财务总监、销售总监等高管建立有效渠道，获得企业宏观发展信息。

4．收集整理调研材料，包括文字图片、录音录像等形式资料。

5．分析研究，撰写调研报告。

私募机构资产运作流程

进入市场首先应确定自身可承受的最大风险。政策市场充满不确定性风险，随机的市场变化注定会使投资人的情绪受影响。在决策之前的充分准备是必需的过程，应杜绝拍脑袋式的随机交易产生。

安全的运作策略、资金配比及组合投资方式如下。

1．根据市场波动节律，以国家政策为导向，寻找安全介入区间。

2．根据板块波动节律与国家产业政策倾斜方向，分析未来可能兴起的行业方向，并锁定目标板块。

3．根据所选板块，研究相关公司的基本面、个股波动节律、市场资金参与情况、人气及盘口，确定可操作品种。

4．根据所选品种的市场流动性以及资金容量，测算参与运作的资金量，确定运作策略以及风险控制预案。

5．根据运作过程中盘口变化细节以及对手盘动作，利用波动节律调整持仓比例并降低持仓成本。

6．根据所拥有的人脉资源、媒体资源或上市公司关系，为拉抬价格与顺利出仓创造条件。

私募机构资产配比原则

1、按军事作战单位"333制"原则进行资金配比，除非市场出现一致性做多型逼空，通常持仓资金比例不超过计划投资总额的3/4，而在市场上行趋势确立的条件下，正常情况下的持仓比例也不应该超过2/3。

2、1/3 强的仓位锁定在长线盘中，长线盘只做市场盲点不做市场热点，选择品种以容易唤起主流资金注意或主流资金埋仓蛰伏的品种为主。介入原则以根据波动节律逢低介入，并以右侧交易逐步增仓为主。

3、1/3 仓位根据股指、板块波动节律以及资金流向，运作阶段性拟走强或者即将走强的品种。选择品种应充分考虑其流动性与资金容纳量，介入原则以根据波动节律寻找回调相对低位介入，以右侧交易为主要原则，并在脱离成本时的关键节点做适当的半主动引导盘。此外，当长线盘出现中线波动节点时，中线仓资金如已获利不菲，应与长线盘并仓协同作战，取得利润最大化。

4、1/3 仓位在判定股指环境为强势市场时，可根据板块热点狙击市场龙头品种，并配合外围影响资金以及可影响的大众传媒烘托市场气氛，吸引跟风盘做高股价。该仓位资金需保证其流动性足够好，并时常应使其处于浮盈状态，可以视同活期存款。当长线盘与中线盘出现适合的波动节点时，应考虑并仓操作、顺势引导，但不作过高盈利预期。

5、以上各部资金均应以"333制"配比分批寻求战机。

第四章 基金报告

2008年华银精治发行了首支信托计划，成为中国第一代阳光私募基金。自那时起公司每月推出《基金报告》，面向基金客户。

专业机构要对每月的投资行为进行规划，这是投研体系的基础。基金报告是公司对下月（或年度）的总体投资规划的展望，包含对市场的技术判断、投资逻辑、行业热点的展望。

巴特菲已有88岁高龄，自27岁起每年都坚持写给股东一封信，总结一年投资得失，分析下一年投资思路，这个习惯已经保持了60多年。

私募基金本身也是高度市场化竞争的行业，投资业绩充分展示投资能力，客户流动较快，真正能长期跟你走下去的，就是思想。基金报告是与客户思想沟通的桥梁。

私募基金是一个"业绩决定规模，规模决定利润"的行业。私募做大的过程，就是投资体系丰富和完善的过程。

成功的投资经理，一定要有深刻的思考能力。基金经理不仅需要海量阅读、深度调研，更重要的是思考。基金报告是检验当初投资思想和逻辑的书面材料，回顾职业投资生涯，投资得失充分贯穿在字里行间。希望投资者也保持每月撰写投资计划的习惯。

本章将展示近5年来我们全部的内部基金报告，原汁原味呈现我们一路走来的历程。希望能给读者以借鉴。

2014基金年度报告《中国梦，市梦率》，推断创业板行情启动。

2015基金年度报告《为国企改革服务》，提出市值管理模式。

2016基金年度报告《创业与创投》，判断震荡收敛，回归蓝筹。

2017基金年度报告《皈依传统》，指出脱虚就实，启动传统股票。

2018基金年度报告《跌出来的机会》，预判大盘一月就是全年高点。

以下是2014年以来每月基金报告的原文。

2014 基金年度报告

中国梦，市梦率

2014 年 1 月 8 日

2014 年将迎来不平凡的一年。随着新一届政府的政策纲领出台，这将是 30 年来最强势的一届政府，我们将看到包括政体、经济、文化、外交等领域的重大立场和态度的转变。

习主席担任两个小组的组长，意味着中国梦将引领资本市场走向新的高度。

改革行情是最大看点

习主席在包子铺的快餐照，赢得了无数网友的热烈赞誉，这说明改革是赢得民心的。领导带头厉行勤俭，节约的资金还会回流到百姓手中，最大的受益者就是民企。在深化改革领导小组的具体改革纲领出台之后，相关的题材还会在股市形成一大波行情，类似于 2013 年 11 月的国安委刺激军工股的翻番行情。深改组的题材有国企改革、互联金融、养老制度、粮食安全等方面。

2014 改革的重头戏在于：金融反腐、地产破冰、石油动刀。相关的题材有望在以下几个领域催化：以小微服务为重心的互联金融在政策不断推动下，形成一波又一波的游资热点；房产税、遗产税、消费税等税制改革带动的房产信息联网，对官员贪腐打击的反相关热点；石油巨头在分拆呼声中，老大被稀释掉的利润，被新的民企所抢占，比如潜能恒信。

改革的巨大变化还体现在文化领域。新年元旦，《新闻联播》的片尾，康辉竟然这样说："人们说 2013 就是爱你一生，2014 是爱你一世，《新闻联播》和你一起，传承一生一世的爱和正能量！"如此清新的语调，展现了文化的变革。文化牛市，还体现在电影市场票房的大幅提高，以及《好声音》等创新节目的崛起。同时，《中国好声音》《我是歌手》等品牌栏目大量引入台湾嘉宾，并且在新年的央视节目中，也令人惊异地看到这样的现象，最大的好处就是中国的强盛，必将有巨大的吸引力，带动台湾的回归。我认为文化领域的牛市在资本市场上才刚刚上演。

改革本身不改变社会财富总量，但是改革领域中所破冰的行业，将释放利润给痛苦的民企。对某些行业的重大利空，就是对某些行业的重大利好。花无百日红，风水轮流转，传统民营企业的难过指数见底了吗？

建议继续以创业板指数，来作为民企的生存状态先行指标来观察。

大盘在挖坑中寻找机会

大盘指数 2000 点下破是大概率事件，外交问题、反腐问题，地方债问题都可能是大盘挖坑砸出新低的理由，不过根本原因还是股市本身的资金面不够所致。

货币市场的几个老问题，今年似乎依旧无解。例如，M2 高企与银行"钱荒"的流动性失衡问题，国内高息与国际低息的利率失衡问题，中国成为世界最大的奢侈品消费大国与国内消费不足的消费失衡问题等。

上述问题的存在，导致今年的大盘总体资金面依旧紧张，因此资金面主推的牛市行情难以预期。

同时新股以市值配售的方式发行，按照以往的经验来看，市值配售往往是熊市的产物，因为新股的溢价是老股的代价。新股发行本身不属于利空，但是假如未来推出"国际板"，就有可能是砸出历史大底的最后一跌了。

不过今年小指数的机会不小，创业板牛市不会轻易终结。一般来说，新股往哪里发行，哪里就容易产生行情。创业板由于新股众多，带来的机会众多，资金想象空间充沛，带着"中国梦"，炒"市梦率"，可以看到，30 倍市盈率以下的股票基本没戏。

创业板的小牛走势，与茅台为代表的官僚股形成了反相关。一旦茅台们进入反弹，很有可能就是创业板歇菜之时。不过这一点从走势上很容易识别，所以小股票和低价股，依然是今年的重点选股对象。

地产行业稳中有升

不动产高达 120 万亿元市值，是本届政府在财税平衡方面，切割利益集团的有力武器。房产税在不断试水的呼声中，探明富人的承受底线。推出之前，还将挑战地产信息联网、官员财产公示等两个"非技术性"壁垒。

房地产商对社会最大的贡献，就是"城市让生活更美好"。一幢幢拔地而起的美丽家园，正是地产商精心设计的，造就了城市的美好。今后政府主导保障房的规划，把商品房的定价权交还给市场，将是发展趋势。

因此，尽管税收政策对房爷房奶的打击甚大，但是由于有限购解禁、利率市场化（降息）、地产直接融资等资金面的潜在利好，房价依然有发展空间。30 年前，歌中就预言过"我们的未来，在希望的田野上"，未来商品房下乡（棚改、城镇化、保障房）是支撑房地产市场发展的要素。地产行业还有上升空间。

三十年河东，三十年河西

中国梦，在股市中就是要做"市梦率"。这大概是银行股在 10 倍市盈率下，还屡创新低，创业板在 50 倍市盈率的情况下，还不断上涨的最佳注解。2014 年在分化中走出牛股的概率很大，行业机会主要体现在以下几个领域。

互联金融有望掀起第一波。金融板块因资金面的因素不断下沉，缩水的市值被金融创新行业所吸收。以小微金融为代表的互联金融、移动支付领域，随着政策的进一步解禁，极可能在微信、银联等平台上诞生新的商业模式，从而成就新的暴利机会。

文化牛市推动更多的公司崛起。原先文化难以赚钱，是因为文化行业缺乏商业模式。社会转型后，文人比商人的经济效益更好。任志强的讲课费高于地产老总的收入，电影的一部烂片都有上亿元的票房，已经证明文化牛市的产业机遇来临。央视娱乐明显放下架子，向湖南卫视、浙江卫视虚心学习取经。文化产业将为 GDP 的新增长做出重要贡献，中国也将诞生自己的迪斯尼和好莱坞。

养老产业处于萌芽期。把养老金弄出 2.6 万亿元大窟窿的政府，要延长退休时间了，对公务员当然是利好，所以这个政策会很顺利地得以实施。大的行业机会类似于当年医改的大牛环境。不过这个产业的周期很长，盈利还没出来，目前处于长周期的底部，牛股不断。

新能源板块异军突起。去年以来，充电宝成为商务人士的随身用品，这个新迹象表明能源模式已经到了换季周期节点。以电池为代表的新能源、遥控充电技术、汽车电池的普及应用，都能够产生足够的空间，迎接巨大的市场需求。

因强硬外交政策而紧张的沿海局势，导致军工股可能在今年继续升温。另外还有多年未曾启动的 LED 板块，都值得期待。

环保产业是所有机构都看好的行业，今年要特别小心。可能会出现个别的细分牛股，但整体上不应作过多的预期。去年疯炒的网游概念，因产生的业绩有限，今年也不会有太大的作为。

股票池

金证股份：互联金融，业绩高成长。

新朋股份：文化股，马云概念。

银轮股份：环保，业绩高增长。

蒙发利：养老产业，健康医疗。

江苏吴中：抗癌。

贵航股份：军工重组。

邦讯技术：4G，电池。

2014 年 2 月基金报告

抓个股强势波段

2014 年 1 月 30 日

新年伊始，如同我们的年度报告，沪市综指跌破 2000 点，同时创业板再三创出历史新高，互联金融成为年度第一个热点，金证股份成为龙头领涨。基金净值也同步创出新高。

2 月市场总体依然围绕小票热点展开，大盘向下趋势仍将延续，热点有望在互联金融、在线教育等细分个股中展开。

吃包子推动创业板新高

创业板在新股批发上市的背景下，依旧创出新高，表明目前依然处于主升行情中，符合我们去年 10 月的判断。创业板的良好基本面，来自政府工作重点转型。政府改变行政作风，给以创业企业资金、政策、创新扶持，焕发小微企业的斗志和激情。社会资源和生产要素重新回流民营企业，民营企业痛苦指数可能已经见底。

我们在近年来同政府部门打交道的过程中，明显感受到官僚作风的改善，精神面貌焕然一新，政府转型服务型政府将成为趋势。由此带来的白酒领域、公车领域、考察领域等方面，挤出来的 GDP，将使创业板不断攀升。可以说，习大大吃一次包子，创业板就将创一次新高。政府没想到的是，厉行节俭，改变作风，竟然为 CPI 下跌做出了重大贡献。

互联金融继续领涨小盘股

由于资金面不足的问题，上证指数走势依然不乐观。我们判断 2000 今年会破。考虑到指数已经 6 年领跌，一旦出现破位走势，极可能展开"不破不立"的行情。如果行情性质属于推动，那么牛市可期，届时我们将发布牛市转折报告进行特别提示。

2 月的热点有望在互联金融、在线教育、智能家居等概念上形成。互联网已经不同于 15 年前的网络科技股的炒作，网络的普及，物流的成熟，推动了商业模式产业化形成。

"游戏之恶"变成了"游戏之美"，居民的小微零花钱，聚之成海，可以使得天弘成为中国最大的货币基金。

如果说支付宝抢占了线上的余额理财，那么微信将改变传统的线下理财模式，这个市场将百倍于线上的规模。由于行业处于诞生初期，未来的空间仍将十分巨大。

近期支付宝辟谣定期宝，反倒使市场又看到了新的领域，金证股份又创出新高。金融创新在政策开放的背景下，产品线不断丰富，将使平台型公司越发值钱，"存款理财化"今年有望带来一万亿元的市场规模，私人财富管理领域会带来多支翻番牛股。

增补股票池

在线教育作为互联时代的商业模式，随着培训市场的行业高速成长，龙头公司开始涌现。全通教育、方直科技、中南传媒属于相关概念，有望 2 月延续热点。

上月预测的 LED 行业，冒出多支龙头。由于涨幅已大，未来面临阶段回调。但是行业复苏趋势明显，回落后有望产生阶段性新生机会。东旭光电产业前景明朗，近期刚刚被全球巨头康宁公司授权国内认证，也是中线较好的投资品种。

低空开放将在今年推出，军工股中海特高新业绩有保障，也有望在一季度爆发活力。

2014 年 3 月基金报告

互联金融的春天

2014 年 3 月 2 日

今年看好的几个改革领域的机会正在延续，"金融改革"带来的互联金融热点，"石油动刀"带来的油气板块的崛起，"改革行情"贯穿 2014 年。越是手术动得大的领域，行业机会越多。越是市值微小的企业，受益越大。

改革行情已经做好了铺垫，"两会报告"是新一届政府全面施政的第一个"年报"。改革行情的发展，能在政府报告中看得更加清晰。"国企改革"和"互联金融"将是今年拯救大盘和细挖牛股的两大重要题材。

国企改革长期利好大盘

国企改革的关键要素，是国有企业改制，即民营资金进入国企，将市场中最活跃、最有效率的机制融合到国有企业中，最终是要将代表国民利益的国家企业，做大做强。

做大做强的好处不言而喻，既可以解决社保养老的大窟窿，也可以增加民族的自信心，完成十八大打造世界级企业的使命。

国有企业放开民企参股限制，实质上是又一次"国有股减持"。上一轮上涨 5 倍的大牛市，启动的核心概念是全流通。大量的国有股筹码，配备巨大的资金后盾，在牛市中解决了减持的问题。

如今的中国梦，要打造世界级的企业，没有资本市场的充分参与，是不可能完成的。更重要的是，国有股的减持，如果在下跌中卖掉产生了亏损，这是国有资产流失的"政治问题"。

如此分析，在当前以国有企业为代表的蓝筹股，大部分股价在净值附近挣扎。而老百姓相信股市的"中国梦"就是市梦率，清一色地战斗在创业板市场，追逐 100 倍市盈率的成长股。一旦代表"世界级企业"的中字头股票崛起，将再次证明"散户的理念"是错误的。

互联金融热点并未结束

随着互联金融成为新春行情最亮丽的热点，传统金融公司也打响了金融保卫战。取缔吸血"宝"的研讨，使得互联金融概念出现了一次像样的回调。互联金融是"存款理财化"和"利率市场化"的践行者，本质上是货币基金的线上售卖，法律上没有任何障碍。因此政府不会叫停，题材性质会进一步炒作。

本次回调基本可以判断是主力的一次洗盘。即使 315 晚会将对互联金融进行重点报道，但是我们相信，目前近 5000 亿元规模的天弘基金，正代表了广大老百姓拥护的民意，媒体也不会站在老百姓的对立面。洗盘结束后，互联金融的热点仍将再续春天。

大盘蓄势震荡，寻找个股买点

沪指大盘在 2000 点附近运行了半年有余，今年以来，2000 点成为投资者看多的重要防线。"久盘必跌"的格言，让 2000 点出现破位之后，极可能会再来一段深跌，外围因素导致下跌的风险不可不防。

由于市场普遍认为"两会无行情"，而 2 月下旬股市已经提前下跌，因此 3 月大盘未必十分悲观，破位行情可能延迟到二季度。

3 月个股热点除了上文报告中提出的互联金融和国企改革的板块，重点个股是金证股份和中国石化。还应关注军工板块、种业板块，相关个股可关注海特高新、敦煌种业。另外江苏吴中、新朋股份、新海宜也作为重点研究对象。

2014 年二季度基金报告

风格转换，迎接低点

2014 年 4 月 10 日

我们在一季度的策略报告中，准确预测出互联金融作为今年第一个热点，并且判断 315 作为金证最后的利空，获得较大成功，使得基金净值创出新高，达到 2.01 元。

预计二季度市场将在风格转换过程中，大盘再度迎来震荡，市场热点有望向国企改革、文化传媒转化。

新牛市与风格转换

当市场清一色追随市梦率之际，蓝筹股开始以各种各样的理由向上启动。但是每次蓝筹股的启动，又是大盘调整的先兆。多数投资者在一次次"狼来了"的效应中，彻底抛弃了蓝筹，目前又在创业板中承受新的痛苦。

阿里如今要征服美国资本市场，1200 亿美元的估值，超过工商银行的总市值，150 亿美元融资成为史上最大的 IPO。在美国股市迭创新高之际，巨无霸让人想起中国石油的梦魇，这也许是美国股市最近调整的根由。十年时光，让人们看到了中国企业家的神奇。

那么中国的私募基金，会否成为创造伟大企业家的另一个舞台呢？随着 WTO 与国际化进程的加快，百度、新浪、腾讯都借助国际资本市场成长为巨头，也为境外投资者创造了内地无法实现的丰厚回报。那么"国际版"的推出自然就成为人民币对冲的资本筹码，中国资本必将和国际大鳄有生死一战。政策的瓶颈已经放开，新牛市也需要新增私募介入，理财产品的黄金十年扑面而来。

国企改革热点加速

如今的国企改革基本面背景类似当年的股改。国企改变所有制即国退民进。由于国有资产不得流失是政治任务，那么国有股只能在上涨中获得退出，同时代表国有企业的蓝筹股将消灭破净的价格，如同封基的价值回归。蓝筹股的流动性将出现较大改观。

另外3月的优先股推出，刺激大盘上行，同时也掩盖了创业板调整的事实。优先股的推出导致两个结果，其一是股票债券化，PK理财产品，使得场外资金有了更多的入市选择。其二是蓝筹股缩股，主导二级市场的存量资金能够撬动更大型的筹码，为指数做出多头贡献。

这些政策都是为将来的牛市热身。绿地集团借壳金丰投资，个股连续涨停，与当年股改复牌后的个股大幅上涨的市道特征相似。目前的市场环境再次与2005年极其相像。

文化传媒产业看好

卖猪肉的高金食品进军文化产业后，股价连续涨停，这就是搞文化的和不搞文化的差异。伊利股份也因为与"文章事件"中马伊琍同名而大涨。任志强的讲课费超过自己当地产公司董事长的收入，说明文化产业的潜力十分巨大。

对于动辄数亿元票房的国内影片来说，电影文化公司的市值规模与欧美公司相比，相差好几个数量级。"华谊版"的春晚印证了文化产业的成长性，好声音的广告收入也达到30亿元的数量级，这是任何上市公司都不会忽视的热点。如同去年上市公司大规模收购网游公司一样，传媒公司今年有望迎来大规模的并购扩张，从而成就新的牛股。

4月大盘预计震荡中探明低点，关注4月18日的时间窗口。个股方面我们将逐渐加大持仓头寸，在文化、军工、国企改革（铁路）等板块中寻找建仓时机。

2014 年 5 月基金报告

下跌是见底的必经之路

2014 年 5 月 8 日

我们在一季度报告中指出大盘上半年不看好，创业板进入调整阶段，借喻"就算你留恋开放在水中娇艳的创业板，别忘了寂寞山谷角落里的蓝筹股也有春天"。如今创业板成为下跌的重灾区，依靠国企改革题材的蓝筹股挺住了大盘指数，政策在 2000 点附近数度展开保卫战，行情走势与我们的判断基本一致。

大盘走势依然不看好

从目前大盘 2000 点的位置来看，足以消化各种各样的利空。长线而言，2000 点的大盘和市盈率低至 5 倍的银行股早已进入了投资区域，但是技术面在趋势上确实仍未见底。

考虑到市场舆论多以空头预期未来，因此我们判断上半年大盘下跌空间未必会很大。即使突发事件引起恐慌，也未必出现"像样的黄金坑"。寻找最佳买点不太现实。

在股价不能反映价值的阶段周期，增发重组成为主力启动个股的逻辑。这几年跑得快的基金，都借助了重组股票得以成功，但是这也成为政府下一阶段打击的对象。我们今年以来一直预言的"金融反腐"，极可能在近期以打击股市"内幕交易"的方式展开，这可能将是未来空头的有力武器。

军工改革迎来机遇

在大盘并不看好的阶段，往往军工股和文化股脱颖而出。在上一篇基金报告中，我们解释了看好文化传媒股的理由，其实军工股也具有同样的逻辑。

今年首次提升军费占 GDP 的比重。习大大担任深度军事改革领导小组组长，对日美外交的不断强硬，中美总长直接争吵，中越西沙冲突的升级，揭示今后军工股面临深度机遇。

大盘越是不好，军工股越有机会。在经济上没有走出良性循环之时，军工股具有国企的内质，也有"军转民""民参军"的改革意义。借助"国企改革"的大背景，军工股的基本面迎来上行周期，题材丰富，容易引起市场追捧。

由于目前军工的题材都借助了传统概念，因此我们认为寻找军工股的基本面要立足于两点：一是未来有政策解禁的市场空间（或者获得新生市场订单），一是不能依靠重组置入的预期个股。自身基本面优异，在政策驱动下，具有爆发潜力。

5 月把握政策扶持概念

李总理说一点 GDP 带动 2000 万人的就业，可见 GDP 对政府的考核影响还是很大的。我们认为在经济下行周期的过程中，今年 7.5% 的任务依然很艰难，政府极可能推出新的"投资拉动"政策。新刺激政策影响全市场行业的可能性不大，但是在政府转型和民生领域可能最为受益。这些行业存在于铁路基建、自由贸易区建设等领域中，相关个股将是我们在中报前的短线热点把握方向。

5 月优先股也将相继推出。该题材是新生事物，属于短空长多，值得配置。5 月同时也是中国电子商务企业集中赴美上市的高峰，数千亿美元的筹资，相当于在美国发行数支中石油。美股走势影响最大的是创业板指数，创业板指数目前处于空头周期，如果砸得较深，应具备交易性机会。

目前离大盘底部已经不远，恐慌性抛盘不出，不能轻易言底，仓位控制在中低水平，为迎接"黎明之战"做好资金筹划准备。

2014 年 6 月基金报告

耐心等待底部信号出现

2014 年 6 月 2 日

目前大盘在 2000 点附近盘整近半年。每次接近这个区域，就有一股力量托起大盘，这可能是长线牛熊转换的入市资金导致的。一般而言，见底应该由利空袭击导致。而股市经过 7 年下跌，各种利空都有所心理预期，如果大盘因爆发军事冲突出现加速下跌，那么这几年的一次重大行情就有望诞生。

互联金融革命再现投资机会

金证股份再创历史新高，今年最大的白马影响了互联金融的整个春天。互联网改变了我们的生活和商业模式，创新是互联金融的生命，也是春天的主流。

6 月中旬世界杯开幕，网络彩票再次引发热点关注。这是网络彩票诞生后，首次迎来的重大赛事。每个网络彩票相当于一个投注站，竞猜规则等同于网络游戏，因此也属于网游概念。

地下赌球市场在沿海地区横行，网络彩票的诞生，相当于把这个地下赌球市场从线下搬到了线上，规模高达千亿元。由于上市公司触网数量不多，一般都是门户网站的附属产品，所以小市值的主营上市公司依然可以受惠于这一新生事物。

网络彩票属于文化概念股票，中长期看好。但世界杯的热点又会透支彩票热点，一旦潮水退去，股价往往又会打回原形，切换进入下一轮投资周期。

文化股成为暑期热点

在大盘低迷之际，文化股往往脱颖而出。这几年中国好声音一波接一波地升温，相关上市公司股价不高，重组后的公司往往附加对赌协议，以保障业绩的可靠性。这个暑期注定不会让文化股太冷漠。

同时大多数传媒类上市公司都把持地方性的有线资源。"国网"成立后将加快三网合一的速度，目前传统有线平台的估值都不甚理想，股价处于历史低位，因此有线平台的电信牌照在政策方面有较大的想象空间。

军事冲突将带来极好买点

近来中国周边局势摩擦不断，中国政府对此态度强硬，可能导致冲突升级。由此带来的好处是提升强势政府的国内形象，转移国内经济矛盾，如同普京在克里米亚问题上的政治策略。但是带来的坏处是大国欺负小国，迫使小国外交抱团。同时西方主要贸易国家制造制裁借口，大盘表现往往不会太好。

考虑到市场已经连跌7年，各种利空因素都有预期，这也是尽管大盘并未见底，但也难以继续深跌破位的原因。随着优先股在银行业陆续发行，导致A股呈现理财化的趋势。这样普通股在大幅折价的情况下，可以从优先股中获得较多的投资补偿，将使场外资金加快进入A股市场。因此大盘如果借助战争问题"挖坑"，极有可能砸出未来几年的一个重大投资机会。

6月大盘依旧不甚乐观。去年因为银行头寸短缺出现的隔夜利率飙升，导致股市成为透支的筹码，并且使得大盘跳水至1849。本月因年中结算日面临不少机构挤兑的时间窗口，可能引发周年纪念，总体走势看淡观点不变。

个股方面，强势个股将继续脱颖而出。关注军工股的突发事件影响，重点股票有成飞集成、海特高新。关注体育和文化股的事件驱动。计算机软件股票金证股份推动结构尚未终结，与汉得信息有望继续走出行情，新高可期。

2014 年三季度基金报告

文艺复兴推动文化牛股

2014 年 7 月 3 日

上半年对大盘看法较空，我们认为机会出现在结构性的个股中，同时基于对财富管理行业的深刻认识，我们挖掘出金证股份等大白马，使得投资收益领先市场。

下半年投资拉动经济增长的政策已经明确，货币投放趋于宽松，大盘有望走出多头行情。创业板指数在充分调整之后，将继续挑战新的高度。

政府比股民更着急

对于全年保住 7.5% 的增长，政府节衣缩食，禁酒卖车，深挖蛀虫，填充国库，但是依然低于 7.5% 的预期。目前在经济增长下滑中出现的失业率增高、生产资料价格低廉的现象，使得投资容易产生显著收益。

由于事关就业和稳定的大局，保增长是政府的政治任务。三驾马车中，投资是最容易见效的撒手铜。最近国家增加产业引导基金的投入，PE 转向购并基金，新股发行后的爆炒，优先股的推出，同时市场融资成本已呈下降趋势，都意味着下半年的货币投放更加宽松，可以说政府比股民更希望看到资本市场的活跃。

目前处于两元股价的股票有 55 支，这些个股价格低廉，并非完全因亏损导致。不少股票业绩尚可，只是流通盘巨大，根本原因是缺钱所致。目前大部分银行股市盈率 6 ～ 10 倍，在优先股不断推出的背景下，场外的理财资金搬家速度加快。预期下半年进入降息或降准周期，以扶持包括地产在内的实体经济，那么股市得到的实惠更大。

因此，上半年大盘的利空警报在经过 6 月 20 日的假摔之后解除。去年同期因银行流动性紧张导致的股市失血，产生了 7 年的新低 1849。周年纪念日的到来，我们看到银根的松动，利率成本的下降，资金面的回暖，使得 2010 点成为新行情起点的可能性大增。

看好文化股的主升浪

习主席访问韩国，给总统赠送彭丽媛的个人专辑，而彭丽媛也夸老公长得像"都教授"。两国的外交带有浓郁的文化气息，"第一夫人"爱看韩剧，对于内地影视业的发展，也是有力的推动。由于彭丽媛在国内拥有超高人气，同时也是 30 年前的"中国好声音"——青歌赛总冠军，预示着中国文化市场的再次繁荣复兴。

随着《中国好舞蹈》的落幕，《中国好声音》又将迎来黄金季。今年迟播的《中国好声音》，借着换导师的理由，错开了世界杯的决赛阶段。与足球赛事同属年轻人市场的好声音文化，今年有望产生更大的广告效益，使文化市场的商业运作不断完善成熟，也使得文化产业的市值和规模越来越大。

今年的春晚属于"华谊版"，同时国内的单片票房收入屡创新高，预计今年的总票房将达到 200 亿元，资本必将关注这一现金流极佳的市场。大众文化消费的成熟，也带来大数据的商业应用。文化平台的形成，使文化行业的整体估值得到提升。

最近国家对网络点播的清理，对网络视频牌照的限制，使传统电视台受益。以华数传媒、东方明珠、歌华有线、电广传媒为代表的传统有线电视个股，行业发展前景面临重塑。技术的发展，也使内容创新有了更大的空间。

三季度加至满仓

目前大盘杀跌空间不大，中报拐点有利于多头启动一波行情，文化股将是我们的投资重点。

2014 年 8 月基金报告

蓝筹股也有春天

2014 年 8 月 1 日

7 月底大盘成功迈上 2200 点，蓝筹股作为重要的推动力量，为大盘的 200 点行情做出了巨大贡献。我们在上半年基金报告中，发出的"证券好声音"——"就算你留恋开放在水中娇艳的创业板，别忘记寂寞山谷的角落里，蓝筹股也有春天"，再次得到验证。

我们也曾经判断过，"周老虎"事件何时尘埃落定，中石油何时启动。月末中石油大幅上涨，带动蓝筹股春意盎然，沪港通以及国企改革的热点将推动大盘继续创出新高。

大盘将进一步挑战新高

7 月的报告中，我们指出 6 月 20 日的低点"2010 点成为新行情起点的可能性大增"，并且指出未来的方向在以蓝筹股为代表的低价股群落。8 月预计大盘将再接再厉，下半年市场将挑战 2450 的新高度。如此一来，将打破牛熊分界线，证券市场总体有望出现逆转。

全年保 7.5，将使得下半年经济将出现必然拐点，"投资拉动"是两全其美的手段。目前余额宝的年化收益已经降到 4.1%，市场化的平均融资成本也出现 2 个点的均衡下调。在降息、降准、降税的预期下，依靠高利贷发家的土豪，末日也快来临，巨额暴利将回流到民间。

支撑社会进步和财富增长的力量，必然来自企业的价值创造。那些手握现金，指望依靠盘剥民企血泪的金融掮客，无论是伪装成小贷典当，还是 P2P 或是担保，本质上都是黄世仁。在当前"左派当家"的背景下，挤压黄世仁的利润，是实体经济和资本市场得以恢复活性的关键要点。银行表外的影子资产，会受到清洗。

十八大以来，党内的整风运动，已使相当部分政府经营成本，转化为创业板的利润。如今在利率市场化的趋势下，金融创新要以服务企业创造价值为目的。如果我是李总理，我将推动金融创新和政府投资拉动，来解决流动性失衡，更好地为企业发展，为经济总量和社会进步服务。

低价股永远是不死鸟

在中国股市，即使业绩再差，跌到 2 元多，也很难跌下去。如今大多数蓝筹股，股价比 ST 还低许多，那干脆 ST 算了，股价还可以上涨。

在中国的蓝筹股，具有"大盘""国企""低价"的特征。流动性甚好的股票市值，竟然比不能流通的净资产还要低很多。这个现象和海外资本市场形成了鲜明的倒挂。

十月沪港通将要推出。海外机构由于只能投资 50 指数，同时投资逻辑也极其认同"股价等于企业未来现金流的总和"的定律，因此作为增量资金，将为大盘指数带来强大的利好预期。提前效应使中报期间的大盘出现少有的利好。

不少蓝筹股由于股价长期低于净资产，失去了融资功能。市值管理具有相当迫切的需要。这也是在 3000 点以下的低价股，具有的想象力。借助国企改革和沪港通的预期，这一局面有望在近两个月里得到改善。

但是目前由于资金面的环境需要循序渐进地改善，因此我们不认为大盘因为大盘股的阶段性好转就立马进入牛市。

静候回调后建仓

近期资金面的改善、沪港通等利好的推出，让我们看好大盘中短期的走势。以低价股为代表的重组、国企、资源等板块有望轮番启动，同时我们长期看好文化和军工的观点不变。由于短期市场已经出现一波快速凌厉的走势，新基金择机寻找市场回落阶段进行建仓。

2014 年 9 月基金报告

盲点中寻找暴利

2014 年 9 月 1 日

上月本基金开始建仓，尽管经历了大盘的月末调整，但是基金净值顽强跑赢指数。我们认为目前属于市场风格切换的阶段，以二线蓝筹为方向，以市值管理为手段的新型盈利模式正在形成。在大盘仍有能力挑战新高的预期下，新生牛股将诞生在盲点中。

股指上行仍有空间

8 月上证指数在 20 日的时间窗口遇阻回落，见高 2248 后并未形成推动下行。以平台性质的三波段调整至 29 日破 2200 点后，形成了新的上升推动，9 月大盘将继续挑战年度高点。

下半年以来，中登公司的投资者开户数量增长 30%，银证转账的证券净吸入资金 1000 亿元。随着利率市场化的融资成本不断降低，场外资金入市规模仍有不小潜力，为下半年行情奠定资金的物质基础。

在新国九条"发展多层次资本市场"的引导下，"一码通"的推出，将大幅降低开户成本，提高投资效率，并对吸引包括私募机构在内的投资者入市提供了良好政策环境。

市值管理成为牛股推手

购并重组是今年牛股的主要题材。仅今年上半年，中国上市公司就发生了 220 起并购行为，超过去年全年的 2 倍。并购成功的公司少则一两个涨停，多则翻番，带来了丰厚的赚钱效应。

在 PE 艰难的大环境下，小市值上市公司的高估值，为 PE 和投行提供了一个很好的市值管理退出渠道。不少 PE 不再谋求上市作为唯一出路，与上市公司联手以"并购重组"作为市值管理的商业模式。去年"掌趣科技""互动娱乐"的成功加速了行业间的并购行为，并在今年进一步以点带面进行扩散。

上市公司的市值扩张有利于投资者在二级市场盈利，在市场中创造了一种多赢的模式。同时在新国九条"市值管理"的推动下，政策与法律方面都避免了很多障碍，使"市值管理"堂而皇之地在新行情中成为领涨模式。

提防新股炒作末日论

9 月阿里将赴美国上市。这个"创业板"的代表，伊斯兰世界的童话人名 Alibaba，竟然创下全球的最高融资额度——200 亿美元，超过当年中国石油在美国上市融资的 8 倍。巴菲特曾经在中国石油上大赚一把，同时也在 1999 年折戟网络科技股，不知这次会怎样出手中国的第一电商，这将为未来全球财富的投资去向做出指引。

今年以来途牛、去哪儿、京东的海外上市，也使中国监管层反思优质企业的估值标准。为什么"好"企业不能在国内上市？例如去哪儿，就根本不符合国内上市条件，经营业绩是亏损的。

这些著名的互联网企业带着一身伤病，却成功地在海外受到追捧，结果就是创业板股票以"市梦率"名义直接抄袭美国股市，吸引了大量机构投资者追随。截至 8 月底的中报显示，公募基金在中小股票的持仓首次超过大盘蓝筹。

结合新股的近期爆炒，创业板的市梦率可能已经进入尾声，市场的风格转换有望在年内完成。二线蓝筹将是我们重点研究的方向，以中低价股为代表，以重组题材为预期，文化产业、互联金融、稀土整合以及新能源技术等题材将是我们 9 月投资的重点。

新的机会，将在新的盲点中形成暴利。

2014 年四季度基金报告

市值管理揭开主题盛宴

2014 年 10 月 7 日

国庆期间，新老常委共同观看演出，表明组织人事应该已经宣告稳定。我们在年报中曾经分析过，强汉必有强权。在反腐运动取得成果之后，新一届政府必然要抓经济建设。本月召开的四中全会，将是决策层工作重点的转向标。全面牛市预期有望在四中全会后得以明确。

年初我们在年度报告中看好的军工股和文化股相继走出了牛股行情，上述两类个股还将在四季度继续表现。同时以市值管理为手段的新盈利模式正在市场上全面展开，为年底的收官行情创造更多的暴利机遇。

宏观政策支持行情向好

国庆期间，政策较多，无论从哪个角度来看，宏观刺激政策对股市而言，都有利好成分。长期而言，多头入市的意愿增强，为未来牛市奠定资金基础。

国庆期间，央行推出了首套房认定新办法。其用意一是刺激经济，利用"金九银十"的地产挽救四季度 GDP，看来国家认为当前的经济形势已经十分不好。二是对市场变相降息，由于地产行业是影子银行市场融资的优势行业，对近 40 万亿元的住房贷款的首套降息，无疑降低了市场的总体融资成本。

有人会说，银行是必须赚钱的商业机构。申请贷款的业主都需要排队的情况下，为什么要降息呢？其实国庆新政中，MBS 解决了这个问题。这正是该政策不是由住建部和银监会负责解释，而是由央行发布的高明之处。

MBS 新政改善投资环境

MBS 简单来说，就是银行把"优质"按揭房产，打包成理财产品卖给投资者。这样央行就可以指定"优质"的含义是首套贷款，银行也就突破了存贷比的限制，直接把首套贷款转移到表外业务，自己做起了影子银行。

目前余额宝仅仅 4.2% 左右的收益，就吸取了 6000 亿元理财投资。如果银行将 20 年的首套住房贷款年利率，以低一个点的收益发行"次贷"理财产品，预计产品规模可以达到万亿元。同时这部分贷款是不用计入贷款额度的，相当于银行资产进行了扩容。

MBS 的推出对宏观资金影响是巨大的，是地产项目资产证券化的趋势性后果。这将使得投资者未必会选择房产来满足"投资刚需"，而直接去购买 MBS 的房产理财产品了。由于当前房租回报率赶不上存款利率，因此要么未来租金上升，要么投资客选择理财投资。

MBS 在美国非常盛行，这也是 2008 年金融危机的诱因。从美国资产证券化结果来看，老百姓选择租房而不是直接买房，是一大趋势。所以 MBS 推出对地产商也不会是利好，地产行业的总量将继续保持增长，但是肚肥腰圆的地产老板将继续瘦身。证券市场总量受益。

结构型行情继续延续

四中全会之前，"沪港通""一码通"相继为三季度优异行情做出了重大贡献。本质上为解决规模资金入市，降低入市资金成本打下了基础，营造出了"牛市"所需要的资金面和政策面。

四季度大盘依然维持震荡格局，沪指在 2450 附近将遇到调整压力。时间方面需要注意 11 月初的时间窗口，明年的最佳投资时间有望在今年 12 月中旬提前展开。以"市值管理"为方向的投资主线将成为最大主题盛宴。

2014 年 11 月基金报告

迎接年末冲刺浪

2014 年 11 月 2 日

上期报告中我们指出，全面牛市预期有望在四中全会后得以明确。果然全会结束后，两市摆脱了调整态势，快速再次创出新高。我们调仓后的文化股同步也创出新高，这种以市值管理为手段的创新模式，将成为下一波牛股的暴利源泉。我们剩下的 2 个月里，将完成业绩的冲刺。

宏观资金面继续向好

上期我们在报告中重点解读了央行的 MBS 政策，指出该政策影响投融资成本全面下降，为向好的股市资金面奠定坚实的基础。

四中全会结束后，各机构对后市预期乐观，资金面预期明年有 3 次左右的降准和 2 次降息。但早在上半年的报告中我们就指出，GDP 是最不用担心的，政府有充分的手段来调节经济杠杆。政府比老百姓更希望资本市场走好，拉动消费，带动投资，激发创业。

全球股市也是在四中全会之后，争先恐后地大幅上升，美国股市无惧 QE 退出创出历史新高，日本股市无惧 GDP 预期下调也创出 2007 年来的新高。各国政府通过资本繁荣的手段，倒过来刺激经济，服务民生，推动大选，满足各方利益，乐在其中。

市值管理引发补涨效应

时近年关，各上市公司也将加快并购整合步伐，来补偿业绩，平衡高速增长的市盈率，2014 的年报将非常精彩。同时低价股轮番启动，将有更多上市公司通过送股来压低股价，使市值管理能够迎合市场热点。明年春节前，预计有不少公司将继续突破10送20的天花板，年报行情将非常精彩。

我们今年多次提及"别忘记寂寞山谷的角落里，蓝筹股也有春天"，目前钢铁之花能够在冬季迎春，就是投资智慧的结晶。作为同样基本面的房地产业，由于蓝筹股众多，市值庞大，行业竞争加剧，会挤压出地产金融、地产服务业的反相关投资机会。本月我们也将重点考虑该行业的配置机会。

今年我们重点看好的金融创新、军工重组的个股，都走出了大牛行情，但目前文化行业的个股还没有达到理想预期。虽然今年下半年以来，文化股的基本面不断有最高级的文艺座谈会、打造千亿元市值的文艺航母、影视票房创出十亿元新高等推动，但是个股响应力度有限。

从市值管理的角度来看，文化股的国内整合资源有限。因此一旦上市公司在国际影视战略并购方面有所突破，文化股的估值会再次启动。央视的平台难以整合国际资源，因此地方性平台成为想象空间最大的板块。文化股依然是我们四季度持仓的重点品种。

技术走势进入末升段

政府今年为引进资金入市，做了大量的政策引导。从两市4500亿元的历史天量，可以看出政府努力的成果。行情不是空涨上去的，而是资金推动的必然。但是市场不经过调整，新的资金很难选择入场时机。只有走走停停，行情才会更加悠长。

上月不少著名机构发出了行情转空的警报，但是我们依然坚持认为本轮行情尚未结束。市场越是谨慎，行情就越没走完。纵观上周沪指反攻以来，出现放量和缺口形态，市场一片欢声。因此技术上可能进入本轮末升阶段，在快冲过程中，我们将适当降低仓位比例。

11月重要时间窗口：17日。

2014 年 12 月基金报告

启动蓝筹，侠之大者

2014 年 12 月 6 日

上期报告我们指出：迎接年末冲刺浪。本月大盘逼近 3000 点，兑现了我们四季度报告中指出"牛市在四中全会后全面展开"的观点，见证了我们 8 月报告《蓝筹股也有春天》的判断，2015 的股市春天已经提前展开！

为何满仓踏空

面对大盘近千点的涨幅，绝大多数投资者目瞪口呆，近万亿元的成交量到底从何而来？凶猛的上涨走势到底是什么力量所撬动的？

很显然中石油连续涨停，绝非散户所为。早在上半年报告中，我们就提出了"周永康案件何时宣布，中石油何时启动"的观点。周五晚间宣布的周永康开除党籍，石化双雄再次双涨停。

如今走势更加印证了超级主力建仓逻辑，与中小投资者认同的方向逆势建仓——新资金绝不会为老式思维抬轿，这也是当前中小投资者最郁闷难受之处：满仓踏空。

牛市在 2450 点迈过之后，就已经展开。我们在四季度基金报告中提出"牛市在四中全会后全面启动"，极好地把握了市场机遇。如果牛市需要全面启动，那么落后的价值股（具有国企、蓝筹、低价的性质），也将分享这个春天。蓝筹是老资金所唾弃的盲点，也是中国经济转型中最需要拯救的群体。

启动蓝筹，侠之大者。无法转换思维的投资者，将继续满仓踏空！

新行情需新资金推动

历来行情的崛起，都是来自场外资金的推动。本轮牛市的资金推动力量，是来自理财市场和地产市场的资金。那些靠金融杠杆赚钱，并且眼下资金没有出路的金主，自然不肯放过股市中的杠杆机会。能够自由在市场中拿钱的行业，只有股市的成本最低。你能在地产、汽车、小贷、担保等行业中贷出年息6%的资金吗？

房地产市场的下行使得许多地方政府的财政无计可施，恶化的金融环境即使牺牲几个地产土豪，也拯救不了地产财政。地产需要维稳，只能依靠中央的金融政策来实现。好在前几年的地产牛市，释放了很多利空，也储备了解禁所带来的利好。所以我们说，GDP是最不需要老百姓担心的，政府比你更着急维护它。

四季度以来中央致力于改善创业环境和金融流动性举措，改变了股市的估值。因此，自降息后的金融周期，和1996年推动大牛市的基本面是相似的，它将推动金融市场资金搬家的速度。未来释放更多的准备金率和利率来改善流动性，证券市场的投资价值将率先受益。

短期注意急跌风险

随着蓝筹的相继启动，各指标股短期也达到强压力区间，后市调整在所难免。但市场牛市主升特征明显：新股上市后连番炒作，定增项目受到银行资金热捧，资金将继续入市带来机会。另外以金证为代表的财富管理行业个股，作为牛市正相关的群体，率先完成了十倍涨幅。以金证为代表的"市值管理模型"，也成为国企改革突破的创新商业模式。

我们在年中完成公司战略布局，发行创设了15支基金，让我们第一批基金投资者分享了这个股市的春天。本轮行情是长期行情的一个起点，确认了牛市的基本格局。牛市来了，所有的猪都会飞（谁又会愿意承认自己是猪呢）。我们将继续坚持新行情的"新市值管理模型"，创造更多的利润。

2015 基金年度报告

为国企改革服务

2015 年 1 月 3 日

2014 年的个股行情从金证开始，点燃了以财富管理投资为方向的金融股运动。10 个月以来，金证股价上涨了 5 倍，加上 2013 年上涨的 3 倍，金证已经毫无争议地当选为两市第一大牛股。其市值管理带来的财富效应，已经波及券商银行地产等大蓝筹群体，并且为"国企改革""金融改革"找到了很好的共振模式。

行情总在意想不到的地方诞生。2015 年的投资思路，将延续蓝筹行情，为国企改革服务。预计上半年将出台国企改革纲领性文件，各地方寻求改革突破，股市继续释放改革红利。小盘股因资金失血重心下沉。注册制推出之后，小盘股有望分化并重获生机。

正是"两岸猿声啼不住，大盘已过三千三"。

理财资金搬家推动牛市

去年四中全会后展开的全面牛市，新资金横扫整个市场的蓝筹股。我们曾经以矩阵方式排列中国各大类资产，告诉投资者资本市场已经是投资洼地，而地产资金则是推手。这些庞大的场外理财资金，曾经熟练运用金融杠杆获得收益。在当前找不到投资出路的情况下，"突然发现"场内还有 8.6% 的廉价两融信贷，直接推动指数上行千点。

我们在两年前预测未来牛市的资金来源时，分析过三条主线：1、地产等理财资金搬家；2、80 后及富二代；3、证券下乡——"农民把农行的存款取出来变成农行的股东"。而最后一条，正是在 11 月下旬降息时点出现之后，市场展开的主升浪。

在 2500 点牛熊分界过关后，可以基本确定牛市的成立。目前不动产 120 万亿元的规模，影子银行 36 万亿元的规模，都是弱小资本市场的坚强后盾。2015 年初的行情将继续向上延伸。

为国企改革服务

四中全会以来崛起的蓝筹股，正果将是"为国企改革服务"。国企改革的核心是体制改革，引入民间资金，推出混合所有制。当然只有在上升走势中，筹码对民间资金才具有吸引力。四季度降息之后，大量理财资金点燃了确立牛市的第一把火，这是政策引导的必然。

因此所有制的改革，完全类似于十年前的那波"股改牛市"。同样都是引进场外资金，为政治服务。我们也看到了当前打破行政垄断的政府决心，种种为市场让利的政策手段，都远超当年的胡温时代。

而本轮行情的远期目标，就是打造一批世界级的企业。最有可能成为世界级企业的，当然是引领这些国企的蓝筹们。所以贯穿未来牛市的主线索，就是"为国企改革服务"的蓝筹先锋。

谁说牛市不需要政策引导

本轮行情的近期目标是解决注册制。如果注册制不及时出台，本轮行情就白涨了。新股制度改革成功的考评关键，是注册制方案何时被市场接受。目前一二级市场的收购兼并，都是 15 倍市盈率以下股票。既然待上市企业能够接受如此估值，那么以这样的水平推出注册制的新股，无疑会给市场带来诸多新的机会。

新股改革成功的充分条件，不是中小投资者有多么成熟，不是场外资金的调度多么有力，而在于关键一招——刻意压低新股发行价格。一旦这样的政策出台，我们就看到了股市的吸引力。场外资金迅速切入打新市场，后面甚至带来的是整个理财兵团。所以老牌的普通股依然也要有一个良好的市道氛围，才能为注册制实施保驾护航，估计这个时点要到年报以后了。因此普通股沉寂以后，可能在年报附近形成转机，开始形成真正的成长性分化。但是胜出的状元毕竟是少数，押宝成功是小概率事件。少数个股还将演化成庄股。

选择白马之王投资

历史上，1999年的科技股行情、2004年的五朵金花行情，都是只迅速启动了一个板块热点。等到其他热点跟进的时候，整个大盘的行情就已经结束了。因此抓住蓝筹热点，将是当前唯一回避风险的操作要点。

上轮熊市的两个关键点6124和3478，都对应了两个著名的空头指标股：中国石油和中国建筑。解铃还须系铃人，市场翻多也需要改变这两个大空头的形象。历史上从48元一路下跌的中国石油，基本面看来似乎越来越好。国际原油的报价如此便宜，加大了投资机会。同时周老虎的石油帮彻底清洗，也表明老主力出局与新行情开始。

传统思维中，股民习惯了中国石油绿油油的走势，从感情上还未接受蓝筹思维，也难以割舍小盘股成长的情怀。如此谨慎和纠结，一般表明行情尚未终结。中国石油最大的主力都已彻底出局，后面要什么有什么，不可忽视这个蓝筹之王。

龙头品种要求敢于下重手。由于有雄厚的场外资金作为背景，大盘股的走势举重若轻。在中国石油未见顶之前，蓝筹行情不会结束。

短期操作思路

就像券商板块启动后，所有券商股都涨一样，本次蓝筹股启动，也是全面性上涨。未来一段时间的热点，将继续围绕蓝筹和低估值品种周期轮动，因此指数将进一步表现，而小盘股却因此失血并进入补跌。所以下一阶段的选股重点，将是围绕各行业的龙头品种进行操作。

蓝筹股业绩除了国企改革注入业绩之外，还有并购重组（如中国中车）、升级转型（如万科），以及将来的国际战略合作。这将吸引新资金不断深入挖掘蓝筹的价值。

以地产股为例，万科作为地产之王，在 2014 年最后一个交易日涨停。其基本面的变化在于商业模式转型。将来的地产龙头依托庞大的地产市值基础，开展品牌租赁、地产基金等业务，通过资本支持、团队管理等合作，与地方开发商分红，不再以拿地作为商业模式，转型轻资产寻求突破。这正是地产龙头的未来价值所在。

小盘股的命运

细分本轮行情结构技术上的低点，应落在 2012 年 12 月上旬。除了上证综指，其他指数纷纷在当时见底。主升指数是创业板综指，涨幅高达 2 倍。由于历来中国股市牛市中继周期皆为 25 个月左右，因此小指数本轮调整时间恐将较长。

小盘股当前两个致命的利空，一个是"注册制"的推出，一个是"监管风暴"。"注册制"将会对小盘股有重大打击，而通过大数据监控将有更多的小盘股进入黑名单，重演"十八罗汉"的连续跌停走势。而将来注册制真正实施之际，有望靴子落地，使得小盘股重获生机。

行情总在意想不到的地方诞生

2015 年的行情攀升到一定高度，必将引起回落，证监会也可能推出国际板来调节指数。但从短期来看，市场并无风险。蓝筹股运动将继续推高指数，各白马蓝筹将轮番上涨。待蓝筹之王中国石油也潇洒涨一回之后，行情结束。而小盘股重新崛起之时，可能在"注册制"实施之后。

2015 年最重大的机会，也继续遵循"最不让人看好的板块"所带来的反向机遇。

2015 年 2 月基金报告

市场需要健康的牛市

2015 年 2 月 5 日

11 月的报告，我们指出 2015 年的行情提前发动。提前发动的行情也会提前进入调整，透支的行情也会付出代价。预计一季度后面的走势，大盘在牛市预期惯性影响下高位大幅震荡，成交量将出现去杠杆化的融资退潮，市场热点有望重新恢复到小盘股的投资风格中。

去杠杆化为行情降温

降息后理财资金的快速搬家，推动了股市日成交高达一万亿元以上。量价齐升的好处是确立了牛市趋势，但过快行情会透支大盘的未来。以往的股市总是快涨慢回，导致熊长牛短。如果本轮行情是要为 30 年的股市中国梦奠定基础，那么行情就不应过分放大成交，透支未来。

杠杆资金的牛市不是真正的牛市，杠杆资金撬动的板块也是大盘股群体。去杠杆的过程，使得大盘股进入调整周期，非两融的标的反向受益。严查券商两融业务、收紧伞形信托的背后，正是政策性调整的开始。

因此，健康的牛市应该留有后劲。如果行情的启动仅仅是靠融资的杠杆撬动，那么行情就不会健康。所以 3000 点的大盘将有一个去杠杆化的过程。

市场风格重新切回小盘股

如果股市成交回落，那么市场风格将重新切换到普通股和小盘股的炒作中来，同时新股注册制需要一个良好的多头氛围才能实现。因此四季度因大盘股风格转换导致的失血小票，有望借助年报因素重新崛起。

该类个股以市值管理为背景，在股权激励、并购整合的业绩多头驱动下，二级市场的上涨造成多赢局面。上市公司内在上涨意愿强烈，即使市场出现调整，也是该类个股的波段买点。

创业板启动已有 2 年时长，新增资金选择标的不易。所以未来春季行情的个股选择，我们将以去年下半年主力建仓后，错失四季度发动行情的个股为主。存量的主力会借助市场风格重新切回的机遇，再次启动行情。

市值管理的小票，最大的风险就是监管风险。如果未来高层对市值管理政策的监管趋严，打击市场操纵行为，这将是该类个股的减仓信号。

健康的牛市循序渐进

2015 年作为深改年，也是十二五的最后一年，市场将继续释放改革红利。白酒等官僚股继续不看好，官僚股的反向投资机会出现在民企和创投股群体上。

银行资金在找不到出路的情况下，四处寻求劣后级的证券项目，使制造业的资本需求依然艰难。在制造业转型的这个冬季周期，投资机会将逐渐显现。2015 年下半年的制造业可能借助互联网的转型开始复苏，而股市将领先于实体经济，率先分享到投资收益。

受大盘上冲的惯性影响，市场可能还将震荡出高点。但融资盘去杠杆化的过程，将是大盘一季度调整的主要动力。该过程完成之后，市场的增量资金将会重新推动行情演绎牛市。

快牛不如慢牛，慢牛不如健康牛市。预计未来行情日成交维持在 3000 亿元～ 5000 亿元，大盘对应空间在 3500 点波动。

2015 年 3 月基金报告

全面拥抱互联网

2015 年 3 月 1 日

上期报告中，我们提出市场风格将重新切换到中小股票上来，四季度曾经"满仓踏空"的个股将会迎来春天。当创业板指数再创历史新高时，市场风格将再次切回原有的轨迹中。

传统产业周期性见底

目前传统行业遭遇的困难，让人看不见希望。整个社会找不到方向，顶层设计也找不到出路，但这往往是最佳投资时机。我们认为今年的最大机会，应该诞生在互联网转型的传统行业之中。

中国已经从上一个"中国制造"的30年，完成了平台和硬件的原始积累，进入到用内容和软件搭建"中国创造"的后30年中。构建新的商业模式，实现新的财富分配转换。在传统行业的市场有一定积累，在互联网应用有创新的企业，将成为新的龙头。

每一个和互联网结合的传统产业，都会迎来新生。在未来互联网时代的选股思路，应当寻找规模很大、行业集中度较低的传统行业，比如传媒、汽车、钢铁、纺织、地产、商贸等领域。这些行业将陆续跑赢综合指数。

互联网企业完胜

未来的世界，一切都将互联网化。传统企业不触网，会消失在市场竞争中。在互联网海洋中，将诞生千亿元甚至万亿元的企业。互联网打破了行业边界。以往传统产业达到千亿元规模就见到了天花板，但中国的互联网企业，将能产生万亿元的市场规模。

以往上市公司的成长，金融暴利都给权贵资本拿走了。例如中国石油一开盘就成为超级航母，老百姓不再有参与的机会。但是互联网股票的特点，就是从小做到大，这会给所有的人都有一个参与的机会，它带来的是全民机会。

互联网随便诞生一个梦想，就能产生世界级的震动，将深刻影响未来的商业模式。年轻人的创业不再像前辈们在设备、土地、官场中周旋，他们的金融意识超越前辈，对新生事物敏感。以互联网为代表的行业转型，将是未来投资主流。

马云在证监会给高层演讲，让监管更加接受互联网思维，这将对创新商业模式给以更多的容忍，给主力资金制造题材给以更多的利用空间。

传媒板块将成为春季热点

春晚作为传统媒体最后的堡垒，也被新媒体攻克。撒贝宁在现场说，春晚的观众都在摇红包，不看春晚看手机。当传统媒体也需要向新媒体让步，来吸引流量的时候，一轮新老媒体的整合运动即将开始。

民歌天后张也唱起了《小镇姑娘》，京剧名角于魁智改编了《奔跑》，传统文化与流行元素竟然能如此完美地结合。从传统钉子户赵本山、宋祖英的消失，到草根英雄李宇春、邓紫棋的登台，这个世界变了，意识形态也在悄悄妥协。传统媒体从喉舌的权威，让位于百姓的欢乐。

在习主席指挥发出了打造千亿级别新媒体的指令后，传媒行业也在发生质的变化。海外体量巨大的优质文化资源，构成了充分的收购标的。国际整合并购所带来的传统媒体的革命，不弱于国家禁酒后对创业板崛起做出的贡献。在沉寂多时之后，传媒股最有可能成为春季行情领涨的板块，我们将积极配置。

2015 年 4 月基金报告

每支股都有自己的春天

2015 年 4 月 5 日

总理在两会中不仅提出互联网＋的概念，同时 315 晚会也没有打击 P2P。政府对互联网的创新高度容忍，两市 IT 股票纷纷大幅创出新高。3 月报告我们的《全面拥抱互联网》，再次提前把握住市场机遇——互联网完胜。

目前市场处于很明显的主升浪之中，未来的变盘信号一个是政府的限速行为，目前来看还是处于鼓励的状态。另一个是波动结构的改变，但目前依然是进二退一的节奏，也无需担心。如果出现连续缺口和加速快涨，就相应减仓操作。

政策面继续推动牛市

经济正在政府全面放权之后焕发出活力，这就是我们两年前提出的中国经济的巨大潜力。全民创业激发了投资热情，经济下滑之后，又迎来了新的转型。在创新与投资的推动下，政府仅仅用了两步棋，就让百姓看到了朝气蓬勃的局面。

在一季度市场大幅上涨的背后，我们没有看到政府传统的"恐高"声调，提示风险，反而看到了进一步扩大社保投资范围的措施。尤其是面对近 300 支股票的翻番，也没有过分解读市场操纵行为，这将对场外资金进一步产生暗示——政策面目前是安全的。

政府手中对拉动经济的王牌还有不少，简政放权，鼓励投资。在大众创业、万众创新的大背景下，也将激发投资的活性。创新所带来的投资理所当然会被资本市场所运用，股市率先响应这种变化。

我们对政府出台系列政策的解读是：要通过盘活资本市场达到三个目的：1. 为社保资金寻找渠道，扩大社保资金投资收益；2. 激活市场直接融资功能，完成多层次资本市场建设；3. 全民资产证券化配置，股市作为优先蓄水池。进而完成国企改革的最终使命。

就目前而言，政府对资本市场的态度，依然没有出现逆转，不应过分担心市场出现类似 8 年前 530 式的踩踏事件。

牛市不言顶

目前市场一浪又一浪地创出新高，整个市场运行良性，这个初生第一大波的牛市格局依然在演绎。大盘和个股在没有出现加速的状态下，不可盲目判断顶部。冲刺阶段的利润是惊人的，大盘在压抑 7 年之后，目前只是抬高物价的第一个阶段，仍会有新高不断出现。

近期不少投资者认为市场涨幅已大，担心熊市重来，为了蝇头小利，就匆匆离开市场，以担心为由进行减仓。此类投资者包括不少私募在内，减仓之后，又会被迫在高位翻多，这类从众行为切不可成为决策的依据。

当前个股大面积启动，一季度平均收益 35%，全体 3000 支个股仅有一支下跌，280 多支股票翻番，巨大的盈利效应使得理财资金加速进入股市。基金的扩募规模较大，新增资金往往选择滞胀的品种进行建仓。因此只要基本面不存在地雷，每支股票都能守候出一个春天。

由于二季度市场整体收益不太可能继续保持大幅扬升，政府无干预下，应观察市场是否出现加速冲顶走势。而大盘目前运行的状态，依旧处于主升浪结构中。但如果后市市场出现连续加速，并且跳空缺口增多，则应果断减仓。

黑客理论告诉我们，暴跌不要恐慌，机会就是这样砸出来的。涨的时候也不要恐慌，每支股票都有属于自己的春天，和我们的人生一样。多享受一下快乐的时光吧。

2015 年 5 月基金报告

看不清楚的时候就持股

2015 年 5 月 3 日

4 月大盘果然未出现"像样调整",因恐高而不断减仓的从众行为,只能被迫在更高的价格补回筹码。如此恐怖的升幅,让人惊叹"春花秋月何时了,涨停知多少"。牛市仍需保持多头思维。

5 月大盘将加剧震荡,调整结束后,牛市将继续向新高迈进。

红色资本回归 A 股

安邦横扫整个资本市场,对中国股市的战略影响力不弱于当年汇金建银。我们判断本轮牛市主导市场的力量来自险资。

李总理要求财政部检查资金死角,不作为以"渎职"论处。而保险资金这个巨大的头寸尚未盘活,将是推动未来牛市的重要蓄水池。

半年前中国的美元储备开始连续下降,正好契合本轮牛市启动的时间。同时去年开始严查的瑞士银行的存款账户,导致巨资回流国内。推动万亿元天量的成交,资金到底从何而来,读者业已明了。

创业梦未到梦醒时分

创业板指数的 3000 点近在咫尺。回想起两年前我们撰写的《创业板重大投资机会报告》,抓住创业板的战略投资机遇,依然是来自于黑客思维的"逆向投资"体系。那么到目前为止,创业板的中国梦到底兑现了什么?

昨天国务院发布"大众创业、万众创新"报告,将创业提升到政治高度。此次创业运动不仅解决了就业问题,更激发了投资热情。让创业板的基本面插上了"中国梦"的翅膀,在风口中自由翱翔。

GDP要找新的增长方式，总理前不久再次强调，以虚拟经济推动实体经济发展。那么"市值管理"将是打通资本市场和实体经济的重要手段，它使投资人、上市公司的利益完美结合，并在多层次资本市场建设中，以直接融资的方式，用并购的手段，服务了实体企业，并让上市公司做大做强。市值管理将在未来的时间里，继续成为牛股涌现的重要资本运作模式，并将进一步渗透到国企改革之中。

牛市不会一帆风顺

老投资者因多年未见到牛市，一遇到蓝筹启动，就习惯性地卖出股票。本轮行情恐高症者不赚钱，反而恐高患者在替新股民操心风险问题。殊不知市场玩的就是心跳。

目前市场出现了巨型的上升循环，已经不是一般的趋势能阻挡得了了，牛市就应该创出新高。目前市场在巨量的推动下，依然保持着进二退一的惯性上冲。

暴利不可持续

3000点以后指数过快上升，将促使国家对指数进行限速。目前各大券商收缩融资盘，表明资金在退潮。当新进资金无法支撑获利盘后，市场就会暴跌。

先启动的股票也会先进入调整。创业板指数本月可能出现较大跌幅，主板中字头的股票继续向"世界级企业"市值挺进。调整之际也是新主题形成之时，跟主题相关的个股不会调整。而市场切换热点之后，行情继续向新高跋涉。

牛市看不清楚的时候就持股，因为筹码在牛市具有稀缺性，每支股票都有自己的春天。

2015 年 6 月基金报告

补涨是思路

2015 年 6 月 2 日

股市乘风破浪，勇往直前，横扫一切阻力。大街小巷，都传来股民欢乐的歌唱。茶余饭后，老股民喜气洋洋地分享自己的幸福，新股民虔诚地倾听……牛市思维已经深深扎根在每个人的心中。

慢牛是指"大盘慢，个股牛"。大盘调整之时，就是小票领涨之日。大盘上升之际，就是小票调整之时。这说明两大投机领域，总有一方是谨慎的。这样的"理性"市场，不会轻易见顶。牛市本月还将继续延伸。

"十三五"指明资本发展路径

上月末，总书记倾听七省书记对"十三五"规划的建议，勾画出"十三五"的发展轮廓，时势发展对我有利，我国发展的重要战略机遇期仍然存在。这受到股市的热烈欢迎。

我们归纳出与股市相关的三大要点，这对未来资本发展和企业转型战略提供了方向。

一、轻资产行业会取代重资产行业成为发展最迅速的领域，消费和服务将取代制造业成为中国经济的新引擎。

二、中国的社会财富结构也会发生新的变化，原有的以信贷为中心的金融体系会变为间接融资和直接融资共同发展的新体系。

三、居民财富可以通过配置债券、股票等直接支持实体经济，而非像旧时代一样全面囤积在不动产。唯其如此，才能够使社会财富优先向创新创业领域倾斜。

我拿什么来拯救你——资本

一些传统行业在与创业板的竞争中成为"筹码弃子"。但是本次牛市运动要解决的问题之一，就是要用市场化的资本推动这些传统企业转型升级。

新三板火爆，也正说明了资金推动牛市的本质。一些年利润一两千万元的企业，从未感受到自己竟然离资本市场如此贴近。当上市公司以定增和并购的名义，来拥抱自己的企业，羞涩的心情都不知道该去找谁商量。剩者为王。当春天到来的时候，活下来的就成为巨人。巨人同样也属于煎熬度过长熊周期的股民。

跟行情赛跑

目前市场出现大批低价股的补涨。没有任何基本面支持，越小越灵，越低越涨。补涨的思路，成为自5月以来的主要策略。本轮两年来牛股真正能屹立不倒的，就是金证股份。它带给我们的思路，是市值管理的商业模式内涵。

市场中几乎所有的股票，上涨逻辑都是在"比市值"。在繁华落尽后，市值管理好的公司，能分享牛市正果。

传统行业的股票，虽然在实体经济中是死亡板块，但是牛市来了，作为筹码也会随风起舞。高速公路股票已经多年未动，而山东开始将高速等国企注入社保。周期蓝筹作为一大长期盲点，在牛市的中场，不会甘于寂寞。十三五规划建设现代农业，现代农业这个概念放在股市，就是农业＋互联网。

士别三日，当刮目相看。很多股票，一两周的时间，蹿升50%，让人感觉幸福来得太突然。股民对利空传言，已经具备了心理免疫力。这将是市场大清洗的前奏。

本月股市迎来年内较为重要的时间节点，虽不影响总体上升格局，但是大的震荡需要注意。

2015 年 7 月基金报告

风雨后的彩虹

2015 年 7 月 6 日

上月以来，市场面临极为深刻的一次大调整，巨大跌幅吃掉大多数投资者的年内收益。我们在 6 月报告中，指出了市场进入"补涨阶段，这是大清洗的前奏"。当整个市场都是牛股的时候，股市发生了逆转。

暴力清洗运动开始

自去年股市在四中全会发动行情以来，到了今年春节后，进入全盛时期。9 个月以来的股市总市值上升了 35 万亿元，培养了太多亿万元富翁，并且导致新一轮房价上涨。整个市场全是股神、全是牛股，这样的暴利是需要清洗的。

但本级调整没有重大利空因素袭击，并且不以空跌形式展开。走势上个股多以盘中换手，放量压至跌停，造成巨大的连续杀跌。投资者即使偶有减仓动作，也在超跌和政策救市利好的推动吸引下，重新返场，导致亏损。

这样的走势 20 年来未曾见到，简单归结到境外的做空势力，略显荒唐。如果根究更深层的原因，我们猜测本轮不计成本的抛售，恐怕来自金融反腐。一旦反腐运动在金融市场展开，10 年以来的既得利益集团将受到总清算。

蓝筹符合慢牛标准

当前大盘的跌幅已经引发救市资金的集结。"平准基金"的入市貌似对市场利好，但是"准"的时候是利好，未来"平"的时候就是利空。限制融券和禁止券商自营卖出终究不是市场经济，行政效力不会太长，因此对于该类政策不应予以过高期待。

我们分析过，本轮牛市终极目的是要解决社保问题、国企改革问题。因此险资以救市名义进入股市极为妥当，而且当前的价格对于险资而言较为安全。安邦作为最大的险资已经在半年前开仓股市，当前险资入市选择的投向也应与安邦类似。

截至目前，沪市年线涨幅为 16%，符合慢牛条件基础。因此下半年指数在蓝筹掩护下，还有较大长期空间。只是绩优蓝筹股当前起到护盘的作用，由于险资对投资收益要求不会太高，一旦市场企稳，蓝筹也会进入调整。

市梦率已到梦醒时分

汇金作为解放军建立的是大金融和蓝筹股的革命根据地，而中小股票依然是白色恐怖敌占区，它们并非是"平准"的标的。

创业板指数自 535 点上行以来，两年左右指数涨幅 7 倍。个股上涨是比拼市值，而并非业绩和成长。这样的市场必然会被管理层纠偏。必须接受的事实是，上市公司已经从巨大的流动性繁荣中受益，整个创业板都是牛股的阶段一去不复返。

回顾过去的十年，科技发展确实改变了世界。但并不是所有的公司都会成功，股市会有漫长的震荡过程，提供免费服务难以盈利，补涨起来的股票有着很大风险。

技术上，大盘 3 月 17 日 3459 的缺口，在本月应能止跌。由于当前不少投资者对后市看法已经悲观，但是看空并未做空。因此后市还有一个承认接受的过程，月底前还有非常难过的煎熬。

2015 年 8 月基金报告

几时把痴心断

2015 年 8 月 5 日

7 月大盘经过大喜大悲后，渐复平静。国家主力上升到政治高度，对抗市场下跌。强国富民的决心，让万众期待创新一样期待慢牛。大阅兵之前，稳定是主旋律。

做空是犯罪

证监会公布了 21 家做空机构的名单，对空头进行警告。但是从资金规模上看，不足以对股市产生如此巨大的杀伤力。

公安部介入股市后，政府至今还没找到答案，究竟是谁做空了 A 股？投资者心中更是疑惑不解：暴力入市之后如何收场？不救市究竟会跌向何方？股民赔钱后是不是就算了？做空机构要承担什么责任？为什么没有防御措施？

国家主力强势护盘，可以看到金融稳定的重要性多么迫切。社保资金无法入市，战略板无法推出，更谈不上注册制了，同时也影响"十三五"规划中大力发展直接融资的战略目标。在这些任务没有完成之前，牛市不该结束。

布局十三五

中国房地产占据了大量 M2，如果这个资产保持不跌，那么消费行业将会出现补涨。暑期以来，和电影票房不断创出新高的，只有猪肉了。适当的 CPI 上涨会推动经济的繁荣，今后消费领域的价格上涨还将传递到其他领域。

农业是十三五规划中重点扶持的行业，近几年基本面缺乏想象力，一直没有较好的表现。十三五规划中明确对现代农业的扶持，三季度有望继续成为热点。

本月要对大阅兵进行交代，军工股期待升温。但是对于已经炒作数年的该板块，谨防借助利好出局，达到周期高点。

市场继续寻底

北京冬奥会申办成功后，股市再次迎来调整，让人回忆起 2001 年 2245 的牛市终结点。本次申奥成功让人联想，但是本次冬奥成功对投资者的诱惑不及当年申奥成功强烈，甚至赶不上股民对玄慈方丈的情史与"大恶人"是谁的关注与好奇，兑现作用有限。

永信大和尚的钱不比百富榜富豪少，大和尚的情史与段王爷有的一拼。郭主席信了佛，而大和尚相信党。同一笑，到头万事俱空。解不了名缰系嗔贪，却试问几时把痴心断。

本次上行已经排除 V 型反转可能，调整浪至少运行一个 3-3-5 的结构。经过 7 月初的急跌之后，市场整体风控意识提高，投资者对后市收益预期大幅下降，因此价量还有一个萎缩探底的过程。

2015 年 9 月基金报告

共享经济畅享未来

2015 年 9 月 6 日

上月大盘跌破 3000 点，不少个股再次腰斩。当前市场需要不断出台多头政策以对抗市场下跌，表明股市已经基本运行在熊市周期。

7 月报告我们判断创业板的市梦率已到梦醒时分，8 月报告我们指出大盘月底还有更加艰难的时刻。尽管大盘出现大幅下跌，但是真正底部的到来还需要漫长的等待。

市值管理价值进一步提升

一个月以来，证监会连续出台政策，提高指数期货的保证金比例和交易佣金。一方面打击了空头力量，另一方面也是上半年以来去杠杆政策的延续。这意味着政策承认空头的强大，短期下跌格局并未改变。

由于 8 月大盘的暴跌对投资者产生了二次伤害，并且本轮下跌政府军的抵抗明显减弱，呈现缩量的格局，因此本轮下跌中遗留的套牢盘将使不少股票进入漫长的熊市，每次上涨都理解为反弹。这部分股票以小票为主，由于市值较低，今后会诞生大量的举牌事件。

解放生产力，释放经济活力的政策仍在继续。2 日三网合一方案终获国务院批准，在互联网、通信网、有线网的市场化发展中，有线网处于落后状态，互联互通最利好的就是传统有线网的升级。目前走在前列的电广传媒，有望借助国企改革的浪潮受益。

国务院还出台了鼓励上市公司并购重组、增持回购的文件，这将使市值管理的模式有了更多合理运用的机会。在市场低迷情况下，上市公司市值管理的需求更强。被动管理获得市值增长是不可能的，主动管理好的公司，将在未来分化的行情中胜出。

降低仓位迎接底部

当前影响指数上行的因素较多，困难重重。未来资本去杠杆、新股发行、大股东减持，都是制约股市上行的空头。明年人民币贬值的预期加强，房地产作为最大一类的周期资产，如果贬值，对资本市场打击更大。

但是如果地产经济下行，对实体的影响也将有一定积极因素。房地产的寻租利润降低，将使得实体经济的租金下降，收益上升。人民币贬值也将利于出口，传统工业在"工业制造2025"的升级中，将诞生新一批龙头工业。但是在此之前，必须挺过最艰难的一段时间。

虽然市场仍然具有下行空间，但目前市场缩量带有不少缺口。这一主跌段基本过去，短期继续下行将迎来反弹。

共享经济概念诞生大主题

Uber的估值已经达到500亿美元，一家尚未上市的企业，在没有资产和利润的情况下，具有如此价值，将对证券市场下一步热点诞生产生极大影响和推动，并对实体经济转型提供思路。

Uber的商业模式叫作共享经济。因为提高社会效率，并且对互联网和大数据的管理提供了可行的商业模式，在与滴滴和易道的竞争中，脱颖而出。Uber市值的增长，将进一步提升滴滴等APP软件的估值。

类似出租车与用户行业整合的故事还可以在货运、物流等行业中发生，对于大数据、物联网等公司模式的升级产生积极影响，对互联金融的发展也将产生推动。股市中联动的热点有望产生在互联金融、物联网、传媒等板块。

2015 年 10 月基金报告

并购整合推动市值管理

2015 年 10 月 1 日

"试看春残花渐落，便是红颜老死时。"6 月的报告提出个股进入全面补涨阶段，并且老的龙头开始掉头领跌之际，便是创业板的梦醒时分。

一个季度过去以后，小票股价基本上回落 2/3，使得市值管理进入上市公司战略经营更加迫切。未来诞生的并购举牌基金，配合明年大股东减持，成为新的盈利模式。

"阅兵蓝"告诉你人定胜天

9 月 2 日，北京天气连续超过发达国家的 PM 2.5 两周，"阅兵蓝"都不在话下，要让股市稳定，那就是政府的决心问题了。

习主席解释下跌原因时，认为一是上涨过快，二是国际市场波动。但是中国股市的下跌，要烈于国外。同时中国的泛亚危机，也要早于美国嘉能可。因此并非国际金融主导了中国的股灾，而是国际市场波动，加剧了中国股市的波动。

今年 4 次降准降息，加上外汇储备回流，可以充分保证股市资金面。也相信习主席所说，股市下跌阶段已经结束，是有信心有把握的。习主席本月还要访问英国，随后将邀请德法领导人访问中国。完善国际分工，增强沟通信任，是消除国际金融做空中国的必要举措。

都认为大阅兵是最后的股市保卫战，因此把长假当作出货时机，该出的都出了，底也就露出来了。如同去年国庆新老常委共同观看演出一样，今年新老国家领导人共聚天安门城楼，再次成为创业板见底之时。

由此，股市未来的走向，极可能是重回起点的指数，展开慢牛征程。

今后围绕股市推出的政策，也将以长期慢牛的方向展开。

目前面对这场"经济政变"，国家已经控制了局势。随着大部分投资者看空，和狂热分子的被消灭，市场回归冷静，股市的主跌段已经结束。但停牌个股将大幅补跌，隐含指数更低，相当于贴权，市场还有寻底过程。

举牌并购催化市值管理

我们在报告中分析过，创业板的市梦率已到梦醒时分，大部分小票进入长期熊市。没有市值管理的股票，将回到起点。但是如果小票市值进一步下沉，在当前资金并不缺乏的情况下，举牌就成为时尚。这将成为下跌周期中为数不多的亮点。

两个月来，查处的违法案件，很明显针对空头的行动。比如大股东减持、做空指数，或是赚了救市资金的钱等。而市场多头，政策是欢迎的，属于勤王资金。

受证金公司增持影响，梅雁吉祥、洛阳玻璃等个股，大幅创出新高。而当前新华百货、锦江投资则是受到举牌影响，创出新高。由于举牌资金属于多头，受到政策保护，性质上与证金模式一样。

当前浙江世宝、沃施股份等个股跌幅远远低于其他小票。该类个股属于袖珍流通盘，上市资格勉强达标，流通市值5亿元左右。规模稍微大点的私募，就容易达到举牌。同时该类个股属于行业边缘急需转型，主业转型和资产并购是大势所趋。一旦市场点燃举牌火焰，该类股票极易形成波段热点。

四季度最值得期待的热点就是，借助年报题材走出底部的举牌概念。受市场两头夹攻，该类个股也容易发挥年报高送转的想象空间。届时配合明年初大股东解禁减持的预期，四季度提前发动2016年报行情，是最值得期待的投资机会。

2015 年 11 月基金报告

金融反腐推动慢牛

2015 年 11 月 3 日

三大改革红利的"金融反腐"已经亮剑。巡视组进驻中央金融机构，资本风云人物接连出事，资本市场面临新一轮洗牌，投资模式受政策影响也将发生深刻变革。

上述事件，让我们需要冷静思考，怎样才能在资本市场长期立足。我们相信——

只有纯净的心灵，才有哲学的高度。

只有善意的投资，才能长存于市场。

金融反腐大戏开幕

张云降级，张育军被查，陈鸿桥自尽，金融反腐大幕正式揭开。市场十年一个周期。1995 年管金生，2005 年魏东，如今陈鸿桥，都使一帮派系塌陷。金融秩序的重整，既是既得利益退场，也是凤凰涅槃重生。

本周 6 支股票连续跌停，徐翔系蔚然成形。10 月 21 日巡视组进驻证监会，当日市场大跌。我们曾经分析过，改革重心是金融反腐，市场下跌或与此有关，如今业已得到验证。

徐翔事件将对私募投资模式产生重大影响，徐翔低调的投资模型将逐渐曝光。同时与泽熙有业务交集、个股重叠的机构，也将卷入其中。该事件的影响预计将超过半年。

公安部同时公布上海某期货账户，在植入中金所内嵌程序化交易中，以不到 700 万元的本金，3 年盈利高达 20 亿元，此人绝对是市场高手。但单纯量化交易应当不足以课以重刑，我们推测此量化策略以类似木马方式捕捉大单，有违公平原则，是以被罚。

上述事件，对未来机构业务中"资产管理""量化交易"的投资模型走向，将产生重大影响。私募业务也将面临洗牌。

资本市场的洗牌，将影响到未来大盘的波动特性。未来经济增速 6.5 的预期也没什么不好，国企高管大幅降薪，相当于增厚公司利润，一批世界级的企业在改革中新生，有可能推动大盘走出一条温和的上升轨迹。

坚持者拥有未来

上半年停牌的个股四季度纷纷复牌，但补跌效应明显减弱，持有该类股票相当于躲过一劫。而经过两轮融资清理的股票复牌后，涨势强劲，部分股票还创出新高。这些为市值成长而努力的停牌公司，是今后的选股方向。这说明找到新业务突破，树立第二主业方向，并购优质资产，才是上市公司快速成长之道。

明年春季是大股东解禁之日，这些曾经响应国家号召，开展增持运动的上市公司大股东，立场鲜明，站队正确，应当进入收获季节。

当初筹措资金、入市勤王的上市公司大股东，在半年解禁之后，市场回暖之际，借势班师回朝。借助年报亮点，八方诸侯，各显神通。这可能是明年市场最好的投资时机。

这些为国家做出贡献的机构，应能享受一个宽松的政策环境。届时社保资金陆续入市，双降政策使得资金面宽裕，春季前后，容易催生一波行情。

本轮反弹中，不少个股先后完成 50% 升幅。预计后市进入三波段回调，因此判断本月市场成交进一步萎缩，为来年发动早春行情做好蓄势准备。

目前市场总体维持平衡市。一涨就喊牛市，一跌鸦雀无声，市场消灭这些情绪化的"噪音""磨损"后，有望形成慢牛格局。

正是"野火烧不尽，春风吹又生"，坚持者拥有未来。劫难之后活下来的人才享有春天。

2015 年 12 月基金报告

小票继续精彩表现

2015 年 12 月 4 日

习主席大阅兵后，增加了出国访问的频率。巧合的是，近来几乎每次出访，都伴随着做空主力的一次偷袭。虽然大阴线使得人心惶惶，但是慢涨快回的格局，依然保持着良好的慢牛节奏，符合我们对中期走势的判断。

眼下时近年关，在做多预期下，有市值管理支撑的个股主力，将再次上演年报好戏，为注册制的出台，奠定良好的市道氛围。

降息降税贬值

经济走向已经在"十三五"中做出规划，保持 6.5% 增速即可。增速下行预期已是共识，因此不会形成戴维斯双杀。深圳今年 GDP 超过香港，平均十个人中就有一家公司，全民创业激发了 GDP 潜力。同时金融行业在 GDP 中占比第一，表明深圳经济转型成功。

万众创新上演小人物逆袭，以颠覆者的身份制造革命机会，如同 ST 股票的崛起，成为资本市场最华丽的篇章。而全民创业，人人都是老板，劳动力的价值具有稀缺性，资金的价值将进一步降低。人傻钱多的现象将变为资本为社会完善优化资源配置。

"十三五"规划的各地政策将陆续出台，稳增长、促转型是主旋律。刺激经济的手段，政府还拥有很多好牌，比如巨额的外汇储备、较高的利率政策和税负。政府具有较大的调整空间，使得 GDP 的调节游刃有余。

人民币加入 SDR 的当天，习主席在津巴布韦。该国将教育我们如何在高度通胀的情况下，保持国家稳定。

人民币入篮和亚投行开业对市场中长期趋势构成支撑，任何一次大的回调都是战略建仓的好时机。当前月线防线在 3390 一带，下方还有 3103 的技术缺口，短期继续下行空间不大。

打新使蓝筹含权

本月当 28 支存量新股发行结束后，新股申购的政策将进行改革。周三新股发行资金解冻，市场恢复慢牛。新的中签政策如果按市值配售方式（持有 20 日的市值），则蓝筹股轻松享受中签收益，相当于蓝筹股打新含权，为蓝筹股带来制度红利。

当前国企高管大幅降薪，这为企业增厚了利润。同时今年一年蓝筹股没有较好表现，公募为保吃饭行情，已在小票普遍减仓，蓝筹股在 12 月有望重温前两年的翘尾行情。

尽管大票有社保入市和降息降准的预期，但当前市场资金依然以存量资金为主，本轮行情也不能预期过高。

小票继续精彩表现

近期不少股票创出历史新高。主要分成三类，一类是年报高送转，如西泵股份；一类是资产注入，如巨人网络；一类是次新股。

上述三类股票都以小票的市值管理为特点，以其成长性和股本扩张能力，引发游资炒作。我们在十月的基金报告中，已经指出四季度并购举牌基金的投资方向。

注册制在明年 3 月的时间表，为小票的继续表现留足了时间。当前还有不少今年定增的股票，处于成本附近，存在市值管理需求。尤其是在年中股灾之际，响应国家增持运动，粉碎做空势力，为国家做出贡献的股票，有望在年报期间有精彩表现。

2016 基金年度报告

创业与创投

2016 年 1 月 6 日

新年伊始，大阴线让市场明白，大盘绝不会是简单的"慢牛"。宛如跌停的熔断，也将会带来涨停的熔断。大起大落的羊年巨震，终将回归平静。有歌谣云，"等到风景都看透，我会陪你看细水长流。"

2016 十六字箴言预判：震荡收敛，休养生息，回归蓝筹，险资带头。

改革进入攻坚阶段

军改在新年掀开了新的篇章，这块难动的奶酪，还是让习主席给改掉了。习主席的影响力达到了新世纪以来新的高度。如此魄力，对于反腐、外交、政体的改革，都打下了极好的基础，为下一步深化改革，树立了权威。最难动的政治改革，也有望在十九大之前初见端倪。

"十三五"规划中，提出消除特困，精准扶贫。同时如果马云说的"未来 10 年，中国诞生 5 亿中产阶级"梦想成真，那么马云的预判，肯定不会是为了牺牲自己，来普度众生。只有中国经济总体再次上行，才能得以实现。

随着金融反腐的序幕揭开，市场秩序重整进入新的时间表。反腐的涉案金额高达数千亿元，这将为弥补财政赤字做出贡献，同时也增厚 GDP 增速 0.1 个百分点。预计金融反腐在 2016 年仍升温，并将可能影响到证券市场和私募格局。

反腐对既得利益集团是一次推倒重来的过程，经济的下行也一定会迎来新生。破冰之后的秩序重建，为行业发展和社会进步做出贡献，同时也使中国的文化生活达到新的高度。下一个十年，将是金融时代的十年，和文化时代的十年。

大资金带动大股票

年末宝万股权争夺的硝烟升起，一方面显示市值管理的重要性，另一方面也显示了保险机构雄厚的资本实力。我们曾经指出，全流通后市值管理必然促使股价高企。小股票获得高市盈率后，大股票也同样显示出良好的投资属性。放任股权在外不做任何管理的企业，受到了惩罚，管理层面临出局的危机。

在资金泛滥的背景下，类似万科这样蓝筹股的股权价值凸显出来。在一级市场并购的市盈率都达到 15 倍的情况下，二级市场的蓝筹股也同样属于优秀资产。2016 年二线蓝筹在此示范作用下应该获得溢价。

在宝万股权争夺战中，再次见到了安邦的魅影。这家两年前横空出世的机构，以保险的身份亮相，却未见任何原始积累，便横扫全球资产。一批类似前海人寿等陌生的身影加入多头阵营。在降息作用下，险资开始突袭权益市场，预计该类资金还将进一步扩大头寸，成为未来行情的主力。

汇金在半年前增持的股票，果然采用划拨的方式，解决减持的问题，符合我们当初的预判。这相当于 A 股市场缩股，为今后蓝筹的崛起打下基础。

在汇金买入过多导致举牌的示范效应下，梅雁等无控股股东的股票迅速创出新高，由此游资在四季度开始创造了举牌基金的投资模式。在定性"下跌就是犯罪"的前提下，国家当然对这类资金持欢迎态度，小票和次新股在岁末猛炒了一把。

既然钱多股傻，那么小票对小资金的吸引力，也将提升大票对大资金的吸引力。险资的避险需求，可能提升蓝筹股的重心。尤其是保险股，也属于优质资产。

地产投资属性耗尽

下一个改革的领域将是养老改革。近期险资频频出手，是为了抢占养老金入市先机。投资端功能的改革，也将改变股市中的博弈力量。这笔庞大的资金将对市场产生稳定作用，投资倾向于"业绩＋转型"的蓝筹品种，有望重现市场的二八现象。

中国当前的现象是物贵人贱。所有物质的价值，都是因为人的存在而存在。白领创造的劳动力收入，不能抵上房租，目前这种倒挂的生产关系，将阻碍社会进步和生产力的发展。中产阶级的崛起，应靠劳动和智慧创造财富。靠囤房收租做发财致富的中国梦，古今中外，都不值得赞美。

供给端的改革本质上就是转型和去库存。这一轮制造业的大熊市，将进一步压低大类商品价格。房地产虽具有金融属性，但本质上仍属于制造业。从投资角度来看，地产的投资属性基本上消耗殆尽。

在经济下行周期开展创业运动，无非是为了解决就业问题。当前创业者的年龄一般在 30 岁左右，这将完成 70 后和 80 后社会精英的时代交替。当优质白领都成为老板之后，"白领荒"必然出现，劳动力价值必然提升。这将改变中国"东西值钱，人不值钱"的格局，进一步向发达国家靠拢。

投资社会进步行业

十三五掀开了新篇章。去库存是中国制造时代，人民大生产运动的遗产，也是生产关系发展到新阶段需要率先调整的内容。应该看到当前在市场经济调节下，商品进入到过剩时代。物质丰富的基本满足，使人民在生活的方式和创富的手段上都将发生极大的改变。

人们不再需要过分劳动来改善生活，物质既然已经过剩，那么创富的积累不应再比拼劳动力，财富再分配的转移，将体现在资本的金融运动中。能够抓住下一个转型方向的行业，就是下一批首富诞生的聚集地。

物质的丰富，推动了人类对自身探索的追求。基因族谱、大脑控制、人工智能的方向，在股市中诞生了精准医疗、可穿戴、机器人等热点题材。就像柯达、诺基亚被时代取代一样，新的企业也将崛起。互联网的命运在物质过剩时代仍将不断创造出新型商业模式，推动社会进步。

Uber 的故事已经讲到了 510 亿美元，以信息化和消费服务业为方向的O2O，还将会讲更多细分故事。中国的人口红利，在城市化的进程中，不会终结。

主业突出是核心竞争力

注册制的推出，使所有的创业者都有了更高的资本追求。卖纸钱的，说笑话的，搞家政的，讨债的，都来凑热闹，讲故事。资本市场大江湖容纳各种事物，媒体用讽刺的角度来戏谑上述公司。

全民创业诞生出海量公司，如果批发上市，这将是股市不能承受之重。因此可以说，注册制将会进一步消退创业板的泡沫。投行的成熟，使好的公司在注册制下，实现 IPO 融资更加简单，无需通过并购来实现与资本市场的对接，跨业并购寻求成长的价值将进一步下降。

投行价值进一步提升，对股权资源储备丰富的公司，成为私募业务中发展最快的公司，也可以实现自身的上市。今后成长股选择的方向是，有核心竞争优势的主业公司，完成产业链的整合，纵向并购扩张的公司，迎来壮大发展，实现做大做强的目的。这类企业值得投资。

市道由震卦转坤卦

过去的一年，成交不断轰出天量，上万亿元的日成交量也带来了巨震。史上最大的崩盘绞杀了投资者多年的积累，动辄千股跌停，让监管者发明了"熔断机制"。可这保险丝并不能给投资者带来保险，欠账终归都要归还，跌停了第二天还要接着跌。

但是熔断机制将会产生减震的效果，熔断后成交量将大幅下降，平抑市场波动。股市自身损耗减少，过度交易缓解，这将对 2016 年的走势产生影响——震荡收敛，回归平静。

2016 政局稳固、中产崛起、养老改革，还有奥运盛典、改革和反腐，将使社会生活更加美好。正是"旧时王谢庭前燕，飞入寻常百姓家"。

2016 年 2 月基金报告

红包行情近在眼前

2016 年 2 月 1 日

一月行情巨幅杀跌，收出史上最大月阴线，预示着今年整体行情难以乐观。虽然全年行情预期大幅降低，但是低起点预示全年必有一波行情。本周市场进入打底阶段，春季行情呼之欲出。

估值修复是核心因素

本轮下跌行情依然由小票领导。虽然下跌途中伴随熔断、汇率、经济下行、农行票据等利空因素影响，但核心问题是估值的修复。因此不能再用牛市思维去认识股市。

小创指数自去年 5 月已经上行两年半，完成一个牛市周期。尽管目前跌幅已大，但是作为调整的时空依然不够，没有市值管理以并购手段推动业绩的公司，将无法实现成长。

注册制在暴跌中难以推出，这将使市值管理的原有并购模式在 3000 点以下，继续成为主力多头创造的黑马聚集地。

经过本次下跌以后，牛市的声音已鲜听于耳，投资者的风险偏好已迅速下降。衡量牛市重新启动的要素是看长线对市场估值的判断，目前虽无信号启动，但反弹红包行情已近在眼前。

转型过程艰巨漫长

房价无法无天地上涨，使得房产投资者秒杀股市投资者。虽然房产当前的估值也贵，市盈率高达 40 ～ 50 倍，地产也需要去库存，但是房地产绑架了整个中国经济，只有上涨才能延缓衰退，说明经济转型之路非常遥远。

眼下股市流动性风险释放之后,房地产也难以幸免。用股权质押进行融资爆仓的大股东,可能会用房产变现,由此资金链条断裂产生的抛盘会对房价产生影响。

供给端的改革核心是转型。去库存仅仅是手段,关键问题还是产业升级。目前政府无法摆脱对地产的依赖,但世界经济强国没有一个是靠房地产维持 GDP 的。"十三五"规划中明确提出,不再像旧时代,理财资金全面囤积在不动产。高房价会影响创新者的介入。

险资对万科的股权收购,就是长线资金对价值取向的判断。这表明股权市场更能获得长线资金的关注,而并非不动产。

今后股市和楼市在争夺长线资金的博弈中,股市的投资价值会逐渐显示出来。因此价廉物美的优质蓝筹,会成为产业资金的介入方向。不过这需要漫长的时间来实现。

全年必有一波行情

没有永远下跌的股市。过度下跌,将迎来养老资金的入场。今年的机会就在下跌中一波一波地出现。本轮行情的主跌段已经过去,本周有望迎来最后打底阶段。海外的金融局势也逐渐转好,春节前后的红包行情呼之欲出。

今年最值得期待的题材是 VR 的故事。该题材涉及的行业面积较大,包括建材、消费、游戏、芯片等诸多应用领域,类似于当年新能源汽车的广度,代表未来的方向,题材空间较大,也容易制造想象力。

只有严格执行纪律,才能成为绝顶高手。在反弹行情中,要识别主流热点。超跌股是第一个启动的层次,后面将是年报题材呼应。曾经在一月行情中被大盘暴跌压抑的主力,将展开自救。忍耐住最后的下跌寂寞。本月变盘时间窗口 2 日、16 日。

正是"莫道今日冬已至,明年春色倍还人"。

2016 年 3 月基金报告

行情和春天有个约会

2016 年 3 月 2 日

上期报告我们指出市场进入打底阶段，红包行情如期兑现。今年以来我们指出的时间窗口都一一应验。虽然宏观经济总体的空头势力依旧存在，但是市场降准之后，三波段的反弹行情仍将进一步延续，指数有望在春季攻势中，挑战上月的高点。

投行创造价值

G20 峰会中，周小川表示要大力发展股本市场。我们发布的全年基金报告——《创业与创投》，就是对国家的经济发展与转型进行了全方位的思考。只有发展股本市场，才能对双创运动进行有效的承接。这也为国家十三五规划中的发展直接融资，打开了空间。这表明未来的二级市场选股，必须要有投行的眼光，才能把握住上市公司的投资机会。

周小川还表示房地产杠杆将会提高，这为楼市带来利好，一线城市的房地产再次飙升。目前中国楼市的投资性价比已经倒挂，房地产长牛的本质还是资金推动型，当前央行还在进一步放水，楼市成为经济衰退中的一枝独秀。高房价推动整个社会成本上升，又将带来新的问题。楼市长牛的政策值得商榷。

供给端的改革，无非是转型和去库存。只是改革会带来很多痛苦，资本市场的走势，也正在反映阵痛的过程。转型过去后，会迎来新的经济周期和新的牛市。今年总体上，还是以保护好本金为主，多关注投行机会。看好在主业进行扩张、并购有业务协同的公司。

总体仍处空头周期

市场处于大空头周期。对国外股市毫无影响的因素，跑到中国来，就能成为大阴线。二季度还会有朝核危机、台海问题、奥运无行情、注册制实施等利空因素，这些惯例对股市的上行都构成较大压力。同时目前交易所对上市公司的年报高送转加强监管，也会造成对行情的抑制。

从当前运行结构来分析，自 1 月 27 日反弹以来，创业板指数创下新低。但是上证综合指数并未创出新低，说明市场做空的动力依然来自小票。核心原因还是估值修复的问题，我们在上期基金报告中曾经做过深度分析。

经过本次下跌以后，牛市的声音已鲜听于耳，尤其是进行了质押融资后进行增持的上市公司大股东，三轮下跌后极其难受。如果不借助仅有的年报行情发动春季攻势，今后的日子会更加难熬。所以这个时点，产生的反弹应有期待。

行情和春天有个约会

2 月证监会换帅后，多头稍觉欢欣，便进入深幅调整，走势疑似 4.0 版本的杀跌。不过中国股市行情历来和春天有个约会，春季行情不应在两周内夭折。春季红包行情至少应是一个三波段的反弹。月末降准之后，春季资金更显宽裕，应能带动大盘走出较为凌厉的反弹，此段行情应是超跌股的天下。本月时间窗口 21 日。

在投资沮丧悲观之际，我们来聆听邝美云的这首主题歌，迎接春季行情——

纷乱人世间，除了你一切繁华都是幻景，这出戏用生命演下去。

付出的青春不可惜，今生难得有这番约定，这行情只对你和我有意义。

不管这世界阴晴圆缺，只愿和春天有个约会。

I have date with spring。

2016 年 4 月基金报告

春季攻势仍将延续

2016 年 4 月 2 日

　　我们的报告中连续指出行情低点已现，指数将在春季攻势中挑战今年高点。3 月大盘一举突破 3000 点。本月股市行情仍将继续上行，年报行情进入尾声，低估值股票有待补涨。

货币放水逼迫资产涨价

　　两会结束后，市场普遍预期主力护盘资金撤退，但是指数走出反攻行情，3000 点再次过关。同时房价再次出现逼空上涨，依旧是资金推动的本质。最明显的就是猪肉和房价齐飞，"家"字本身就含有一个猪。物价上涨的背后，很显然是资金推手。

　　一方面房产限购、海淘设限，无非是逼迫资金内迁，去消化供给端改革。从超市中"只买贵的，不买好的"消费新习惯中，可以看出老百姓手中的钱袋子并不缺少银两。周小川表示有 50 万亿元的居民储蓄，这个庞大的池子是盘活经济的潜能。

　　政策去库存和降杠杆只是催化剂。从保险资金在地产股中收集筹码的行动来看，国家在货币环节的放水非常明显。拉动 GDP 的三驾马车中，投资拉动是政府的王牌。从本次长期资本的布局来看，引导拉动的资金可能达到 10 万亿元，如此将超过 2008 年的货币投放。

　　如果新一轮政府投资周期到来，通胀因素将稀释地方政府债务。同时扩大基建投入，刺激引导消费。三月股市中建筑类和消费金融类个股走势强劲，我们判断与此逻辑有关。只是我们再也看不到任大炮的楼市论。大炮哑了之后，大宵站了起来，吹响了集结号。在一段颇为神秘的视频中，大宵称"情报"来了，坚定看好行情启动。这个"情报"是否就是我们说的资金呢？

注册制压抑资本市场

一季度的下跌，熔断是罪魁祸首，但并非是下跌内因。在空头周期中，只是政策消息面放大了市场反应，不让下跌，但会进行补跌。换做牛市，将向上涨停熔断。

股市暴跌 3.0 的内因是注册制，即"符合条件即可上市"，宛如工商注册一样，将形成"批发上市"效应。略通经济的企业家都明白，靠公司辛勤努力一年的经营利润，都买不起一套深圳像样的房子。这说明劳动收入永远赶不上资本收入。只有进入资本市场，才能全员共同致富。

新三板就是注册制，两年来容纳了 6300 家公司到此一游，发行速度是主板公司的几十倍，因此本质上是股市扩容。新三板市场死水一潭，不会比 B 股好多少，却也叫上市公司。不少公司董事长对市值成长满怀憧憬，自负地拿创业板做对标，增发市梦率高达 30 多倍，但这个市场基本上吸引不了交易性投资者。

注册制是系统工程，和当年的全流通一样，对资本市场的宏观影响，涉及所有的上市公司，被市场解读为重大利空。全流通在 4 年的闯关中，分别通过"国有股减持暂停""全流通暂缓""股改前新股停发"等政策，缓解下跌因素，同时也为存量主力制造了阶段反弹行情。直到改革真正推动，牛市才最终到来。

证监会主席刘士余上任后，注册制不再提起，战略板也停了下来，为股市上行创造了难得的政策支撑。当前退市股票清单，并非注册制试水，可望进一步引导资金进入绩优蓝筹市场。由于市场心态普遍谨慎，大盘难以深幅调整，个股在犹犹豫豫中展开了有限反弹，因此本轮上涨仍未结束。本月时间窗口 6 日、19 日。

2016 年 5 月基金报告

劳动最光荣

2016 年 5 月 2 日

4 月 20 日出现近期罕见大阴，时间窗口准时启动。5 月大盘预计展开调整，本基金以低仓位迎接挖坑行情和除权行情。

强监管压抑股市

大盘和个股窄幅盘整，每日振幅不超过 2%，投机者难以施展拳脚，热点也难以持续展开。温和整理中，指数却盘出年内新高。这表明在货币放水之际，股市物价也得以抬高。

但本轮大级别调整内因是迎接注册制的到来，如同上轮牛市启动的股改。只有注册制真正落实，大盘才具备重启牛市的条件。因此未来退市制度、新三板分层等措施的出台，将会是注册制实施前的试探步骤，也是阶段性击杀大盘的有力空头武器。

强监管往往出现在熊市阶段。当前监管层对 P2P 影子金融主动打击，私募申报严格限制，都会影响热钱流入。

去杠杆的 1.0 和 2.0 股灾，以及熔断的 3.0 股灾，都跟政策催发了踩踏有关。目前政策面在平稳中偏积极，只要注册制和战略板不强行推出，就不存在大盘的系统性利空。

新一轮调整在即

行情自 1 月下旬见底以来，拖泥带水地反弹了 3 个月。新一轮调整的走势正在孕育形成，"婴儿底"从长期来看当然成立，但是过早介入易于夭折。历史大底都是在恐慌中杀出来的，不是喊出来的。

当前市场呈现进一退二的走势，成交量再创新低。在低迷成交中，大盘本轮跌幅也不会太深。只要回避掉主跌段，2000多点的大盘确实没有什么好怕的。

4月20日破位的大阴线，是调整行情正式展开。期初行情表现为犹豫和纠结，但是行情进入中局，极可能重现千股跌停现象。即使只有一两日，也颇具杀伤力。因此调整后的深坑是投资机会。

劳动最光荣

市场热钱追逐股权资本游戏。政府的退税让利，使得企业有更加宽松的政策环境。经济发展是政府最迫切的任务，实体经济发展何时走出低谷让政府绞尽脑汁。

房价在飙升后，政府已经出手限速。期货市场火爆之际，监管层也提升费率压制行情。今年财产权益的投机增长明显不符合政府期盼，政府目的应是"建设多层次资本市场"和"扶持实体经济"的思路。

全民创业和注册制都是本届政府的使命，推动了价值创造的投行模式。燃烧创业热情，回归实体主业，运用并购壮大资本市场，通过劳动创造财富，是今年大环境低迷背景下的生存之道。

关注阶段热点

4月年报收官之后，业绩排队已经完毕。业绩亏损股票利空释放完毕，市场有望启动"壳"概念炒作。加之战略板叫停，中概股私有化后失去融资功能，回归A股只能通过借壳上市。近期壳概念和小市值股票有望升温。

年报披露结束，炒高送转个股进入大幅除权阶段。部分有老主力关照的个股，将借势走出阶段填权行情，但是预期也不会太高。

2016 年 6 月基金报告

震荡行情把握节奏

2016 年 6 月 6 日

5月大盘先抑后扬，当市场著名死多头缴械之后，行情置之死地而后生。排除大盘 4.0 版本下跌之后，每个坑都是阶段机会。6月操作以震荡行情抓中报个股为投资要点。

上月基金果断加仓，使基金净值出现同步回升。当前行情不宜空仓。本月基金计划迎接中报，继续进行波段操作。

权威人士谈经济之再解读

《人民日报》关于权威人士解读当前经济，被解读为南北院之争，将经济放缓、货币放水的责任推到部委层面。而国务院仅仅是执行层，各项改革措施应当来自最高层。因此我们判断此解读有误，对股市的担忧应理解为利空兑现。

权威人士解读中国经济走势时，认为经济走出 L 形。L 形的走势是猛跌一段后走平，然后还有一个向上的钩，因此也不会是一味阴跌。

现在新增资金不足，市场扩容节奏未变，大盘难以脱离基本面走出一波独立行情。但是每当上海股市成交量达到 1200 亿元时，就进入地量标准，行情无法再跌，进入反弹模式。而当出现勾头之后，成交量也伴随升起，脱离地量的大盘又具备下跌动能。

私募基金再获发展机遇

5月国务院派出督导组，开始检查地方政府对民间投资的扶持力度。在前不久政府清理 P2P 金融运动之后，私募基金监管随之加强。全国叫停注册投资类公司，证券私募也受误伤。此轮扶持民间投资政策，意味着金融加强监管并非针对私募基金。

周小川在 G20 财长峰会中表示，要大力发展股本市场。这意味着私募股权基金将受到国家扶持，上市公司为主体的并购基金，也迎来发展机遇，为市值管理创造良好的投行机会。

上周新三板分层后，证监会允许私募基金做市，增加买方供应。但今年以来新三板上市速度过快，每月上百家公司挂牌，单凭依靠私募基金来改善供求关系，指望私募做市迎来发展，将会空欢喜一场。即使创新层引进更多做市商，也无法和中小创的估值体系相比。

本月 A 股进入 MSCI 也将成为多头预期，同时深港通有望在 7 月前宣布推出。眼下中报预增和高送转预期加强，存量主力会抓紧一切机会展开自救。

率先启动个股进入调整

我们曾经分析过，只有死多头彻底缴械以后，行情才能启动。

4 月中旬以来的下跌，一路出现 3 个缺口。5 月 30 日因新三板分层导致创业板指数出现第 4 个跳空缺口后，指数引发报复性反弹，一周时间各指数封闭了 5 月 6 日的缺口。创业板指数走势更加强劲。每日涨停个股增多，市场出现难得活跃的局面。

互联金融的绝对龙头恒生电子和赢时胜分别涨幅达到一倍，成为今年春季行情延续时间最长的板块，也即将达到红线，宣告进入调整模式。它们的涨幅来自去年巨额处罚后的深坑。

6 月是去年 5178 见顶以来的第 13 个月，此时配合中报因素，容易发动一波行情。上月下旬以来，个股活跃状况明显改善。由于当前市场总体上是震荡，随着个股的活跃，率先启动的个股也率先到位，滞涨的股票将出现一轮补涨。因此总的思路是抓离缺口较远的个股。如果有中报预增的消息面配合，将是本月投资的首选。

2016 年 7 月基金报告

洞　仙　歌

2016 年 7 月 5 日

我们上期报告指出"每个坑都是阶段机会"。6 月英国脱欧事件使得 A 股挖坑成功，本基金净值继续稳健上升。本月基金将围绕一年来被套定增和员工计划的个股，滚动操作，迎战中报。

挖坑成功迎来机遇

我们一直等待的"坑"，在英国脱欧事件中触发。市场惩罚了恐慌性抛盘，即使是冲击最大的英国股市，也在几天之内就创出今年新高。回想在暴跌中的新闻舆论，无一不在解读此轮意外暴跌的合理性，这也加速了散户的股票抛售和黄金持有，此役投资者损失极大。

而逆反于常规性思维，我们在灾难事件中果断出手，使得本基金净值得以较大弹升。黑客理论的精神是我们创造利润的源泉。

史上最严厉的退市政策出台后，次新股率先走出独立行情，新股指数完成翻番。当前不少次新股进入拉升阶段，但其余次新股并未进入大面积补涨，不会进入衰竭，因此行情仍有发动空间。这是始于暂停注册制后的最大机会，因此也是阶段性机会。

除次新股行动以外，国企改革的话题再次受到重视。习主席参加国企改革座谈会，强化国企在经济转型中的地位。未来可能走出二线蓝筹的补涨行情，由此大盘可望看高 3200 一线。

最佳中报做多时机

市场著名死多头缴械投降，A 股迎来阶段底部。加之中报高密度披露，时值股灾一周年之际，发动自救行情，是当前最大的个股投资机会。

股灾发生一周年之际，去年的救市主力沉沦至今。有的是定增友军严重被套，有的是员工持股计划大幅下跌，难以交代。当前借助中报窗口的敏感期，做足题材，腾出空间，应该是这一阶段的最佳投资机会。

这类个股特点是基本面增长确定，但员工持股计划和定增主力被套30%左右，走势趴在底部。突然出现频繁调研和多篇报告，如果短期并未有强烈升幅，则应在调整之际果断介入。

一年来指数无所作为，但是上述上市公司多头意愿强烈。本月个股进入中报节奏，精彩个股行情过去后，8月后难觅如此机会，可进入资金休整时期。

却试问几时把痴心断

宝万之争，大股东抢班夺权，管理层寸步不让。王石董事长保卫战硝烟弥散，资本市场成王败寇。但于情理之上，却是赢家即输，输家即赢。

王石逍遥之际，仍能创造事业合伙制的公司发展规划，值得称道。但人终有谢幕一天，未及肯德基 LOGO 中那老爷爷般永垂不朽。论坛对王石的攻击大多是看不惯其游山玩水却又侍奉高薪，犹如国企做派。

去年今日，少林寺上演玄慈方丈与虚竹的故事，股市破败。我们推出《几时把痴心断》的基金报告，奉劝回归平常心态。今年此时，万科再起波澜，回味天龙八部词曲，与王石命运贴切，体会资本市场跌宕与投资人生之道。

输赢成败，又争由人算。且自逍遥没谁管。奈昏天地暗，斗转星移。风骤紧，飘渺峰头云乱。红颜弹指老，刹那芳华。梦里真真语真幻。同一笑，到头万事俱空。糊涂醉，情长计短。解不了名缰系嗔贪。却试问，几时把痴心断？——《洞仙歌·咏王石》

2016 年 8 月基金报告

最后的晚餐

2016 年 8 月 2 日

7月本基金围绕二线蓝筹思路，中报操作中加大头寸，使净值继续稳健上升，超过同期指数表现。预计8月各路主力酒足饭饱，个股陆续完成"吃饭行情"，进入调整周期。

GDP 资本贡献从交易所搬到地方政府

股灾一周年之际，周三市场再度惊魂。银行理财资金规范行为限制了银行资金间接流入市场，导致大跌。从目前政策面来看，虽然偶有惊魂利空出台，但是总体资金环境依然是偏多。

"史上最严借壳"出台后，上周又"有条件"通过两家跨业并购借壳公司，看来资本市场总有"出口"解决政策瓶颈。并购基金以"鼓励民间投资"的政策高度赢了投资大限。

当前全社会的投资增速快速下滑，国务院派出督导组巡视"扶持民间投资"落地政策。地方政府进行税收优惠、投资引导基金、配套并购资源，完成国务院交代的任务。

在"钱多钱贵＋资产荒"的背景下，以合伙企业为主体的并购基金，既带来了招商引资，又完成了地方政绩，企业和政府皆大欢喜。

我们年初提出 2016 是"双创年"，创业必然带动创投。鼓励民间投资"运动"，在未来一段时间会继续成为热门主题。并购基金扮演的投行角色还将为企业资本经营创造价值。

新股加速和欣泰退市影响中期走势

本周政策面上证监会加快新股发行节奏（本周有一日三股发行），次新股出现深幅调整。我们在上周也发出了次新股技术上面临见顶的观点，可以确认次新股行情告一段落。

随着＊欣泰退市公告，以及监管层遏制游资反扑的手段（要求炒＊欣泰要签署特别申明，券商不断发布退市投资提示）来看，退市已经成为政治任务了。一旦退市条件成立，＊欣泰就会开启其他个股退市的大门。

我们分析过，注册制是本轮空头周期的调整内因，注册制何时推出，大盘何时见底。新退市制度又是注册制改革的必要环节，因此新退市制度的利空将在四季度以后得以强化。好在目前媒体并没有将新退市与注册制关联起来，因此短期还不会有特别大的影响。

吃饭行情终将吃尽 "最后的晚餐"

G20 峰会举办恰逢去年大阅兵，也就是股灾 2.0 版本一周年，同时"奥运无行情"的预期也深入人心。8 月行情看淡已经逐渐消化，因此 8 月大盘的成交量将进一步萎缩。我们分析过，沪市 1200 亿元成交可以视为地量，出现这个信号后，便可以加仓抄底。

目前大盘上行空间仍然存在，部分个股的阶段性见顶，将使指数出现拉锯战。半年报的披露也将兑现完毕，业绩增长排名榜也将出炉。半年报增长并且三季报继续预增的个股是投资热点。这是主力自救，并且发动行情的最佳时机。

去年中报大股东增持和员工持股计划严重被套的个股，也将在今年中报的时点进行最后的努力。尤其是员工持股计划覆盖面广，人数众多，资金压力较大，努力做多的任务更加紧迫。中报披露后，上市公司调研安排趋密，这类公司可望继续走出行情。

我们指出，在排除 4.0 版本下跌以来，震荡市中每个坑都是机会。眼下吃饭行情正在进行，总不能天天都是吃饭行情，最后的晚餐吃完后，真正的下跌就会套住上述惯性思维的人。本月时间窗口 11 日、24 日。

2016 年 9 月基金报告

空头洗礼才有新生

2016 年 9 月 5 日

8 月本基金抓住震荡行情的上涨机会进行腾挪，使净值继续温和攀升。预计 9 月市场面临变盘，本基金计划减仓操作。

空头宣泄才有新生

奥运会和好声音在这个暑期，都没有抓住我们的心。整个奥运记忆就是女排的奋斗史，从连续调整到再创新高。人生有高潮就有低谷。G20 也会过去，一年一季国际政治舞台，每当秀起中国元素的时候，老百姓都受到严格管控。去年的北京 PM 2.5 创下历史纪录，和今年杭州居民到黄山放风，都是牺牲了局部经济。

股市温和上涨半年以来，眼下吃饭行情断断续续走了半年，一直维持着急跌慢升的走势。去年大阅兵之前的暴跌被誉为股市政变，做空成犯罪。今年主力接受教训，峰会前不敢做空，但是不能保证峰会后还将维系盘口。空头力量得到宣泄后，多头才有新生。本周迎来一月末见底以来的第 144 个交易日，应该进行减仓预防。

阳光举牌演变成庄股

在汇金的带动下，举牌成为多头时尚，前海人寿可谓是国家队外的最大手笔。对万科的增持非常直接，虽然遭到管理层的反击，但是资本市场资金说了算。大蓝筹中率先创出新高的股票还是万科，诠释了地产经济作为支柱产业的市值贡献。

私募也成立阳光举牌基金，寻找类似的小万科们。其手法是举牌后装入资产，改变主业，改善估值溢价。举牌并购的结果会慢慢演化成庄股，赚的是投行的钱。投行的专业程度难以被普通散户复制，不会形成广泛的赚钱效应，因此也不属于牛市产物。并购个股的估值要减掉并购贡献，回归到内生增长的计算。因此难以出现明显的行业主题，市场估值将会继续下沉。

当前除了二级市场以外，几乎所有的物价都在上涨。企业不能赚钱的情况下，国家印刷钞票对抗经济衰退。而资本并没与通过资本市场进入到实体经济，这种结构调整短期内不会得到改善，资本市场总体还是维持台阶式震荡。

新股暴利终归终结

新股一级半市场的发行市盈率被刻意压低，中签后收益高达 5 倍，这部分收益必定是来自二级市场的补贴，即网上拥有市值的投资者对网下申购的投资者的额外补贴。总量上新股并未增加市场平均收益，终需由未中签的投资者归还，犹如中彩原理。历史上，新股的市值配售政策往往是熊市的产物。而因保持市值参与配售的投资者面临资产缩水。

新股网下配售蕴含大量制度红利，无风险收益高达年化 40%。因此每当月末基金协会进行资格披露之日，蓝筹股就获得一次上涨机会，相当于进行配售的蓝筹股含权。银行大量资金会扑进网下配售，填平收益。因此新股发行制度没有修改之前，蓝筹股会继续获得溢价，直到新股补贴红利销售。由此往往形成风格转换。

新三板的上市公司恐怖地接近了一万家，这就是注册制的结果。新股既然如此受到欢迎，那么增加供应就可以解决问题。未来填平打新收益的方式，可能就是注册制改变。打新基金蜂拥而至，都将降低这样的畸形投资模型。

本月时间窗口 29 日。

2016 年 10 月基金报告

中国梦，房产梦

2016 年 10 月 9 日

9 月迎来大盘回调，本基金减仓策略赢得先机。月末创出新的地量后，大盘下跌动力衰竭，短期将迎来反弹。但是本次调整深度不够，未来仍有下跌空间。本基金继续以防御为主，抓住十月的季报行情，波段操作，降低成本。

中国梦原来是房产梦

国庆期间 30 个主要城市出台调控政策，为过热的行情降温。地产调控明显属于牛市产物，向来牛市才会出利空，由此你会更加佩服姚振华在去年逆市建仓万科的高明。我们在多场高校论坛中深度解读了宝万之争的缘起由来，还有本轮地产牛市的国家资金背景。万科在深市的地位犹如中石油，它的历史新高让我们知道什么才是资本市场的中国梦。

房产致富带动了新的一批富豪，千万元身家离我们并不遥远，深圳比比皆是，一套房子就够了。不管有没有本事，只要你敢买房，就能发财。再次限购以后，找房产机会发财的模式将会发生改变。创新才是带动社会进步的力量，能力会大于机会，这个时候涌现出来的企业家才是真正的企业家。

当前政治上极度维稳，是经济上的激进和政治上的保守。今后 5 年，将反其道行之，以经济上的稳定来保证政治上的改革。所以十月要关心六中全会，此次会议为十九大热身，各位都成为"资产阶级"之后，政治变革将水到渠成。

中国涨房价，海外涨股价

中国是房价新高，股市疲软。海外是房价疲软，股市新高。国庆期间海外股市在扑朔迷离的危机中节节走高，纳斯达克和道指再次创出历史新高，连韩国三星都在NOTE7不断爆炸的负面新闻中创出历史新高。越是有担心的市场，越是没有风险。只有市场出现高度一致预期，才会出现反转。无论机会还是风险，都是如此。

9月末的国债逆回购达到惊人的40%年化收益，资金是又多又贵。房产牛市的本质还是资金推动。老百姓手中的钱多了，就是国家的债务多了，国家就会受制于百姓，因此国家要降低百姓手中的流动性。现在资金往外跑，今年国家对外汇的管制非常严厉，5万美元的换汇额度，4个人的汇总限制，用穿透的方式堵住化整为零式的蚂蚁搬家。

下一个风口从楼市转入股市的可能性几乎为零。不过从蓝筹股的估值而言，性价比要远远高于楼市。本届政府的股市要创出历史新高是我们的命题，下一波以蓝筹推动指数崛起的思路值得深思。

调整周期尚未结束

机构网下配售资格放开以后，打新资金疯狂在二级市场敛财，其代价就是股民为其买单。因此新股的涨停模式并未唤醒场外资金流入，反过来让次新股受到筹码挤压进入下跌，这可能是未来调整的主跌板块。

目前上市公司壳资源价值在40亿元，当前密密麻麻上市了一批40多亿元市值的公司，急需进行筹划市值管理。管理什么呢？管理未来。接近于壳价值的上市公司，眼下业绩是盈利还是亏损并无多大关系。再融资吸收优质资产，跨业转型更加性感，找准投行方向，创造新生价值。因此当前市道低迷，二级市场机会稀缺之际，倒是参与定增的极好时机。

本轮大盘调整深度不够，预计地量出现后迎来反弹，后市仍将下跌。本月机会在于地量反弹和季报行情。时间窗口11日、25日。

2016 年 11 月基金报告

调整迎接年报行情

2016 年 11 月 1 日

10月本基金抓住季报个股行情，基金净值跑赢大盘。报告中指出的11日和25日的时间窗口分别是大盘的两个高点。11月大盘预计调整，本基金择机捕捉建仓良机。

中国梦创业梦

国庆期间连续出台的地产调控政策，遏制住了房产的疯狂，却使热钱跑向国外。月末外管局限制人民币购买香港保险产品，同时对高净值移民人群进行税务审查，目的就是要保住人民币不会外流。

政府自2014年释放货币流动性以来，一直在寻找容纳热钱的池子，先后启动了股市和楼市。但是热钱滚滚，促使市场疯狂，中央不治不行。巨大的热钱左冲右突，寻找出路。急刹车后热钱会流向何方？

本基金年度报告的题目是《创业与创投》。双创运动带来了大量的企业，为产业升级和地方转型打下基础。创业运动所需要消耗的资金，是下一个最好的池子。半年前国务院派出督导组检查地方创投工作，年末不敢突击消费的地方政府，应当将钱花在创投孵化上，掀起一轮投资竞赛。这既是招商引资的政绩，也是地方政府的面子工程。

创投工作需要大量的人才聚合，不需实际办公场地，落地当地就是招商引资，开个科技公司也是全民创业，一举两得。如果政府未来引导热钱进入创投领域，那么股权市场将迎来最美好的时代，使"虚拟经济扶持实体经济"和"多层次资本市场发展"的"十三五"纲要继续落地，全民创业运动也有了最好的归依。

黑马逆袭才有新意

美国大选在 11 月初揭晓。特朗普与希拉里白热化的战斗，让毫无投票权的中国选民颇为担心。一旦川普上台，中国似乎就完蛋了。我们注意到，美中媒体似乎都偏爱希拉里。但是特朗普能杀进决赛，不可能是一边倒的局面。全世界政权都出现强权倾向，黑马逆袭节目才有看点。

6 月底英国脱欧就是一个生动的例子，全球股市挖坑成功，英国股市创出年内新高，为股市带来一次绝好的逆向操作机会。目前舆情认为希拉里赢面稍大，从两党轮流坐庄来看，民主党已经执政两届，所以特朗普也有机会。如果我是美国选民，我就愿意投特朗普一票，为政治经济带来新意。

美国股市逼近新高，所谓的三季度良好经济数据才增长 2.9%，与我国 6.7% 数据相差甚远。6.7% 都让中国股市涨不动，2.9% 却是让美国股市涨势"喜人"。连续 3 个季度的 6.7% 是要告诉你，重要的事情说三遍。保 6.5% ～ 7% 是能做到的，大盘即使调整也没有什么可怕的。

调整之后迎来年报浪

我们指出国庆节前大盘出现地量，随后将展开短期反弹。果然大盘节后出现上升，迅速补掉 9 月 12 日的缺口后，逼近年内高点。本轮反弹在不带量的情况下完成，并非推动攻击形态，因此幅度有限。11 月市场存在调整要求。

当前大盘在较低成交的情况下，4.0 版下跌的可能性已经排除，总体上理解为振幅加大的格局。压抑已久的个股主力，将借助年报因素展开腾挪，因此 2017 年的业绩浪和年报高送浪将提前展开。如果本月如期出现调整，那将是抄底的一次较好时机。

本月时间窗口：2 日、22 日。

2016 年 12 月基金报告

春季行情提前到来

2016 年 12 月 1 日

本轮行情指数与个股走势分离，代表普通股的中小板综指 22 日起开始调整，上月预测的时间窗口兑现。12 月预计继续震荡为主，本基金将继续围绕年报行情进行布局。

特朗普洗盘

特朗普上演黑马逆袭，一路黑到底，勇夺美国选秀大赛总冠军。击败巴菲特预言、布什家族、克林顿家族、全美主流媒体、华尔街精英，因此也造就了特氏的洗盘，清洗之后的美国股市迅速创出历史新高。

我们在上月基金报告中提出黑马逆袭才有新意，预测特氏夺魁，并在实战中抓住特氏洗盘之际，果断提升仓位，使得基金再次创出年内高位。

不过本次洗盘级别较英国脱欧事件更弱。今年日本负利率、英国脱欧都给金融市场带来了动荡，但是随后市场迅速反转，前车之鉴让投资者冷思考，动荡出现递减效应。总统选举也是美国好声音版本的政治选秀，未来特氏上台带来更多不确定因素，包括总统遇刺、言论危机、政治转向等。本基金有所准备，以黑客理论投资体系应对未来可能的突发事件。

风格轮动切换

万科作为深市最大权重股，在 11 月创出历史新高之时，对成分指数竟然毫无影响。这种控盘思路迅速被超级主力效仿。中国建筑与万科的市值相当，上海方面找到新龙头来对标。中国建筑的崛起，意味着沪市版的万科诞生。

6124 行情的结束，是通过新股中国石油来调控指数的。3478 行情的结束，是通过中国建筑来调控指数的。目前中国建筑率先逼近历史高位，空头已经改变为多头，我们理解为大盘自 2012 年 12 月见底以来的反转确认。

蓝筹股的崛起，一方面反映了巨量的热钱池子在选择稳健性最高的绩优蓝筹，另一方面也是中小创在前两年领涨大盘后的轮动格局。今日中国建筑技术上走出阶段头部，中短期内震荡调整为主，会给 12 月的指数带来影响。在风格短期切换中，小票会借此活跃。

两年前的创业板牛市至今让人怀念，推荐中小市值股票易于被散户接受，投资者持仓中小市值股票比例普遍偏高，导致上海新股发行之时，不少投资者不能申购满上限。当多数人投资趋于雷同之时，行情容易反转。与特朗普就任洗盘原理一致。

中国梦慢牛梦

年初刘士余挂帅后，把市场收拾出慢牛，政策调控水平极高。目前新股上市速度加快，但是再融资规模被压缩。新股网上中签收益来自二级市场的市值补贴，本质上是一个资本循环游戏。既然热钱太多，那么解决掉堆积在发审委门外排队的 IPO 理所当然，也为将来的注册制腾出时间。

指数缓慢上行之际，注册制开始试探市场承受能力。3500 点附近应该是注册制议题第一次试水的好时机，在此之前大盘即使出现调整，也不会有较深幅度，个股轮动成为年前现象。因此把握好手中持仓个股的节奏，震荡中补仓、低吸高抛是投资要点。

上周证监会打击高送转炒作，但并没有说不准送，冷静的市场将使年报行情继续延伸。2017 年的春季行情已经提前到来，年报在高送转预披露行情展开后，一月的业绩预增题材仍将有望推高指数。本月时间窗口 12 月 20 日。

2017 基金年度报告

皈 依 传 统

2017 年 1 月 3 日

2017 年整体机会大于 2016 年。在国家产业结构调整中寻找行业线索，在近几年不涨的个股中寻找标的。传统行业复苏，看好传统纺织、农牧行业。2017 年重要机会产生于 1 月、9 月。

实体经济回归

刘士余对野蛮人的定义，表明政府立场在资本和实业面前，选择了后者。举牌退潮后，为更大规模的社保资金入市腾出空间。

中央深深知道房产的投机活动将伤害实体经济，因此对房产政治定性为为住，不为炒。后续跟进政策必然一是去杠杆，二是调房产税。政府希望金融扶持实体经济，而不是虚拟经济，对房产的宏观调控将有利于实体经济的恢复。2016 年去产能的供给侧改革已经见到成效，2017 年货币政策将会收紧。十九大之前，经济面不会有大的作为。

中央希望热钱留在国内，先后启动了股市和楼市。去杠杆后，热线继续通过汇市寻找出路。中国对抗外汇流出，提拔了一个央行副行长。汇市波动通过政府坐庄已经成功控制住盘口。央行未来必然会出台鼓励外汇回流以及扩大贸易的政策。

命题是注册制

今年真正要讨论的命题应该是注册制。3500 点以上不解决注册制，将浪费本轮行情。作为一项制度性的改革，注册制应该在不断试探股市承受能力的情况下，找到最终的皈依。当前新股加速发行，以及压缩再融资规模，可以理解为总量控制，解决存量的命题。当存量新股发光了的时候，注册制反而会变成利好。

因此注册制真正推出，必将有两个阶段。一个是新老划断，一个是退市制度。只有退市制度真正落实之后，注册制才会带来积极的意义，为指数走出美式慢牛做出贡献。从新股存量来看，这个周期还比较漫长。

传统人士崛起

特氏当选美国总统，英国脱欧成功，意大利公投失败。这表明精英们已经不能把握自由经济的政策方向，精英文化已经悄然逝去。

但是左派文化充满变数。今年政治事件的不确定性更大，南海问题和台湾问题出现任何争端都不足为奇。军工股几年未动，有望闻鸡起舞。特氏遇刺可能是未来最大的新闻。

互联网泡沫和创投泡沫在 2017 年可能相继出现，全民创投是全面创业后的政策导向，投资银行成为热门职业，善于守拙的传统企业家会迎来复苏春天。

传统行业掘金

在钢铁板块 2016 年崛起之后，传统纺织行业将是 2017 年一大方向。中国会鼓励顺差贸易来平衡外汇储备，纺织行业上演掘金游戏。

十八大整风运动以来，白酒行业受到重创。创业板退潮后，茅台创出新高，海参等高端消费品可能是今年通胀的受益板块。

去年倒奶杀牛的新闻，使目前奶业类似于 2015 年猪周期的低谷。通胀迟早会反映到牛奶行业，中国人迟早要喝上自己的牛奶。

2017 年 2 月基金报告

金 鸡 报 晓

2017 年 2 月 2 日

　　春节期间消息面因素较多，注定今年投资不会平静。受新股发行红利影响，上月大小指数走势继续分化。新股阶段性减缓，为春季行情腾出资金，二月市场将迎来有限反弹。本基金将择机加大仓位，使净值在春季行情中继续攀高。

厉害了我的特哥

　　新年以来的两个"姓特"的哥和姐见面了，特氏将一切不可能变成了可能。脱欧的成功让特姐站在了一线，并且宣布刚性脱欧。特哥上台后第一条政策就是划分阶级成分，切断穆斯林的人口输出（拒绝穆斯林七国人口入境）。阶级斗争、美国人民站起来、特氏上台宣言……似乎社会主义革命在美国率先取得胜利。我们 2012 年的报告中曾经说过，只有社会主义才能救美国，让美国永远告别金融危机。

　　我们两个月前还预测过特氏遇刺的突发事件。结果特氏上台第一天，周立波就提枪赶往美国，成为头条新闻。天津赵春华持假枪案三年缓刑节前出狱，周立波有钱任性持真枪没有拘留声称感谢祖国。特氏无恙，退出 TPP，打倒当权派。正在走社会主义道路的美国，要和走"市场经济"道路的中国打上一场贸易战争。特氏会怎样对付中国呢？

　　贸易战注定了今年股市不会平静。其实哪一年又平静过呢？

传统行业继续回归

　　墨西哥边境墙的本质就是贸易战。贸易战提前预演，容易将中国制造业直接冲击到谷底，也将促使中国下决心发展自己的优势行业。以制造业为核心的传统行业极可能是今年的投资明星。福耀玻璃曹德旺在中美贸易战风雨欲来之际，将基地开到美国，该股创出历史新高，成为最佳解读。

习主席春节前说"我愿意"喝国产牛奶，我们在上月基金报告中看好的国产奶业，需要引起高度重视。中国人迟早要喝自己的牛奶，二胎放开后，收购纸尿布公司都可以使卫星石化大涨，奶业属于人口红利产业，这个产业至少比庆丰包子的盘子大，也将是今后的黑马行业。

2016 年实行宽货币政策之后，物价全面上涨，这也是中国利率高于欧美的原因。通胀链条传递到各个行业，牛奶是屈指可数的滞涨行业。十八大整风运动以来，白酒行业受到重创，被创业板抢去了风头。熊市回归后，借助反相关性，茅台创出了新高。按照这样的思路，牛奶、海参和高端保健品也属于下一个周期，都是涨价逻辑。

春季行情预期不高

证监会批判了前海人寿等"举牌狂人"后，去年底私募炒作风格改变到持股 5% 以下，退回游资思路，诞生了更加凶猛的柏中股份"妖股"模式。王石和姚振华的斗争结果表明，在实体经济和虚拟经济上，政府选择了扶持实体经济的思路。自古名利不可双全，王石要名不要钱，成王败寇，风风雨雨，都过了云烟。

春节期间明天系的各种声明是经济头条，肖建华事件带来腥风血雨，会不会出现德隆系当年的资本大撤退，从而带来筹码的移交？如果作为德隆事件理解，那么肖的事件消化需要有一个时间。在没有明朗之前，市场不会有大行情出现。

年报披露制度使新股发行阶段性减缓，为春季行情奠定了良好的资金基础，但从反弹结构来看，如果市场不能出现一次回撤清洗，这次春季的上行行情就不会太高。

2017 年 3 月基金报告

维 稳 行 情

2017 年 3 月 3 日

上月报告中我们指出，春季行情不能预期太高。二月大盘微涨 2%，在美盘新高、一带一路政策推动的背景下，大盘果然反弹有限，低于市场预期。三月本基金将控制仓位，把握波段。

监管方向是维稳

从两会前金融监管新闻发布会上看到，新一届监管层充满活力。政府的新政策方向是强监管、发新股、要维稳。

证监会要搞清理运动，刘士余要查"忽悠式大案"，这一轮整风运动在资本市场要查出一些大案。这将对题材股的走势带来压力。打击壳资源价值，降低并购重组预期，今后将尽量不要再提"市值管理"。强监管意味着资金流出，在"明天系"资金可能继续清理的情况下，今年上半年行情不能预期太高。

刘士余说新股不会因为行情不好停发，从今年以来每天 3 支新股的速度来看，监管层已经实际在推出"注册制"了。考虑到市场承受能力，再融资体量必将进行压缩。"堰塞湖"解决之后，好的公司无需通过借壳和并购，直接 IPO 就可以了。这将使未来投资逻辑发生转移。主席还说新股发行，充实优质公司体量。不过优质到底是什么，值得研究。

证监会号召机构学习社保模式，号召投资者进行长线投资。看来长期性和稳定性是监管层认同的价值，这一方向以国企改革作为突破口，带来市场稳定。可以看出对行情的认识，维稳是基础，价值投资是方向。

维稳行情特征

如果要在十九大之前营造维稳行情，当前的指数就不能太高。

新股在年报更新需审计的情况下，出现了发行暂缓的情况，并非是管理层"呵护"市场的结果。错觉加上以往春季行情的惯性思维，使市场对春季行情预期过高。而当前行情预期很好的情况下，跌幅往往不会很大。

不能自我更新就不能永葆青春，注册制必须要有退市制度配套，市场才能长期健康发展。证监会保一批有价值的新股上市，次新股在前期的冲击下，应该会有所表现。

2月的明星是几支民营小银行股，热点带动能力有限。一带一路题材在立春之后发力，唤醒了市场对价值的重新思考。跌时重质，涨时重势，本轮风格的转变，将是长期的。涨多了就相信了。

互联网泡沫和创投泡沫在未来行情中会进一步破灭，遵循风水轮流转的原则，价值投资的逻辑更受到场外资金的青睐。

春季行情有限反弹

根据以往走势分析，两会行情往往以下跌方式呈现。因此对于维稳行情而言，下跌构成买入机会。行情在两会阶段，不会简单见顶。

但是开春以来，一带一路的权重股大幅拉升，不少跟风资金恐慌性补仓买入，有可能推升周期股在呼声中见顶。目前需要将周期股和价值股区分开来，投资方向不可将全部头寸置入到中小创之中，二线成长蓝筹需要配置。

当前行情量能有限，沪市不易过前期3300点。本轮春季行情预期大盘涨幅在10%左右，我们努力做到收益15%的盈利目标。

2017 年 4 月基金报告

春 残 红 老

2017 年 4 月 2 日

大盘在有限空间中，盘整了一年有余。大多数板块已经轮涨一遍，随着市场监管逐渐增强，新股发行速度再次提高，春季行情已进入尾声。

本基金在有限的波段中，抓住机遇，创出新高，二季度将降低仓位，择机捕捉主题概念。

货币政策趋紧

证监会对"匹凸匹"开出天价罚单，这起发生在 2015 年的历史遗案，如今终以罚没 34 亿元落幕。截至周五跌停后，该股仅剩 27 亿元的总市值。二季度该股还将继续探底，由此必将带动小票继续下沉估值，中小创熊途仍将进一步延续。

去年年底在宝万股权争夺战中，证监会和保监会联手"制止野蛮人"行为，显示出政府在实体和资本两派势力中，选择了扶持实体企业打击野蛮资本的政治立场。结合"房子是用来住的，不是用来炒的"表态，应是强调实体属性，去除金融属性的态度。因此后市脱虚就实，极可能出现金融银根收紧的大转弯。

美元在年内的多次加息预期，也逼迫国内名义利率抬高，这将进一步压迫实体经济。未来一段时间，货币收紧，金融去杠杆，A 股市场走势难以乐观。

热点板块退潮

次新股在刘士余强调"要上一批有质量的新股"后，在短暂的发行真空期，出现了一波行情。我们也抓住了"汇顶科技"的大波段，为本基金净值上行做出了贡献。但目前次新股已经退潮。

上周以来，个股跌停数量明显增多。刬去部分利空袭击的补跌个股之外，强势股的大幅回调是跌幅榜的主要来源。不少个股都已经出现超跌的特征，因此这批个股的反复活跃，将为市场游资和技术盘创造一定波段机会。

热钱也不会很快散去。举牌行为容易被监管盯上后，主力开始化整为零，启动"柘中股份"游资打板老套路。上周柘中股份再次高换手连续大涨，万绿丛中一点红。最危险的强势股反而是最安全的盲点。

本轮下跌行情的主线索应是解决注册制的问题。解决新股堰塞湖的命题，必将解决退市制度的问题。上市公司强监管"绝不手软"，极可能在今年年报披露结束后，终结一批 A 股公司。靠并购买业绩度日的上市公司将日益艰难。

新股多了，壳价值就低了。新股上得容易了，好公司就没那么必要被并购了。市场终须回归价值的主流。眼下估值杀得眼红，投行并购的市值管理模式，只怕要冷落一段时日了。

春季行情尾声

春季行情自 1 月 16 日以来，已经运行两月有余。其间大多数股票都已经轮涨一遍，我们判断春季行情已经进入尾声，引用去年 4 月基金报告的一句判词"试看春残花渐落，便是红颜老死时"。二季度市场有调整要求，时间窗口 4 月 11 日。

二季度的重头戏依然看一带一路。以建筑和出口为线索的板块，成为主攻方向。5 月中旬的一带一路大会，还将使此类主题继续升温，出现二波上涨。除了建筑建材、新疆等地域概念等二次启动外，可能扩散到纺织、通信等领域，我们也将择机把握操作机会。另外，原油价格在 50 元以下出现探底的特征，后市我们将对油气类公司进行适当配置。

2017 年 5 月基金报告

二 次 攻 击

2017 年 5 月 1 日

上月，我们的基金报告指出春季行情接近尾声，时间不超过 4 月中旬。随后，大盘在时间窗口 4 月 11 日向下突破，市场蒸发 2 万亿元市值。

5 月大盘受"一带一路"大会、朝鲜问题升温等敏感事件影响，预计震荡加剧，本基金将波段操作，伏击热点。

"一带一路"再接再厉

上月市场银监会和证监会出台强监管政策，指数破位下行，舆论将下跌归咎为主席言辞所致。我们认为，刘主席去年熔断股灾后临危受命，目的就是保稳定，所以当然不想弄出一波新的股灾出来。

当前政策监管只针对上涨股票，不针对下跌股票。拖住指数，正是我们年初所指"维稳行情"，为将来的十九大行情腾出空间。由于已经排除 4.0 版股灾下跌，后市以震荡为主，中期热点只剩下"一带一路"的价值。

本月召开的"一带一路"大会，市场意义大于 G20 峰会。G20 峰会是国家级政治会议，"一带一路"大会是国家级经济盛会。习特会后，中美已明确不打贸易战。贸易对冲后，两国都需要增加出口，实现经济外交破局。中国世界分工仍然是以制造业输出产生红利，因此传统行业依旧看好。

打人不打脸

五月的焦点除了"一带一路"，还有朝鲜问题。朝鲜接连发射导弹，特朗普总统发推特说这太不尊重中国和习主席的意愿。不是说打人不打脸吗？

朝鲜开发核武的目的是发展经济，就国计民生而言无可厚非。朝鲜国家虽小，但敢于和美国为敌，坚持自我、不被利诱、抵抗外侮、孤军奋战、坚守价值观和自我尊严，值得尊敬。

朝鲜局势牵涉中、美、俄、日、韩等强国，全球 GDP 前三强都在其中，这几个国家的美元储备也居前列。朝鲜拒不接受美元体系的调控，就要用外力的方式来撬动。如果政权颠覆，百万大军会分裂成"拥金派"和"倒金派"，进入长期内乱。延边、丹东出现土地升值，贸易往来大幅上升。一旦开仗和发生军事冲突，东北板块将启动。

二次热点启动

雄安概念 4 月雄起，启动的都是烂股票，和 2003 年五朵金花行情一样。虽有题材刺激，但本质上是多年没炒的板块。河钢与宝钢，冀装与三一等对比，题材与价值完全不对等。巨大的成交量说明大主力资金提前已有埋伏。

目前技术上量升价跌，价升量跌，都不是好的技术形态。除了少数基本面逆转的环保股以外，其他股票都属反弹行情。巨量之后一般还会延续第二波，我们可以根据形态择机参与。

从证监会严罚监守自盗来看，今后新股审批通过率趋严，因此解决新股堰塞湖恐怕是今年最重要的政治任务。由此判断，新股发行速度不会降低，这样会继续使蓝筹股含权（网下打新），以及稀释次新股和重组股壳价值。两者相抵，大盘指数未必难看到哪里，但是个股差异就会非常大。

30～35 倍的市盈率是管理层心中的价值中枢，高于 35 倍市盈率的小票率先受到冲击，次新股的连板数量也会降低下来。由于少量股票已经出现 50% 的下跌，次新股也将迎来反弹。

预计 5 月大盘振幅扩大，每月都有一周半左右的行情，这也是本月的操作机会。

2017 年 6 月基金报告

脱 虚 就 实

2017 年 6 月 1 日

5 月大盘破位下行，创业板指数连创新低。减持新规出台后，将推动价值投资方向，对中短期资金面有较大影响。6 月预计大盘继续寻底，钱荒在年中上演，复牌个股将带动大盘补跌，我们将轻仓或空仓等待大盘日线级别见底，出击中报行情。

减持新规是总清算

减持新规是对 2009 年全流通以来的一次总清算，将改变资本市场生态结构，以及投行的盈利模式，彻底颠覆一二级市场的原有套利模式。

新规虽缓解了中短期大非抛售压力，但将逼退定增私募和银行杠杆资金，延续清理杠杆资金运动。新规压缩了一二级市场的套利空间，迫使长线资本真正寻求价值投资，而非比拼 IPO 的上市能力。政策指引价值投资的道路，将为养老资金进场营造出较好的市场氛围。

自从房子是用来住的，不是用来炒的这句话横空出世以来，货币政策继续收紧，金融资本去杠杆运动在各个微观领域展开，去除地产和证券的杠杆，逼迫资金进入实体经济，这是一个顶层设计的问题。

但许小年说实体经济创造的价值为零，因此市场化的银行资金不敢进去。极高的 $M2$ 压缩了实体经济价值创造的能力，也成为利益寻租者瓜分改革红利的工具。短期内资本市场继续难过。

热点纷纷消退

二季度春季大盘行情结束以后，雄安热点几乎卷走了一半的热钱。即使政策面"许跌不许涨"，但是雄安题材属于最高指示，政策也不敢随意打压。

一般而言，超级题材会形成两波行情，结束的标志是龙头股巨量巨震。在冀东装备见顶之后，雄安热点也宣告结束。龙头品种会形成余震，半数股票会被打回原形。

5月的一带一路大会，也使传统建筑股走完了一年半的牛市生涯。除了部分银行保险和大消费行业以价值的名义硬挺外，绝大多数行业春尽红老，踏入新一波的熊市周期。

股票估值继续回归，次新股往35倍市盈率靠拢。本周证监会只批了7支新股，但本周只有3个交易日，未必是发新股降速信号，因此次新股热点也无以为继。

启动牛市前腥风血雨

创业板指数不断创出新低，实际上在为上波牛市还账。将来乐视网复牌，基本面和上市公司市值双杀，融资盘爆仓，还将使指数进一步探低。小指数推动下行，大指数将来也会补跌。

本月资金面也不容乐观。近年来年中容易形成钱荒。本周国债逆回购的中短期利率上升，也不利于短期走势。目前沪市每日成交2000亿元左右，与去年以来几次见底的成交量相比，还显稍大。目前应该轻仓守候底部的真正到来。

一轮还账式下跌使上市公司市值管理出现了很多问题，大股东增持、股权质押、员工持股计划兜底等业务，都随着大盘的下跌出现爆仓危机，上市公司多头诉求强烈。但是眼下局部还有自救行情，仍未到达绝望的时刻。只有最黑暗的时候到来后，才能迎来曙光。

借助减持新规，大盘出现小时级别的反弹，维持时间不会太长，下行推动结构尚未结束。只有出现日线级别见底信号，才可以加仓。这段时间，我们加速上市公司调研，一旦大盘出现见底反转信号，我们将全力出击。

2017 年 7 月基金报告

危 机 不 危

2017 年 7 月 4 日

6 月大盘经受住考验，中小创止跌，漂亮 50 继续领涨。在证监会打击涨停割韭菜手法后，游资竟然袭击万科，撬动双涨停。冲刺后的蓝筹股面临调整压力，价值股和成长股的跷跷板有望形成风格转换，调整充分的雄安概念进入左侧交易机会。

清洗运动

万科大会胜利召开，王石笑退江湖，野蛮人终究没有叩开董事会大门，恒大上缴 70 亿元学费，明白了党的指导方针是"脱虚就实"。自恃后台极硬的小吴同学，仅仅硬撑了几天的嘴仗，就配合调查了。

肖老板的清算还没有开始，但是股市的总清算已经开始，2009 年到 2015 年牛市的总清算，从金融大鳄到主力游资在各个领域悄然展开。万科换主之后竟然两个涨停，蓝筹的冲刺已近尾声，多吃的要吐出来，欠账的要用命还上。

市场的游戏规则要发生巨大变化，还不仅仅是注册制，减持新规就是对一级市场套利模式的彻底颠覆。我们分析过，牛市到来之前，是血雨腥风。

危机不危

在加息预期下，资金成本抬高，但是股市却罕见地出现了宽裕的现象，并未出现以往的年中挖坑情形，主要有三个方面的特殊因素。

一是政治安全需要。从香港回归纪念日的安全保卫级别看，已经容不得半点差池，因此保障十九大召开的维稳环境，不可能在股市中出现大风大浪。

二是新股发行减速。虽然刘主席强调不会迫于市场压力停发新股，但证监会终究进行了让步，坊间认为请证监会韩志国吃饭，就是妥协的证明。

三是地产回流资金。当前地产的限贷政策，堵截入市资金，遏制投资需求，使房价出现了政策性下跌。热钱寻找投资出路的方式，就是通过委外、安全垫、固收等产品间接进入到股市来。

总体震荡

今年市场出现了罕见的漂亮 50 行情，超过了 2003 年的五朵金花行情，这是资本市场的中国梦的价值体现。但是整个股市只有几十支股票在上涨，只能说明是熊市的产物。蓝筹股与普通股跷跷板的现象是存量资金主导市场的结果。

如今市道茅台当家，价值投资扬眉吐气，茅台翻越股灾高点一倍有余。这 5 年无论茅台兴衰，都持股岿然不动的投资者，才是真正的价值投资，令人佩服。

但从长远来看，中国股市第一品牌如果是一瓶酒，那将极大地对不起我们的民族企业。琴棋书画，都可以成为我们的超级 IP，但是白酒不会成为全民大众的消费 IP。茅台的酒文化，可以代表高端，但不会代表时尚，尤其针对年轻人和海归。一旦整风运动重启，茅台又会回归盘踞。

漂亮 50 与整个创业板形成反相关。然而任何事物都有终了之时，未来茅台爬坡结束之时，便是成长股的翻身之日。

证监会对涨停板割韭菜的手法大揭秘后，主力游资打板模式开始退潮，市场热点手法从涨停套利，转向杀跌后启动模式，从右侧交易进入到左侧交易。前期有热点驱动，也经过充分回调后的个股，如雄安概念等，具有交易性机会。

2017 年 8 月基金报告

两金两 shi

2017 年 8 月 1 日

7 月行情震荡攀升，两金通过 50 股票控制大盘，维稳特征明显，十九大以前难以出现阶段性大跌。8 月中报业绩效应减弱，主题概念轮番表现，为小股票带来波段机会。在存量资金主导下，预计个股呈现出窄幅震荡。本基金将适当提升仓位，把握节奏，挤出利润。

两金与两 shi

两金以救市名义盘踞股市已经长达两年，进进出出似乎做了久居之计。这部分资金最好的出路，就是无偿划拨社保，这个担子要交给郭树清来抗。郭主席在山东已经将高速、机场、盐业等 cash cow 的上市资产的 30% 划拨社保。把救市资金变成长线资本，这是未来资本市场中国梦，形成慢牛的一个关键变量。

通过这些大股票控制住大盘，指数方面不会出现 4.0 股灾了。只是由于目前是存量资金主导，所以牛市周期离我们还很遥远。市场只有 2 的股票上涨，8 的股票下跌，这本身就不是牛市的体现。

"两 shi"——温氏和乐视，作为创业蓝筹也难以带动创业板走出指数行情。2017 年上半年第一产业占 GDP 比重，已经降到 8%，第二产业 44%，第三产业 48% 左右。这和美国 1980 年 GDP 比重结构类似。如今美国第一产业 GDP 已经降到 2%，第二产业降到 25%。所以中国农业作为第一产业的发展趋势还会下降。温氏不应代表创业板的蓝筹价值。

在全面看空的市场氛围下，乐视似乎还存在价值，而乐视唯一的生态未来价值就是汽车生态。Model 3 的特斯拉刚刚下线，虽然特斯拉的利润还没有跑出来，但是市值已经超过了通用，量产是关键因素。这个产出周期太长，所以乐视救命稻草依然在第二产业，不会成就创业板的指数行情。这两支创业蓝筹不会带动小票指数维稳。

小票机会是注册制

上一次全面上涨的小票行情之后，中期再次出现系统性上涨的可能性不大，通常是分化和结构化的表现形式。未来细分行业龙头会出现中线机会，区别于蓝筹股的市场价值。我们将其定义为民营企业的"社会价值"。

这部分价值来自内生，通过产业扩张，达到做大做强的目标。跨业并购和借壳重组，需要做减法，这也是价值概念的延伸。所以指数方面不是系统性的机会。

今年上涨的股票如同历史，每年的龙头都是前年的垃圾。因此创业板的连续走低，正是小股票的价值回归，为前两年的超级牛市买单。未来小股票大机会将来自注册制的正式推出，大量的股票上市，供应了便宜的股价，作为利空兑现，是小股票打翻身仗的良机。

ST 新都和 ST 欣泰进入退市程序，股价往一块钱跑。近年少见的退市股再现江湖，为将来的注册制启动流程。

强监管是对既得利益的总清算

近来证监会、保监会、银监会相继曝出金融高层反腐，吴小晖、肖建华身陷囹圄。姚振华不仅辞任董事长，而且连万科董事席位都无心谋取，和前一段时间高调股权之争判若两人。

这些首富的名号，是荣誉也是包袱。财富和自由宛如鱼和熊掌，只能二者选一。王健林快刀处置万达资产，绝不计较一城一池之得失，当属顶级决策大师的气魄。

行情在十九大前以维稳为主，因此小股票也将出现波段机会，本基金仓位做出适当提升。

2017 年 9 月基金报告

维 稳 盘 升

2017 年 9 月 4 日

8月末大盘一举突破 3300 点，强势股相继轮动，普通股缩量横盘。9月大盘预计挑战新的平台，进入波段震荡，热点预计在业绩白马和题材股之中轮动。十九大之前继续增仓。

最强监管难生牛市

私募基金遭遇"史上最强监管政策"，尽管提前已有预判，但实际政策往公募方向参照的具体措施，还是比我们的预期更强，这将使行业面临深度洗牌。私募行业的特点是灵活性和创造性，但也是违规的源泉。强监管政策出台，使违法成本提升，也将使私募"牌照价值"提升。

前期的股市维稳将扩大到金融维稳的高度，我们认为金融行业在十九大后将继续趋严趋紧。由此，我们对市场牛市的呼声还将保持警惕。

这两周不少新股自打开涨停以来已经翻番，启动的时机恰好是在上交所警告游资不要过分炒作后开始的。新股由于高换手，一家机构和一家游资难以主导行情，众多资金参与其中浑水摸鱼，不易被查，反而成为避风港。

与次新股有类似预期的是雄安题材，市场预期 9 月雄安整体规划出台。但当前大盘短线形势较好，雄安概念短期难以出现整体机会。4 月雄安题材崛起后，大盘进入大幅调整。5 月 10 日雄安龙头冀东装备走出头部后，大盘于 5 月 11 日见到低点 3011 点。雄安板块和大盘形成反相关行情。也就是理解为，雄安在大盘不好的时候启动。

连续走了两波的龙头，现在也进入调整。越是没有公募扎堆的股票，第一波走得越好。这表明长期主力换筹给市场游资，市场游资换筹给散户百姓。第一波炒的地产和环保，第二波炒了建筑和地热。当前经过市场消化之后，前期有利空袭击（比如中报亏损、法律诉讼）等个股，产生交易机会。目前很多第一波雄安启动的个股，已经打回原形，跟没有雄安刺激之前是一样的。在经过市场充分消化之后，上一轮未爆发过的"新雄安"具备短线机会。

证金增持或为撤退

中报披露结束后，报表显示证金二季度大举买入，市场稳定后并未退出完成历史使命，看来"国家队"已做了久居之计。我们分析证金的出路：一种情况是，牛市直接启动，那么证金在股灾中"拣筹码"的手法，很可能会受到较大争议。因为股民亏损变成了"国家利益"，因此如果真是实现了利润，就有回报给社保医疗教育等民生工程的义务。但这项政策的出台不是一时半会儿的事情。

另一种情况，证金滚动操作不是"与民争利"，那么证金持股头寸不超过5%的原因，就可能是激活市场后，完成退出的使命。当前市场情绪谨慎，热钱集中在价值蓝筹和周期行业中，中小创基本上没有人气，难以唤醒市场热钱追随。证金救市时中小创的筹码，就需要有个活跃的环境完成退出。如果条件成立，那么7月下旬创业板指数1640点低点的挖坑行情，就只能作为反弹理解。腾出空间，完成出货，中小创的熊途还长。

上述两种可能性都存在，本身金融市场博弈，就如同战争，瞬息万变，我们要做好多种应对。

十九大前维稳盘升

8月25日大盘一举突破3300点，周线还留下5点的缺口，后市将在新的平台上进行震荡。十九大之前，预计市场还是维稳的政策环境。当前行情只有把握住主流，才能实现利润。9月业绩股和题材股相继轮动，我们仓位将继续提高，白马抓细分行业龙头，题材抓"新雄安"。

2017 年 10 月基金报告

有 限 空 间

2017 年 10 月 8 日

9 月大盘在 3300 点上方窄幅整理，市场热点轮换速度较快。10 月预计大盘在有限空间的新平台上维稳整理，纺织股有望成为补涨的方向。

维稳进入关键时期

国庆节后在定向降准、外围股市新高的背景下，大盘冲破 3400 点关口。今年几次重点关口都依托金融股的力量形成突破。9 月末因长假效应市场进入调整，但降准政策再度提高股指台阶。十月即使有意外事件干扰，这几十点的底子够本月来消化了。

准备金降下来，市场的流动性应该更加宽裕。但是当前的理财收益依然很高，这说明资金没有那么宽裕。考虑到创业型中小企业难以获得银行资金大面积扶持，地产因为限购也难以容纳银行资金，因此降准溢出的资金，可能会和 M2 投放对冲。预示着明年货币政策将会收紧。

关注汇率受益行业

三季度的人民币汇率以连续跌停的方式，直接破位 6.5 关口。年初认为人民币贬值必破 7 的惊弓之鸟们，现在鸦雀无声，这些宏观分析师太小瞧我国政府的调控能力。年初"汇率破 7"成为一致预期时，我们认为汇率必定不会按照多数人希望的方向走。

国家能够对"供给侧改革"进行宏观调控，金融外汇的稳定更应该是在掌控之中。年初央行更换外汇管理局副局长后，外汇流出的局面得以控制。外储增加，汇率回落，即使这是政府安排的一次货币战争，我们也非常乐意看到这样的调控，是对大局有利的结果。

尽管不少出口型企业，因为汇率贬值问题利益受损。但是出于中美博弈需要，不给特朗普发动针对中国的贸易战留下口实。阵痛换来新生，为中国抗击汇率保卫战而牺牲利益的出口型企业，极可能在新一轮供给侧改革周期中受益。

多年沉闷的钢铁股成为今年大牛，基本面通过供给侧改革重获生机，这是国家一次产业清理门户的行动。我们看到任何企业做大做强，必须以国家作为后盾，才能跻身世界舞台，这才是中国梦的经济意义。

纺织股具备上述优势，且在今年行业涨幅榜排名垫底，四季度应该有所表现。尤其是在人民币升值过程中汇率受损，但是依然保持业绩增长的企业，一旦四季度汇率回落，那么业绩将出现倍增效应。

短期寻找有限热点

三季度报告在两周时间里全部披露完毕。涨价逻辑推导出来的业绩，进入收官披露阶段。由于处于预期之中，且时间较短，所以业绩不会形成热点。

十九大胜利召开之后，股市维稳行情预计不会马上终结，政策惯性可能还会延续几周。维稳政策终有退出之时，届时可能以注册制或新股扩容的方式，来试探市场的承受能力。一旦市场惯性承受，那么两金作为维稳的使命就会结束，这有可能是四季度中后段调整的原因。

新能源产业链的热点贯穿今年，投资逻辑已经从上游延伸到中下游，新能源汽车相继启动，该板块和环保等行业成为强势股。

5G 产业链和 AI 智能也有望继续走高，代表科技进步和具有社会价值意义的企业，还有中线上升空间。

2017 年 11 月基金报告

时 间 窗 口

2017 年 11 月 1 日

10 月指数继续走出维稳行情，个股严重分化，漂亮 50 继续展示蓝筹梦，但 1000 支股票同时创下 2638 点新低。11 月将迎来本年重要时间窗口，本基金在仓位上要做严格控制。

分化行情继续倡导价值梦

十九大开会节点恰好碰上 6124 十周年，市场担心情绪浓郁，稍有风吹草动，就有恐慌性抛盘涌出，造成市场剧烈波动。好在国家队通过指标股继续维稳，指数安全度过敏感时期。

茅台继续带动蓝筹股创出新高，股价直逼酒价。基本面通过"供给侧改革"，实行"限价"和"限购"，符合本轮价值投资所代表的业绩逻辑。以其 8000 多亿元市值的庞然大物来衡量蓝筹股的价值，代表着十九大以后的蓝筹梦方向还会延续下去。

在军方再度严格限酒的背景下，茅台仍然创出新高，"表明"本轮茅台的消费主力并非来自政府。贵州数以百计的小作坊品质与茅台无二，但生存非常艰难。"只喝好的"品牌策略成功，就是茅台营销工作做得好，在清理门户中，完成了产业统一。

但是茅台代表的蓝筹梦，价格已经进入到某级冲刺段。在业绩超出所有机构的预期下，营造出强烈的多头氛围，以巨大跳空缺口方式形成突破，对股市后市影响不利。

石油板块有望成为新热点

寻找明年的茅台应该建立新思路。中国的就是世界的，和乒乓球一样，中国第一就是世界第一，大消费在每个细分领域都将塑造新的世界冠军。

十九大之后，蓝筹梦继续引领股市。能接替大消费行业，做成维稳神器的板块，石油行业是最有潜力的。

石油行业是沉寂多年的板块。全世界围剿 IS，这是各国利益在石油世界的博弈。伊朗和叙利亚对美国的关系，核心也是石油问题。美国政府上月允许国内石油开始出口，石油价格开始代表美国多头国家利益。8 日特朗普访华，极可能触及石油、外贸问题。与中国顶级对话，外交话题无论是叙利亚还是朝鲜，都离不开石油的命脉。

新能源汽车铺天盖地的宣传，往往伴随着新能源产业链景气高点。因此作为其反向机会的石油板块，有望走出估值底部。毕竟石油产业并不仅仅代表着汽油，巨大的产业基础也存在"供给侧改革"的涨价逻辑（欧佩克）。布油近期也冲破 60 美元以后，国内石油产业量的多头机会开始出现。不少石油股票都处于历史底部，将是明年的行业投资机会。

传统行业中寻找年度机会

成长需要时间的积累，资本梦是蓝筹梦，虚拟经济回归实体经济，那么传统行业将会复苏。这就是我们年度基金报告中提出的思路，皈依传统。

还有一个思路就是传统传媒业。由于乐视网代表的互联网生态文化退潮，那么市值将回归到传统广电系统。在政治局势高度稳定的情况下，不可忽视党政喉舌的重要地位和价值。如果传媒业在四季度继续价值回归，那么明年的投资周期将更会偏向该行业。

大会之后，维稳工作告一段落，几次恐慌杀盘并未造成"系统性下跌"。在投资者放松市场警惕之际，11 月迎来重要时间窗口，指向 11 日、17 日。

2017 年 12 月基金报告

虚 牛 震 荡

2017 年 12 月 2 日

11 月中旬时间窗口兑现，一线蓝筹出现集体回落，带动指数回调。在维稳政策指导下，目前指数不会出现股灾式下跌。本基金对有基本面支撑的个股进行波段操作，提升净值。

价值蓝筹需切换新品种

茅台在 17 日掉头向下，将季报出现后的上涨悉数吃掉。上期基金报告中预测的两个时间窗口如期兑现。茅台、平安、格力等一线蓝筹本次高点出现后，预计调整时间不会太短。由此未来行情是做"大"还是做"小"，值得重点研判。

时至年底，长线主力资金有落袋需求。在茅台、格力等一线品种上涨幅度超过一倍的情况下，回吐是再正常不过的行为。一线蓝筹的回调，虽然改变了大盘慢牛上行结构，但是不改变本轮行情由价值蓝筹主导的性质。

茅台选择十九大之后公布超出所有预期的三季报，带领大盘迈上新的台阶，维稳指数的目的十分明显。乐视网尽管已经换主，但是迟迟不予以复牌，和茅台有异曲同工之妙。

维稳作为首要任务，未来行情切换有两个逻辑。一个是价值蓝筹的行业切换，一个是一线蓝筹往二线蓝筹的切换。我们认为做"大"还是方向。

特朗普访华之后，中国政府采购大量美国油气，极可能推动国际原油价格出现新一轮上涨走势。石油板块多年未曾上涨，指标股有望接力消费行业，成为新的维稳神器，为明年大盘新行情做出贡献。

网贷公司的清理，相当于对银行业进行供给侧改革。在银行允许外资参股 51% 的背景下，银行股并不缺乏资金面。破净的银行股给了长线新资金建仓的理由。明年入围明晟指数的个股依然是重点布局方向。

股市虚涨楼市虚跌

2018 年的行情券商等机构集体看好，这是在已经慢牛爬升两年的走势后的惯性思维。一致预期将引导市场走向反面。银行保险等大蓝筹在领涨大盘的背景下，券商股不予以响应，恐怕就是对"虚牛"走势的注解。

在当前"杜绝系统性金融风险"的政策指引下，大盘不会出现股灾式下跌。管理层表现出对市场高超的调控艺术：大盘调整之际的新股发行速度明显降了下来；一旦有上升趋势，就有涉及注册制的言论出现（退市制度、修订《证券法》等），使大盘维持箱体震荡。

如果股市尚能处于政策可控的调整范围，那么当前资金面也在可控之中。有传言大型机构净头寸不允许下降。这类资金具有维稳性质，表明当前行情是由存量资金主导的。正因如此，我们对当前行情判断不做牛市预期。

在楼住不炒的政策指导下，商品房价格指数"虚跌"，最有可能挤压的利润将来自地产商。这些"百富榜"你来我往的常客们，是无房老百姓最容易仇恨的对象，舆论目标能够轻易转移到这些富豪身上，类似于股市中的庄家。王健林不拘于一城一池，十九大前迅速处置全国地产，由此可见端倪。

由于价值蓝筹的维稳性质，虽然有年度时间窗口的作用，但是本轮行情也不太容易形成 2007 年 10 月的尖顶形态。更可能的情况是，小阴小阳走出中期头部，类似于 2001 年 5 月上证 2245 点的平台型头部。分化行情中，个股机会丰富，我们将低仓运行，波段操作。

2018 基金年度报告

跌出来的机会

2018 年 1 月 3 日

2018 年在经历估值洗礼之后，市场风格不会立刻进行切换，上半年还会延续以往虚牛震荡格局。机会在于跌出来，二线蓝筹股有补涨要求。全年市场高点可能在一季度出现，如下半年出现破位，可望构成小股票的超级反弹。

上半年延续价值主导

2016 年初股灾后 2638 点至今，延续以慢牛爬升的格局，主要系国家队维稳力量所引导。杜绝系统性金融风险，已经上升到十九大高度。"脱虚就实"营造了内生价值的基本面。十八大关于打造一批世界级企业的精神率先在蓝筹之王中实现。

推动慢牛的资金来源，除了国家队以外，价值投资逻辑使公募基金大为受益。讲究资产配置的公募体系，形成抱团取暖的建仓原则，进一步为上证 50 等指标股锁仓。

从国家队深度控盘大蓝筹的手法上看，短期改变这种格局不太现实。2018 年还会继续延续蓝筹为王的价值时代。

结构化的行情在 2018 年还将继续演绎，但是白马之王不可能无限制带来超额收益。2018 年行情性质上价值投资仍占主流，但总体上需要行业切换。而中小市值股票的崛起之路还十分遥远。

避免价值投机行为

慢牛维持资本市场中国梦。美国股市的慢牛已经推升了几十年，中国慢牛才刚刚开始。估值修复的过程，既是创业板泡沫回归之路，也是蓝筹股慢牛的起始。

海量资金有信心和勇气，安稳长久驻守在股市里，让资本市场成为热钱的蓄水池，而不是割韭菜的场所。某种程度上，就是要扭转原有游资打一枪就逃的习惯，逼迫场外资金拉长投资周期，为长线资本驻守市场，创造氛围、培养投资习惯。

价值化是新常态。但是不要误解价值化就是蓝筹化，所谓价值投资就是买一堆白马型的蓝筹股。今年不能等候风格切换，等待蓝筹股熄火后中小创整体崛起。只要坚持以价值为核心，主板、中小板都可以均衡配置。

但是在蓝筹股涨势如虹后再高呼价值投资，实际上这是懒惰的惯性思维。新蓝筹的估值不可能无限制带来超额收益，在白马股整体翻番的环境下，估值修复已经完成，继续坚持投资惯性思维，充其量是价值投机而已，是伪价值投资。

小票结构分化存在局部机会

小票自股灾以来下跌时间已经长达两年半，下跌幅度达到60%，下跌已经完成主跌段，继续下跌将引发超级反弹。

目前乐视网还未复牌。考虑到维稳需要，复牌时机恐怕要等到今年两会以后。如果乐视网补跌释放风险，小票指数补跌也将完成。

去年4月定增新规也使限售股利用春季行情展开自救。在当前只能做多才能赚钱的条件下，今年小票的总体行情不会太差。虽然不具备总体走牛的环境，但是局部机会将超过去年。

中国M2增速下降成为趋势。以往M2的增量都消化在地产中。去年开始楼市因双限降温，已经消化了买盘涌入。M2降速对楼市影响有限，却可能因此对股市资金环境构成间接影响。总体而言，2018年股市资金偏紧，不具备全面牛市基础。

由于宏观资金面的收缩，资本市场并不具备全面牛市的环境，结构性牛市必然稀释中小市值，形成跷跷板。这一特点，在茅台和创业板的走势上表现得淋漓尽致。

小股票走好看下半年

中小创能否重新走好，必须解决两个问题。一是"注册制"利空落地，二是监管环境改善。

注册制当前无人敢提。在维稳背景下，谁都担不起破坏慢牛大局的责任，注册制就成了皇帝的新装。当前连新设公司，都不再是注册制。各种行政审批不断加强，新股注册制任重道远。

强监管环境，使上市公司的并购故事不被市场接受。定增资金锁定时间加长，改变了上市公司与定增股东的原有利益约定，加大了投资成本和风险，放大了利空效应。最近不少上市公司突然跌停，就是因为发布限售股解禁公告所致。只有等这批资金彻底退场，才能有新的机会出现。

泡沫挤去的过程，也是强监管的必然结果。打击短炒行为，迫使游资退出市场，压缩新股 IPO，限制定增退出期限，严格跨业并购，都使上市公司原有的市值管理手段大幅收窄。如此环境下，小票难现生机。凭借资金实力强攻，将使部分股票逐渐成为庄股。

这些监管措施，都是延续"脱虚向实"的国家战略，使上市公司回归内在价值为王的投资逻辑。真正意义上的中小创行情，至少要等到下半年以后。

资管行业迎来正式发展契机

新年伊始，私募基金开始征收"增值税"，实质上就是"资本利得税"，而且实施的是"高水位法"。之所以暂不对公募征收，主要原因应该是公募基金是开放式基金，按月度计算的"高水位法"无法统计大规模的日常申赎。

这种貌似利空的政策，反过来也可以理解为，国家承认私募管理行业长期盈利能力。只要你缴税，有能力你就去挣钱，我承认你的合法性。

任何盈利的行业，国家都需要征税。无论做生意，还是买房子，都逃不脱所得税汇算清缴。但是股市从来没有征收过所得税，其原因就是大多数人在股市中没有挣到钱。所以资本利得税的征收，也意味着这个行业从长期来讲，已经开始具备持续盈利的征收条件了。

这和以往私募基金生存经常受到"非法证券"影响的氛围相比，留出了一条规范发展的道路。私募立法代表着"代客理财"合法，资本利得税的征收将推动私募行业健康有序发展。

2018 年总体形势判断

2017 年以来的一个显著特征就是反技术走势明显。几乎每次单纯从技术角度看必须止损的行情，都是反向指标。比如去年 1 月的 3044 点，5 月的 3016 点，创业板破 1711 点后的 1641 点新低等。技术止损信号强烈，但实际上却是挖坑诱空行情，是最佳介入点。

这是新趋势力量导致的。结构性行情中每次杀跌都是介入时机，所谓"大跌大买，小跌小买"，构成慢牛思维惯性。因此需要注意 2018 年的投资逻辑陷阱，就是可能出现打破夹板操作的清洗行为。市场出现连续破位的行情，这种格局在下半年出现的可能性较大。

随着价值蓝筹的估值修复，二线蓝筹可望获得补涨契机，因此明晟指数指标股是基金配置重点。需要留意的是在明晟指数正式推出之时，指标股可能将处于高位。

资源类个股在技术上呈现出历史大底，油气行业、石化行业多年未有表现，极可能成为接替茅台等指标的新"维稳神器"。三桶油将面临比以往更好的基本面支持，新能源泡沫挤出之后，价值有望向资源油田回归。有色金属板块接替钢铁煤炭形成资源热点，铜业是一个大类方向，我们将予以重点关注。

医药、电子行业年年都跑出白马，今年可能在汽车电子和生物医药方面有所突破。一级市场可以作为观察产业技术突破的风口标杆。

2018 年 2 月基金报告

迎来反弹契机

2018 年 2 月 3 日

1 月末市场巨震,蓝筹股带动大盘创出两年新高,但中小创在月末出现连续数日百股跌停局面,显示冰火两重天。我们维持本月大盘总体箱体震荡格局的判断。大部分小股票跌幅已经到位,2 月市场迎来反弹。

小股灾再度降临

新年以来沪指 16 根阳线,挑战 3587 点新高。一月以来,连续逼空的指数,不符合市场资金供给面,也不符合当前慢牛风格。逼近 3600 点后,解套盘和获利盘同时涌出,恐高情绪大爆发。借助个股业绩预告地雷频发,月末回调就顺理成章。每日百支股票跌停,重现两年前春节小股灾情势。

这波中小创剧烈调整在春节前发生,市场清理信托杠杆和大股东股权质押爆仓的传闻,成为导火索。两年前股灾也由清理配资业务引发,考虑到政治上有肖主席前车之鉴,市场上投资者也有经验可循,所以级别不会有两年前那么大。

清通道,去杠杆,总体而言对私募市场是利好。被动投资的通道市场和杠杆资金,将会挤入主动理财的市场,变相扩大了私募的市场规模。

美国股市在连创新高后,周五开始下跌。MSCI 全球股指、原油价格和比特币价格都出现暴跌。在负债率极高的情形下,市场已经对即将到来的全球融资成本持续上升做出了反应。但美国股市上升趋势不变。

中小创熊途漫漫

我们上月的年度报告指出,当前行情还会延续价值主导的逻辑。小票要走出行情,至少要看到下半年。

本轮整风运动似对十年来资本市场既得利益进行总清算,早跌晚跌,注定有此一劫。在大象狂奔之时,小票崛起不现实。预计乐视网下周将打开跌停,获得流动性。一方面乐视网缓解其他股票的连跌效应,另一方面乐视网巨量换手也将吸走部分资金。总体上乐视网大势已去,今后相当长时间不能触碰。

业绩预告成为压倒中小创的稻草,跳水+跌停走势成为样板。千疮百孔的乐视网再亏100亿元,贾跃亭没有跳楼,金盾董事长却跳楼了;科融环境控股股东伪造签字挤走经营层遭证监会立案调查,大股东已经爆仓;步森股份破天荒小股东否决大股东提案;老千股獐子岛上演2.0版扇贝飞走故事;同洲电子董事长机场遭逼债打脸羞辱;中海油服净资产亏光。资本市场离奇大片让人目不暇接,不禁感慨上市公司董事长的幸福指数一点也没有小股民高。

虽然本轮调整在政策方面与证监会关联较小,与银监会强监管政策关联较大,但是作为证券市场监管主体,预计证监会将对监管政策进行解释,恢复市场信心。

短线调整到位

短短一周时间,将1月的上涨贡献基本抹去。从技术上判断,调整空间已经完全到位,但是本轮上升周期历时21天,调整才5天,时间方面稍显不够。

周五强势反弹到3450点以上。只要不有效击穿60日均线,后市就不必过分看空。下周如果能够通过横盘或者小箱体震荡盘出时间,就基本可以认为调整主跌浪已经完成,大盘风险基本释放,可以看到3500点一带。

2018 年 3 月基金报告

保持中性仓位

2018 年 3 月 4 日

2 月大盘如期迎来反弹，创业板指数迎来周线 3 连阳。在当前政策频出之际，春季行情短期仍可延续。但一季度迎来今年重要时间窗口，本月需要控制仓位。

高点时间窗口将至

大盘自 1 月 29 日到 2 月 9 日的调整，上证指数回调 17%，不少个股跌幅达到 30% 以上，不弱于一波股灾。

十九大以来，政治形势尘埃落定，维稳政策逐渐退出，强监管环境清理违规资金，触碰空头敏感神经。年末坚决清退杠杆资金，迫使依靠杠杆度日的大股东质押纷纷告急，再现两年前股灾一幕。不过前两轮股灾先是去散户的杠杆，然后去机构的杠杆。而这一波直接去的是上市公司杠杆，尤其是在乐视网复牌情况下，高质押率的小股票出现了雪崩，一度出现百股跌停的局面。

本轮去上市公司杠杆，如同在 2004 年打击德隆等庄股手法一样。庄股在市场中相当难熬，后面会陆续引爆庄股地雷，无非是早死晚死而已。我们分析过，这是对十年以来既得利益集团的一次总清算。由于本轮清理运动也会波及定增杠杆资金，去干净后就没有泡沫。直到这批资金退场后，市场将会进入重新建仓的阶段。

正是熊市中暴露问题，牛市中解决问题，清理杠杆也可以理解为超级主力开始建仓的标志。由于这轮周期不会太短，说明杜绝系统性金融风险，就是肯定会有系统性金融风险。

除了上市公司宣告增持回购的护盘举措外，监管层并未出台鼓励性政策，似乎意味着要"放弃维稳"。在超跌反弹几天后，管理层再次提及注册制，并且要求从严执行退市制度，后市整体处于偏空的市场环境。

放弃维稳重提注册制

注册制暂缓推出两年，实际上还是要做，对股市并不能算是什么利好。在大盘急跌中出台的消息，很多投资者以为管理层呵护市场，被当做是利好理解。回想一下 2002 年 6 月 24 日国有股减持暂停的事件，当时大盘以涨停收报，全天成交量换手率达到 50%。熊市中的利好要坚决减仓，这是后面 4 年熊市中唯一的一次庄股出货机会。

在注册制推进的过程中，要先经历新老划断、新股堰塞湖、退市制度等配套政策。这些问题的暴露，对股市当然不是什么利好。所以从中期角度来看，后市还会面临几个阶段下跌。4 月以后证监会坚决执行的退市制度，将会出现多家公司退市情形，这对重组股来说打击较大，是一个坑。

新股堰塞湖用严审方式逼退 IPO 公司，这对中小创而言构成利好。发行压力减小，存量中小创更加值钱，也是好公司的代表。同时对并购投行会带来一些机会，产业整合与市值管理空间更大。

在新股严审之际，却有对独角兽公司放宽条件的呼声。由于超级独角兽是市值 100 亿美元的公司，未来新股发行压力可能集中在大盘股身上。考虑到绩优蓝筹股已经整整上涨两年，今年有可能会进入到风格轮换阶段，超跌小票下半年迎来超级反弹。

今年看重题材属性

今年是改革开放 40 周年，深圳本地上市公司多年未涨，存在政策性机会，和雄安概念类似。年初有炒币资金转入股市，形成了一大波区块链行情，后期可能还会出现第二波炒作。上述题材对指数影响较小，因此可做阶段性热点提前布局把握。本月时间窗口 7 日。

2018 年 4 月基金报告

独角兽运动改变估值

2018 年 4 月 1 日

3 月行情开始分化，大指数接近今年新低，小指数接近今年新高。每当有小股票行情之时，跷跷板运动就开始呈现。在继续看空今年指数情况下，我们继续把握"跌出来机会"的投资策略，保持较低仓位，以震荡市操作短线个股。

独角兽运动意味着什么

独角兽是指估值达到 10 亿美元的创业公司。一方面是美元估值，注册在海外避税地居多，以 BAT 为代表；另一方面是创新企业，平台型公司往往尚未盈利，以京东、滴滴、摩拜为代表。

独角兽运动在两会后迅速掀起热点。万兴科技在数次涨停情况下，监管层保持缄默，给以游资高度宽容。证监会昨日又让宁德时代快速 IPO，这将极大改变两年来市场的炒作体系。原有以茅台为代表的价值股风格，将切换到独角兽为代表的成长股中来。既然香港股市都是靠腾讯等创新公司走出历史新高，并且成就腾讯成为全球市值排名第四的股票，那么创新驱动将接替价值风格，成为本轮行情中"打造世界级企业"的新动力。

2013 年以后，各种创新在政府推动下，雨后春笋般涌现。监管层高度宽松，创业板享尽政策红利，在超跌背景下走出一轮特大牛市行情。这是"全民创业"运动和资金面宽松共同推动的结果。

独角兽红利是对成长起来的创业公司，通过二级市场确认和转化估值，打造伟大的企业产生的，是"全民创业运动"2.0 版。这对没有业绩的创业蓝筹更具有想象空间，因此更看重商业模式和技术推动，强调成长性更重于业绩本身。

一级市场的估值模式带入二级市场，既打破了原有的业绩为王的投资思路，也是新金融势力的一次兑现行为。

创业蓝筹更重成长性

在消除新股堰塞湖之际，富士康一个月时间就通过审批，表明独角兽以"注册制"方式推出，同时也可能是原来市场的"国际板"。这对股市整体而言，是一次规模不小的扩容行为。这些市值并不小的独角兽纷纷上市，将对原有的大盘蓝筹形成冲击。

上届政府在推出全民创业运动后，出现了两个后遗症。一是大量资本脱实向虚，这在欧美本是好事，资本支持产业集中，但在中国完全变味。资本借高科技之名，在市场圈钱，对科技发展毫无益处。二是传统产业被彻底边缘化，给政府和社会带来极大负担和不良影响。

独角兽作为创业龙头，应当是在大浪淘沙中脱颖而出。内生盈利驱动是作为检验独角兽成长性的重要标尺，概念新颖，无与伦比，将带动中小创走出一波超级反弹。但是剩下的大部分中小创，都是要逐步被市场淘汰的泥沙，这才是创业板作为"创业意义"的真正市场作用。

创业板虽然超跌，但是不能和当年资金面高度宽松相媲美，新创蓝筹的形成，将以传统创业股票退市为代价，形成新的炒作模式。

二季度整体看空

考虑到创业板跌幅已经达到 60%，因此本轮反弹以小创为先锋，走出一波超级反弹。自 2 月 9 日 1571 点见底以来，运行至第 7 周，时间方面还有上行空间，但是中小创难以带动大盘上行。上市公司年报和季报将在本月披露结束，重组股日子将更加艰难。下月明晟指数推出，原有价值股可能展开一次兑现行动。双重影响下，二季度大盘走势不容乐观。本基金仓位上将保持较低水准。

2018 年 5 月基金报告

重心继续下沉

2018 年 5 月 1 日

4 月行情进入调整，上证 50 下跌 5%，创业板指数下跌 2%，市场走出缓跌节奏，本轮下跌调整周期可能会延续较长时间。本基金将在后市中，小仓位做空股指期货，在调整市道中取得收益。

贸易战开始时就结束了

贸易战在 4 月中美两国唇枪舌剑中似乎升温，但是几乎所有上市公司都发布公告，经营业绩不受所谓的贸易战影响。即使紧急停牌的中兴通讯，所受冲击也非贸易战所赐。

中美贸易战的本质是贸易顺差，解决顺差的方式，只要采购美国原油就够了。这在去年特朗普访问中国时获得油气大订单，以及随后美国宣布放弃石油出口禁令，就已经布下了此局。中国买油，美国卖油，油价上涨，贸易对冲，皆大欢喜。

而中国商务部拟提高美国大豆关税来应战，不痛不痒的"反击""口水"声明的意味更强烈一些，绝非真正开仗的手段。过不了多久，中美贸易战就会在"磋商"中"胜利解决"，眼下的利空又会变成利好，给股市增添了更多机会。

在贸易战之前，中国进口汽车、化妆品等关税就已经是战争价格了。何时婴儿奶粉、奢侈品不再有代购，贸易战才最终不会停留在嘴皮层面。

中国连进口抗癌药都征收关税，说是保护国内医药企业的理由，令人唏嘘。制定政策的高官在全额医疗、高干病房上占用了资源，剩下的窟窿让百姓买单。如今降到 3%，我们要感谢谁呢？

在我们看来,贸易战纯属政治游戏。美国当局不能提高关税剥夺百姓购买价廉物美商品的权利。同时禁止芯片等高科技出口,更是扩大了贸易逆差。所以一切战争(包括叙利亚、IS 和贸易战)的终极指向,就是拔高石油价格,然后出口美国页岩油气。这一场局,相信我们的政府也是心知肚明的。所以我们说,贸易战在喊着开打的时候,就已经结束了。

估值体系继续分化

在中小创下跌两年后,价值蓝筹终于沦陷。其中两个主要原因,我们已经分析过:一是年初茅台和银行等蓝筹股以缺口的方式冲刺上行,理解为主力出货。二是独角兽运动闪电崛起,意味着投资风口转向,极可能是成长股重新取代价值股。

4 月以来高送转的股票受到市场追捧。今年的高送转比以往要晚,主要是高送转已在 10 送 10 以下重归理性。实际上高现金分红的股票对投资者并不产生价值,每笔分红现金中,国家收取 10% 的红利税,高送转式分红则不会蒙受相应"损失"。

所以格力电器跌停貌似因为不分红,伊利股份跌停貌似外人举报,实际上都是主力退出价值股的体现。今后这样的价值股雷区还会相继引爆。

巴菲特的伯克希尔·哈撒韦股票从来没有分过红。巴菲特说,当我有更好的投资时,就可以持续创造价值。分红不仅要缴纳高昂的所得税,而且侵害了不想分红股东的权利。

4 月在博鳌论坛金融开放、降税、降准、政治局经济会议等多重利好下,依然出现下跌,表明市场本身存在调整要求。各部委谁都不敢贸然放出利空,为"系统性金融风险"担责。当前市场依然以维稳作为主基调,缓跌是各方都能接受的走势形态。

本月独角兽开始上市,对大盘也不是什么好事。我们已做好今年指数重心下沉 20% 的准备,并计划在指数期货小仓位开出空单,以保持基金净值在下跌市道中获得收益。

2018 年 6 月基金报告

耐心守候急跌

2018 年 6 月 1 日

5月大盘创出年内新低，创业板指数月跌幅3%。本基金5月报告《重心继续下沉》采取较低仓位应对，并以小仓位做空指数获得成功。当前市场并不存在明确趋势，如有较深急跌，本基金将择机加仓。

贸易争端真正目的

5月大盘先扬后抑。月末美国重启贸易战，让全球股市受到惊吓，中国股市直接创出今年新低。其实贸易战对股市影响不是根本问题，问题是国内 A 股中短期受到的银行"去杠杆"、独角兽以注册制方式闪电上市的压力。那么贸易战为什么不是影响中期大盘的主要因素呢？

全球化大背景下，开放与合作是趋势，封闭和对抗没有出路。美国的选举制度，不敢以加税方式，让政府捞取红利，而由选民百姓来承接成本。贸易争端只不过是为本国经济争取一些权益而已。

因此美国商务部半夜搞突然袭击，使中国股市大跌，属于反应过度。外交部和股市，都应该一如既往以"我们不想，也不怕贸易战"的态度应对。商务部怕不怕不知道，只不过两周前宣布争端胜利结束的宣言尴尬不已，一点面子都不给。

美国作为全球最大的消费国和第二大出口国，其真实目的是以贸易惩罚为由，迫使对手接受美国出口商品价格提高，从而解决贸易逆差。最大红利应归于美国企业，贸易战实为美国商家代言，创造国家体内价值。由此贸易战对美国股市而言，将继续产生政策红利。

油价做多是特朗普的国家战略，自美国允许石油出口，就已经十分明确。美国在世界主要产油国不断搞破坏，叙利亚撤军无非是搞乱市场，耶路撒冷设立美驻以大使馆就是让中东冲突加剧。再看近期伊核协议重启修订，委内瑞拉选举遭抵制，都只不过是美国启动油价的手段而已。石油涨多了，跌两天正常。我们依然维持对今年油价 70—90 美元的波动判断。

维稳调控手法高超

真正影响国内股市中期走势的因素，是注册制和去杠杆。

5 月以来 A 股出现 3 支退市股。千呼万唤加上口诛笔伐之后，仅有区区个把股票退市，真是对不起观众期待，可见政府在退市态度上是多么纠结。*ST 带上一年帽子不够，还有 40 天退市整理期，另外还要举行退市听证程序。没完没了拖延，让未来注册制的步伐遥遥无期。

垃圾股不能腾出市场，新鲜血液就不会带来生机。当独角兽纷纷插队，闪电过会已经是注册制之时，垃圾股赖在市场，新增独角兽就会形成供应压力。如果政府态度坚决一些，拿出壮士断腕之勇气，将市场上无造血功能的垃圾股止损割肉，那么 A 股将迎来美好明天。

本届政府对市场调控艺术高超，金融清理政策不像过去那样凶相毕露，去杠杆运动不搞一刀切，遮遮掩掩拖拖拉拉。大盘走好的时候来个资管新规，走不好的时候用准备金池子再放点水。从两金的行政维稳，到股民的心理维稳，成功进入到适应期。

交易所多次强调，市场稳定的重要性，维稳要作为政治任务来抓。虽然去杠杆政策归口银保监会，但郭毕竟是证监会出身，肖的激进政策是前车之鉴。金融资产脱虚就实在中国下的是一盘棋。谁也不愿意将影响股市的罪过引火烧身，尤其是现在处于贸易谈判的关键面子期。

本月明晟指数推出后，大指数存在补跌可能。虽然维稳政策存在，但是上述空头因素并没有消失，只不过短痛变长痛，时间换空间，中短期市场不会出现明显趋势。越是敏感时间，就越需要维稳。越是维稳，就越说明有风险。年内总体策略是跌出来的机会，仓位管理更重于个股选择。

2018 年 7 月基金报告

进入反弹阶段

2018 年 7 月 2 日

上半年市场深幅调整，一个月一个台阶。3000 点破位之后，下行速度加快。去杠杆正式落地，市场重心下移到 2800 点以下。我们上月报告《耐心守候急跌》获得收益，本月我们将加大投资仓位，备战即将进入的反弹周期。

去杠杆目的是为了加杠杆

5 月 21 日以来，基本特征是垮塌式俯冲下跌。政策利好，官媒喊话毫无作用。多头信心崩溃，夺路而逃。

大股东接二连三爆仓，由此上市公司股权清理战役已经打响。创业板设立以来，大量资本进入创投领域。但是上市后的公司，并没有将资本市场作为一个可持续发展的新契机，而是当做了一个提款工具。去杠杆是要将这一批资金清退出局，这才是脱虚就实的本意。

国家清理本轮上市公司的态度非常坚决。在王石和姚振华经营权争夺战中，政府明显支持企业家，打击资本家。在随后的脱虚就实运动中，一步步压低上市公司市值，所以大多数股权质押类的大股东，没有将资本持续投入到产业中，国家政策是要将其清理干净的。

大股东作为曾经的创业者，进入新的业态后变为资本家。在脱虚就实的顶层设计中，大股东股权质押获得巨额资金，不发展公司运营，正是不务正业的表现。

上市公司股权清理运动，是注册制的前奏，将上市公司商誉信用出清。等这批筹码收拾干净以后，资本市场才具备牛市基础。去杠杆运动在二级市场迅速排雷，为今后一个更加干净的股市，清理出优秀的基本面。

短期迎来反弹契机

去杠杆的目的是为了加杠杆，打贸易战的目的是为了不打仗。牛熊不断在资金移动中轮回。

6月的种种空头因素，叠加了大盘下跌效应。贸易战、世界杯、清信托，包括明天召开的招商策略会，都成为做空理由。表面上是受贸易战等外围因素所影响，但实际上内因是去杠杆导致股市资金撤退。两会之前一直维稳，指数方面走出虚牛，但是股民在微观上的感受却是一个大熊市。直到如今大盘股开始悉数补跌，虚伪的繁荣才开始崩溃。

纽约原油价格创下新高，并且大幅缩小和布伦特原油的差距。我们分析过，纽约油价今年波动空间在 70 ~ 90 美元，背后推手就是特朗普代表的美国国家利益。这次纽约油价创出新高，只是美国找了一个伊朗由头，来继续做庄纽约油价而已。作为美国历史上年龄最大的总统，留给特朗普的时间不多了。一切和经济有关的利益，特朗普都在争取，为国家创造财富。

这表明在全球价值层面，财富并没有毁灭。股市的钱跑到楼市里去了，上市的钱跑到大股东兜里去了，中国股市的钱跑到美国股市里去了。一切都是在轮回，就这么简单。

目前小盘股的闪崩终于传递到大盘股，个股进入到全面补跌阶段，这也离底部不太遥远了。前期超跌股纷纷进入反弹，并不理会大盘整体节奏。今天有40支个股涨停，自救资金已经开始进入反弹模式。

十九大报告中的基本经济政策是杜绝系统性金融风险，继续杀跌必将引发政策干预。管理层可能对市场行为监管放宽，营造出一定的赚钱效应，默许新的妖股成批出现，同时信心绝望将使短线进入底部区域。本月我们将提高基金仓位，以次新股、超跌股作为方向，加大市场布局。本月时间窗口 4 日。

2018 年 8 月基金报告

维稳重回江湖

2018 年 8 月 1 日

我们判断 7 月市场进入反弹阶段，整月市场果然在 6 日探底，低点反弹幅度 10%。当前政经形势变幻莫测，保守派占据上风，维稳重回江湖。

稳字当头重回江湖

昨晚召开的政治局会议，确定稳字当头，配合积极的财政政策。百姓一听到积极二字，以为市场发动行情，仿佛牛市来临。今日早盘市场以一个三波段的上冲结束了反弹，在 2850 点缺口补掉之后，下跌空间再次打开。

本轮反弹的一个市场逻辑预期是货币政策转变为积极，政策舆论似乎为货币重新放水在造势。但是昨晚最高层定调货币政策为稳健，反弹逻辑便不成立，这轮反弹可能就此终了。

在美国对全球进行关税挑衅愈演愈烈之际，本周特朗普和欧盟竟然达成了零关税协议。这更加验证了我们在上月报告中提出的"打贸易战的目的是不打贸易战，加关税的目的是为了降关税"。在众人担心中美贸易战何去何从之际，结果是什么时候开打，什么时候就结束了。

特朗普心怀天下，忧国忧民，全球大小事总揽。对付这样的老人，一个拖字诀就可以结束战斗。我们的谈判有些失策，拿着对付国内老百姓的方式，吓唬国外老头，真是操之过急了。

中兴通讯签署了"马关条约"，赔偿 40 亿美元后，股价三个涨停。这充分说明，"求和派"并非是卖国贼。当初朱总理去美国，下飞机第一句话是，我是来给你们美国消消气的。虽然我那时年龄尚小，不明白其中深意，但如今资本市场博弈已久，深感其中智慧奥妙。

中美贸易谈判的受挫，实际是外交领域的重大失败。当初"韬光养晦、决不当头"已经遗忘干净，被国内的舆论"高级黑"，捧杀得得意忘形，结果就是"黔之驴"的故事。

目前最高层一定意识到局势没有想象中乐观。这次外交受挫，既要调整谈判策略，又要应对民族主义、爱国主义的借势攻击。所以丢车保帅，抛出一个胡鞍钢，把"厉害了我的国"大帽子扣在他身上，转移国内注意力。这些网红本来就是政治产物，与股评家的枯荣没有区别。

好比眼下一个疫苗事件，就让百姓忘记中美贸易战打到哪里了。我始终认为疫苗事件是一场高级策划，结合李总理 3 月提出的降低进口药品关税，以及 6 月《我不是药神》及时播放，加上摧枯拉朽地毁灭长生生物，这更可能是对这十年长牛的医药行业的一次清算。

谁能在资本市场中永垂不朽呢？长生这么好的名字都没有做到，更何况我们呢。

主题投资捕捉冷门

摆脱政治压力的最好手段就是发动股市行情，由此下半年行情应该不会太差，尤其是 8 月关键时点。政治局定调下来，维稳的力量将重新主控市场。这两年的维稳，主要体现在结构化行情——"大票控盘，小票回归"。后市两金与养老等资金会在下面的整数关口守候一个个阶段底部，市场表现将出现震荡收敛态势。

去杠杆只要继续执行，市场就会缺钱，大盘就不会好。由于维稳同时出现，这将导致成交量可能会萎靡到千亿元（上海）的水平。跌不动的时候，市场就会引发一波行情。

证监会借此机会继续清退上市公司。从现在的堰塞湖缩减，到退市制度不断完善，这就是在为注册制铺路。而大行情必须要等待注册制出来。

主题投资方面，深圳本地股可能借助国企改革契机，走出一波主题投资行情，以纪念改革开放 40 周年。本基金将继续加大调研，覆盖冷门股，捕捉交易机会。

2018 年 9 月基金报告

逆向周期因子

2018 年 9 月 2 日

8 月大盘继续下跌，结束 7 月百点反弹后创下 2691 点新低，成交量也步步见到地量。预计 9 月维持弱势，如遇贸易战加剧等利空袭击大盘暴跌，将构成短线抄底机会。

逆周期因子

央行在 8 月执行了外汇干预手段，在大幅上调结算汇率时，提出"逆周期因子"的新名词。言下之意，要对"市场正周期"进行反向操作。在美国威胁将我国列入"外汇操纵国"的背景下，外管局依然出手，最终目的应该是要配合商务部的中美贸易谈判，释放一些贸易的汇率结算空间。

财政方面我国一直也在实行逆周期因子的加税。昨天个税起征点上调，貌似让工薪阶层欢欣鼓舞，但是税务总局宣布代收社保。我国执行的是 22% 的工资社保费率，企业无法再做出阴阳工资，因此国库的总账却是增收了，这种明升暗降，将使明年企业的日子更加不好过。

税务总局同时宣布对合伙企业执行 35% 的所得税率，由此可能消灭股权私募在合伙企业的投资形态。截至目前，加税政策仅仅是坊间传闻，可能意图在于试探市场反应。调税目的不会去摧毁私募股权行业，一方面对前期股权领域的既得利益开刀，另一方面未来降低到 25% 的税率之时又将是重大利好。

个人所得税起征点到 5000 元，大家都心知肚明，却借人民讨论、征求意见为由，一拖再拖。但是加税政策，一张纸就够了。由此可见，国家宏观税负调节过程中，大家认为股民还是一个有钱的群体，赚钱缴税是天经地义。私募基金都能跟客户盈利三七开，我大税务局收取 35% 也没什么了不起。尽管全球降税是趋势，但是我局采用的是"逆周期因子"。

贸易战是重心

市场重心依然在中美贸易博弈上，我们认为政府"敢于碰硬"的立场是正确的，但是战术布置上似乎显得大意。贸易战本来打打口水战就算了，现在关税还真加了起来，应该不是双方的本意。

特朗普外交政策也是敢于碰硬。从美国和对手博弈结果来看，文攻武吓的最终结果还是妥协。只要我们绝不当头，美国的注意力就会聚焦到别的国家，我们可以腾出精力解决自己的问题。

对于股民的福祉就是股市上涨。美国为了获得股民选票，每轮选举都会营造救市氛围。自 2008 年金融危机以来，这轮超级牛市已经跨越两任总统，并在特朗普减税政策刺激下，不断创出历史新高，真是"特牛行情"（特朗普之牛）。

中美股市一比较，简直尴尬之极，甚至成为特朗普在推特上的嘲笑话题。在当前维稳政策指导下，即使"去杠杆"运动不变，股市的杠杆已经基本出清，发动一波"维稳行情""民心行情""吃饭行情"应该有所期待。

虽然上述判断值得期待，但是政策底不是市场底。未来牛市启动仍然需要"利空出尽"等三大必要条件。系统性风险貌似不会见到了，冰山之下，还有诸多沉病。目前茅台等股票都没有跌过，大盘见底之前，这些股票也要完成补跌。因此前几年上涨过的股票，一个个收拾，不会因为明晟指数和养老金入市的预期走出中期行情。

在当前维稳重回江湖的情况下，刻意求稳的结果就是不涨也补跌。由此市场成交量就会持续萎缩下去，地量后大盘反弹，反弹放量又可以下跌。由于稳定的含义是要控制市场，因此如果因贸易战加剧、特朗普弹劾等突发事件影响内盘和美盘的暴跌，将是技术上极好的买入机会。

2018 年 10 月基金报告

吃饭行情可期

2018 年 10 月 4 日

9 月大盘见到新低之后，在地量中进入反弹。在国际富时基金、资管新规等利好推动下，价值蓝筹表现上佳。国际油价创出多年新高，石化行业股表现排名第一。石油股作为我们今年重点配置，为基金净值做出较大贡献。

价值蓝筹阶段表现

节前监管层推出银行资管新规，长线资金预期进入 A 股市场。但这个政策更应该解读为去杠杆政策的延续，这是银行资产去表外化的过程，本质上没有打破银行资金直接进入股市的规则。国家引导长线资金进场，扩大金融市场开放。一方面吸引国际指数基金加盟 A 股，另一方面设立养老基金入市。但这类资金只会对 A 股起到稳定作用，不会成为牛市基础。

管理层较快释放这些预期，一个目的是要为下月在上海召开的进口博览会营造舆论氛围，另一个目的也是要对 A 股当前下跌进行对冲。总体市场还在进行箱体和楔形运动。但是一轮牛市终将需要多数股票的上涨，价值型蓝筹股上涨充其量是一个阶段性行情，本身属于熊市产物。

所以这种快速的逼空行情，并没有解决 A 股根本矛盾。当前去杠杆政策依然是 A 股的调整内因，与当年政府"宏观调控"政策相当。在未来一段时间里，大盘不应有过高预期。期待一轮牛市来解放自己的股民，未免太低估熊市大清洗的杀伤力。

有钱才能解决问题

范氏被罚 8 亿，半生奋斗进入国库，较之股市大鳄徐翔罚款 110 亿而言，依然是小巫见大巫。不过免除刑事处罚也乐于被其接受,明星一旦进入牢狱,形象将遭遇毁灭性打击。税务机关同时下达特赦令,其他演员也可以交罚款免坐牢。看来有钱是非常重要的。

国庆期间不少 5A 景区主动降价,不是不想涨,而是实在涨不动了,长假海外游成为首选。于是海关开始重点查处"代购",即使是自用也要征税。老百姓即使冒被罚的风险,也要到海外买东西,这说明当前税负有多重。

特朗普将美国股市演成"特牛"。美国股市创下历史新高,趋势面前谁敢轻易言顶。多少耸人听闻的特朗普危机都变成了玩笑,在决心做多股市,争取选民的诉求下,政府态度极其重要。

地量启动吃饭行情

三季度翘尾行情,使不少机构对"吃饭行情"充满期待。我们认为四季度走出行情的可能性较大,但是必须做出一个选择,究竟是走业绩浪,还是走题材浪。

四季度处于三季报披露和年报预披露的时段。上市公司全年业绩增速下降已是一致预期。2005 年市场高峰期的并购项目,在这两年对赌不达标情况下,要大幅计提商誉,今年年报会进一步打击并购估值。熊市毕竟要靠业绩吃饭,所以敢于在今年剥离资产,一次性计提掉坏账的公司,要特别注意,反弹行情可能从这类个股中率先诞生。

目前 A 股具备了一些长期底部的基本面条件,比如 5 元以下低价股大量出现,上市公司回购行为普遍,A 股估值处于历史底部等,但是基本面并不直接决定市场牛熊。从监管角度来看,当前市场还属于严苛执法阶段,强监管必然使多头不敢贸然发动行情。A 股本身处于一个存量资金博弈的市场环境,牛市转型还有较长时期。

节后权重股将进行回补,十月如大盘再次步入小于 900 亿元地量,方可确认"吃饭行情"启动。

2018 年 11 月基金报告

炒壳时代来临

2018 年 11 月 4 日

在国际富时基金入市和银行资管新规影响下，市场信心高涨，国家队借机出货。但月度暴跌也为进博会行情，腾出反弹空间。这次政治底推动下，将形成年内最佳的"吃饭行情"。

绩优蓝筹进入趋势性下跌

国庆期间降准和银行资管新规，我们准确判断并非利好，而是去杠杆的延续，因此大盘就好不了。外围市场暴跌只是借口，暴跌内因仍是去杠杆。但是茅台等绩优蓝筹终于出现跌停，这种表现往往是大盘恐慌性下跌的最后阶段。

当前市场上下对股市的普遍认识是，政策底之后还有市场底。市场共识从来都是错误的，主要是低估了中央维护市场稳定的决心。

我们分析过，今年市场最大的机会是"跌出来的机会"。十月的深跌，再次成为今年的最佳作战良机。

壳资源跌出最大机会

上市公司大股东大面积爆仓，表面上的阵痛，实际上是一次资本市场重建过程，为下一波牛市洗出空间。

中国 IPO 都经过层层审批，是优秀行业代表，投向朝阳项目。但是怎么仅仅上市几年就转不动了呢？很多经营层作为大股东，上市后不把精力放在主业上，而是去玩并购，甚至是改善生活，这就不是国家想要的行业代表。

你不是有钱吗？我去杠杆就要对你这些既得利益瘦身；你不是想玩并购吗？那我来收购你好了，看看谁才是资本的主人。只要不出现群体危机，我就会逐一收拾，目的就是建仓。

目前政策底已经确立。纾困基金的落地，表明政府对民企股东流动性的支持，避免影响经济和社会稳定。这次建仓行动，可以理解为国家对民营企业家资本压力测试已经完成，也是国家在 2500 点对资本市场的一次战略布局。可谓进可攻退可守。

我们对纾困基金的合约模式极为关注，参加了某高端闭门会议之后，更加坚信这是未来三年资本市场的最大机会。我们将以各种身份积极深度参与这次战略行动。

政策底行情继续延续

证监会表态支持民企重组，这将营造出"炒壳"的市场氛围。一方面游资可能迅速返场，另一方面今年以来主跌的低价重组股将会有所表现。

同时证监会表示减少对市场干预，有望结束"强监管时代"，为下一步激活市场提供动力。只要后市连续涨停个股，不再警告停牌，就可以证实监管环境真正放松。

十一月有进口博览会、四中全会和贸易战终极习特会，都需要稳定的市场环境。政策底推动的行情将继续延续。以往海南自贸、一带一路等政策宣布，都是热点兑现、主力出货的套路。这次我们看到上海自贸借助大盘调整，提前挖坑，极可能是主力机构提前打压，避免开会时暴跌面子不好看。无论月底中美贸易战终极谈判是否成功，都已经不会影响 A 股趋势。

这次中央出手十分坚决，十月以来数次成功抵抗美国股市下跌和外汇波动。今后可能会出现的一种局面是，我们涨了美国跟涨，我们下跌传导美国下跌。在指数已经上升一个台阶情况下，下一阶段将是超跌个股天下，涨停板将高频出现，迎来今年最佳投资时机。

2018 年 12 月基金报告

个股分化演绎

2018 年 12 月 4 日

11 月超跌低价股掀起涨停潮。随着监管强化，前期龙头冲锋结束，后一阶段将进入到个股补涨循环，大盘依然以阶段震荡为主。

注册制终于来了

习主席在进博会上宣布设立科创板，推进注册制。

科创板的实质是扩容。对于科创股而言，业绩要求应该放宽，只要前景好，业绩亏损也可以上市。像在美国股市登陆的拼多多、去哪儿就是如此。按照原来的标准，这些三年亏损的公司即使上市，也会被 ST。

亏损股可以上市放开了口子，这就为垃圾股启动提供了环境。在爆仓股中，基本面恶化的股票跌得最凶。但是科创股一来，业绩亏损已经不是问题，因此越是没有基本面的股票涨幅越猛。随着监管介入，超跌低价股的第一波猛炒结束。

没有基本面的股票能够高位震荡，那么还有题材和基本面的低价股就被封杀了下跌空间，个股炒作进入分化阶段。经过一轮熊市清洗，大多数股票进入低价股序列，挨个进入补涨。

大盘在维稳力量监控下，还要保住 2500 点以上的成果。因此后面阶段的大盘，将走出震荡模式。跌一阵，就有资金进场带来赚钱效应。涨几天，就会有资金借势退出。只要把握好个股的弹性，机会还是非常多的。

由此看到，注册制并非是坏事。将来市场真正推行注册制时，会带来更大的行情。

券商行情结束

从证监会给机构扣上"野蛮人"的帽子开始,市场资金就开始进入撤退状态。肖刚时代,证监会请马云来进行培训,意味着创业板崛起。当前改变强监管政策,将使资金继续蜂拥而进,并且题材股大行其道。

只有上涨才会带来信心。在高层关注股市波动情况下,此轮介入股市的维稳力量实力非同小可。券商股借势猛攻,成功点燃行情启动导火索。银行保险迅速跟进,将大盘带动到 2700 点高度,补掉了 10 月中旬的跳空缺口。

券商股龙头由小盘券商股组成,连续涨停树立了榜样,吸引场外游资返场照抄涨停模式,超跌股掀起涨停潮。凡是跌幅达到 60% 以上的股票,基本上拥有过涨停。

由于券商龙头已经完成翻番,券商股行情已经走完。后市个股进入分化演绎阶段。

贸易战已无影响

贸易战虽未结束,但是画上了休止符,股市以大阳线热烈欢迎谈判结果。11 月末的下跌似乎为这根大阳线腾出空间。

打贸易战的目的是为了不打贸易战。此次斗争的结果,在我国放开市场、降低税率方面是有积极意义的,老百姓未来会享受到更多实惠。

通过本次谈判,贸易战的关税惩罚都已经亮明底牌。今后无论是什么结果,都已经在预期范围之内。可以说贸易战对股市的影响已经终结,今后大盘何时再度启动,要看加杠杆何时开启。

中央既定方针是去杠杆,要坚持原则,忍住阵痛。因此大盘在上行中有减持压力,在下行中有政策底托住,未来一段时间市场大盘以震荡为主。

2019 基金年度报告

阵痛迎接新生

2019 年 1 月 2 日

2018 年单边下跌后，导致 2019 年预期普遍悲观。我们预计今年出现前低后高的走势，科创板推出、富时基金入市等因素使今年热点不会寂寞。局部机会可能在军工股中诞生。同时可转债作为今年投资大年，将出现较好的投资机会。

现在的阵痛，都是为今后的复苏留下空间。终结熊市的因素在于去杠杆政策退出、注册制真正落地。

科创板是一次扩容

科创板推出是注册制的一次预演。当前市场以存量资金主导，科创板推出是又一次扩容。在新股堰塞湖尚未出清之际，科创板匆忙推出让市场承受巨大压力。

科创板让有发展前景，但是业绩暂时亏损的公司能够在中国股市拥有一席之地。BAT 的领袖成为改革开放 40 周年的代表人物，互联网方向的商业模式无疑是科创板的最佳发源地。

京东已经成立 14 年，至今尚未盈利，所以并没有真正意义的"投资回报"。刘总的公司在美国股市有上千亿元的市值，但是如果在我国股市，连 ST 股票的资格都不具备。这个开私人飞机去美国的亏损公司老总，将前期绯闻事件定义为"双方自愿"，那就表明刘总自己也是非常愿意的。如今连妇联都指责刘总不道德，不知道刘总会给中国科创板带来怎样的估值？

所以让亏损企业上市，会让证监会在制度制定上绞尽脑汁，费尽苦心。监管层领导一切，如何让从未盈利的公司获得上市资格，如何让 3 年亏损企业退出股市，从矛盾中找到统一，从无解中找到有解，这个平衡的尺度，需要上帝般的智慧。

当前科创板快速推出，也给几年前互联网浪潮中进行投资的公司，一次解放的机会。能够符合标准的公司不会很多，因此算不上是真正的注册制。

注册制是熊市终结点

一级市场的收购价格，已经高于二级市场，也就是说面粉比面包还贵，如何在股市中消化这些筹码？更重要的是，这些公司连业绩都没有，如何让百姓信服监管层所倡导的"价值投资"？截至目前，共享单车几乎全军覆没，无人零售行业3年也不见有商业模式成型，这让自诩为价值投资的基金经理更加摸不着头脑。

注册制以科创板名义试点推出，那么亏损企业如何上市？亏损企业如何估值？是使用市占率、MPV，还是DCF（未来现金流折现）模型？一个滴滴司机强奸案，就几乎摧毁了顺风车行业。依靠融资度日的商业帝国，本就是资本传销的游戏，和权健帝国土崩瓦解的命运将会类似。

中国股市，政策的力量大于市场的力量。注册制是下波牛市启动之源。作为本轮熊市最大的利空，注册制真正推出之时，极可能是终结本轮熊市的最佳时点。

地产热线回流股市

杜绝系统性金融风险，也包括民企股整体爆仓的风险。纾困概念是当前唯一带有增量资金进场的板块。纾困的意义，实质上是对资本市场的一次重建。产业资本对上市公司壳资源觊觎已久，借纾困名义对上市公司进行一次建仓行动，迎接下一轮牛市。

当前10倍PE的价值股对产业资本极具吸引力，可以说是投资的价值洼地。加上前期跌幅已经完成，2元的股价已经不怕任何利空。即使像乐视网这种已经资不抵债的公司，市值还高达 100 亿元。

深圳纾困基金的来源之一，就是安居房的闲置资金。对于 3% 的安居贷款回报而言，上市公司大股东 9% 的收益更具有吸引力，使地产热钱有望转战资本市场。

房产近 20 年的牛市中，每次回调都是买入时机。中国不动产高达 350 万亿元，而股市仅仅是其一个零头。从"房住不炒"定义开始，让地产瘦身成为最高指示，这部分市值的回流，对股市和实体经济都是大有裨益的。

如果楼市分流出来的资金，回补到股市中，这将是长线资金的最佳容纳之处。如何有序引导这些资本流入股市，也考验监管层的智慧。

地产是在 2018 年创出历史新高的行业，也见证了当年"野蛮人"的产业眼光。回头看来，这些"野蛮人"才是真正的价值投资者。但是中国股市第一个因跌破面值退市的公司中弘，竟然出现在地产这样的优势行业中，可见经营好一个企业多不容易，即使是在牛市板块。

军工题材值得期待

凝聚中华民族共识的问题，就是收复台湾。长期拖下去的结果，有可能造成事实上的割裂。强势政府是民族统一大业的保证，台湾问题对于其他经济问题，根本不值一提。

一个个台湾所谓的"邦交国"，都是中国发展关系的对象。解决台湾问题的难点，并不在于如何攻克台湾，而是拿下台湾后如何管理的问题。

每当台湾问题提出来，军工股都会表现一番。在当前经济不好的背景下，台湾问题是一枚转移政经注意力的棋子。虽然武力收复的可能性不大，但是文攻武吓是必要的。通过施加压力，看清对手阵营的力量划分。

其他热点解读

油价搞上去应该是美国的国家战略，一个个的产油大国，都是美国收拾的对象。作为最大的石油储备国，美国完全可以通过补贴方式对国内油企进行补贴。在新能源替代的情况下，石油并没有太多的储备意义。将库存变为利润，将石油库存变为外汇储备，是美国今后要打出的牌。但是油价上涨的洗牌中，联合石化竟然被扳倒，却始料未及。局部走势绝不是常规逻辑能够预测出来的。

很多人担心中美贸易战的结果，我认为这根本无需担心。经济摩擦的背后，是政治力量的博弈。中美关系并非是敌我关系，未来趋势一定会向好与和解。施压只是为争取更多的谈判筹码，台湾问题才是中美关系的重中之重。本来纽约原油合约就比布伦特便宜，今后我们多买点美国原油，就会把贸易顺差对冲掉。等区块链时代和3D打印时代到来后，贸易关税将大幅下降，完全可以通过分布式生产解决贸易问题。过不了多久，这一次中美贸易战将被市场忘记。

中国降低税负是大势所趋。但是打破眼前的利益分配格局，将是非常困难的。降税的边际影响有滞后效应，短时间内不会改变公司的投资回报。但税收调节有利于产业升级，中国经济结构已经发展到从量变到质变阶段，阵痛代表新生。春天再度来临，将诞生一批新的巨人企业。

一季度行情可期

在当前去杠杆的宏观资金政策指引下，牛市到来的说法还为时尚早。大指数下跌趋势尚未完结，2267点还有一个上行缺口，今年将会回补。只有在注册制落地，并且去杠杆政策转为加杠杆之后，行情才有可能真正启动。

但年初行情在悲观预期下，已经得到充分消化，眼下政策底附近可望走出一波反弹。业绩浪每年必炒，但是今年估计将会非常短暂。因为高送转不让炒，高分红又有税收抽血，一季度经济很难好转，业绩浪不会有太好表现。

可转债是今年的投资大餐。上升预期30%，下跌空间10%，对于多数避险资金来说，非常有吸引力。当前能够发行可转债的达标公司不多，优质可转债还是稀缺标的，今年将有更多上市公司跟进发行可转债。中短期内具有可见的投资机会。

后记　热爱生活

投资的目的，是享受生活。但大多数投资者既不能增加财富，更谈不上享受生活。多少人因为错过了一支股票而后悔，多少人因为自己长期投资失败而伤感，多少人因为融资爆仓而遗憾终生……

任何事物都会被替代，股票、钱财、房子……但是时间不会被替代。如果我们还拥有时间，一切都没什么大不了的。

正是：落日无边江不尽，行情往复无始终。

用经济学的眼光来看，时间才是真正的财富。站在时间的巨人面前，穷人富人都是平等的。在今天和明天之间，有一段很长的时间。心态存在于生活之中，并创造了生活的原貌。

人生最大的快乐不在于拥有的结果，而在于追求的过程。要想生活得快乐，就必须热爱生活。领悟到生活的本意，活在世上才是真正快乐的自我。

一个人的快乐，不是因为他拥有多，而是因为他计较少。杰出人物之所以杰出，并非因为他不曾遭过挫折，而是因为他能从挫折中站起来。

一个成功的投资人，必须有广博的知识、坚强的性格、不挠的毅力、宽容的心态。

人无泰然之习惯，必无成功之投资。大的股灾和困难到来时，往往是一次大的机会。

认可熊市和亏损，因为亏损是投资的一部分。学会休息，因为投资不是生活的全部。

波动的价格，宛如江河波动的一朵浪花，宛如我们人生行进中的一段历程。欣赏它的下跌与上涨，如同我们享受的人生。

我非常喜欢的一部经典歌剧——《猫》的主题曲《Memory》，与各位分享：

"A new day has begun！"

丁　洋